A Via Campesina
A globalização e o poder do campesinato

CB004106

Coleção Vozes do Campo

Conselho Editorial

Coordenador
Bernardo Mançano Fernandes – Unesp

Membros
Antonio Thomaz Junior – Unesp
Bernadete Aparecida Caprioglio Castro – Unesp
Clifford Andrew Welch – Unifesp
Eduardo Paulon Girardi – Unesp
Eliseu Savério Sposito – Unesp
Encarnita Salas Martin – Unesp
Everaldo Santos Melazzo – Unesp
João Lima Sant'Anna Neto – Unesp
João Márcio Mendes Pereira – UFRRJ
João Osvaldo Rodrigues Nunes – Unesp
Luiz Fernando Ayerbe – Unesp
Maria Nalva Rodrigues Araújo – Uneb
Mirian Cláudia Lourenção Simonetti – Unesp
Noêmia Ramos Vieira – Unesp
Pedro Ivan Christoffoli – UFFS
Ronaldo Celso Messias Correia – Unesp
Silvia Beatriz Adoue – Unesp

ANNETTE AURÉLIE DESMARAIS

A Via Campesina
A globalização e o poder do campesinato

Tradução
Carlos Alberto Silveira Netto Soares

© 2007 Annete Aurélie Demarais
© 2013 Expressão Popular / Cultura Acadêmica
Edição original: *La Vía Campesina:
Globalization and the Power of Peasants*,
publicada por Fernwood Publishing,
Halifax and Winnipeg, Canada, 2007.

Cultura Acadêmica
Praça da Sé, 108
01001-900 – São Paulo – SP
Tel.: (0xx11) 3242-7171
Fax: (0xx11) 3242-7172
www.editoraunesp.com.br
www.livrariaunesp.com.br
feu@editora.unesp.br

Editora Expressão Popular Ltda.
Rua Abolição, 201
01319-010 – São Paulo – SP
Tel.: (0xx11) 3105-9500
Fax: (0xx11) 3112-0941
www.expressaopopular.com.br
editora.expressaopopular.com.br
livraria@expressaopopular.com.br

CIP – Brasil. Catalogação na publicação
Sindicato Nacional dos Editores de Livros, RJ

D488v

Desmarais, Anette Aurélie
A Via Campesina: a globalização e o poder do campesinato / Anette
Aurélie Desmarais; tradução Carlos Alberto Silveira Netto Soares. – 1. ed. –
São Paulo: Cultura Acadêmica; Expressão Popular, 2013. (Vozes do campo)

Tradução de: La Vía Campesina: globalization and the power of peasants
ISBN 978-85-7983-413-4

1. Posse de terra. 2. Sociologia rural. 3. Camponeses – Condições
sociais. 4. Classes sociais. 5. Capitalismo. I. Título.

13-01886
CDD: 307.72
CDU: 316.334.55

Editora afiliada:

Asociación de Editoriales Universitarias
de América Latina y el Caribe

Associação Brasileira de
Editoras Universitárias

Este trabalho é dedicado à Via Campesina por me permitir compartilhar uma pequena porção da sua vida e ser testemunho das preocupações de mulheres rurais, camponeses, agricultores, trabalhadores do campo e comunidades agrárias indígenas cuja visão, compromisso com a justiça, liderança e resistência fazem a Via Campesina possível. Essas "pessoas da terra" – suas experiências, seus pensamentos e suas ações – são as raízes deste livro.

Sumário

TABELAS E FIGURAS

PREFÁCIO À EDIÇÃO BRASILEIRA
A HISTÓRIA DA FORMAÇÃO DA
VIA CAMPESINA INTERNACIONAL

João Pedro Stedile[1]

Em meados do século XIX, Karl Marx havia descoberto que a tendência natural do capitalismo industrial seria sua internacionalização e, por isso, defendeu que caberia aos trabalhadores se articularem também em escala internacional. Dando concretude a suas ideias, nasceu a primeira associação internacional baseada fundamentalmente nos operários industriais, que, mais adiante, transformou-se numa articulação dos partidos operários da Europa. E dessa necessidade seguiram-se outras articulações internacionais de partidos socialistas, comunistas, social-democratas e das centrais sindicais dos países mais avançados no capitalismo.

A partir do início do século XX, as entidades e organizações de mulheres começaram a se articular internacionalmente, na defesa de seus direitos específicos, seja das relações sociais ou políticas. E daí nasceu a luta pelo direito ao voto, pelo direito à igualdade civil. De todo esse processo nasceram símbolos como a comemoração do

---

1 Dirigente da Via Campesina e do Movimento dos Trabalhadores Rurais Sem Terra (MST).

Primeiro de Maio, dia mundial dos trabalhadores, e a do 8 de Março, dia mundial da luta das mulheres.

E os camponeses e trabalhadores da agricultura? Suas formas de luta e de organização perpassaram a evolução do capitalismo, baseando-se fundamentalmente em articulações regionais ou no máximo nacionais. Apenas no final do século XX, quando o capitalismo entrou numa nova fase dominada pelo capital financeiro e pelas corporações transnacionais – as quais passaram a dominar a agricultura –, surgiu a necessidade desse setor da sociedade de atuar em escala internacional. Desta nova realidade, nasceu a Via Campesina Internacional, uma articulação mundial de camponeses e trabalhadores da agricultura.

As raízes desse processo histórico se consolidaram em encontros realizados durante a década de 1990. E hoje temos o 17 de Abril, como dia mundial de luta camponesa, seguindo o exemplo dos trabalhadores operários e das mulheres. E a Via Campesina se constituiu na mais importante articulação internacional de trabalhadores do campo de toda a história.

Como se tornou possível e necessário tal processo de articulação? Você encontrará as respostas a essa pergunta neste brilhante estudo de nossa companheira Annete Aurélie Desmarais. Mais do que uma tese acadêmica, um depoimento pessoal ou um relato histórico – mas sendo tudo isso –, Annete conseguiu colocar, sob a forma de livro, um relato importantíssimo sobre o processo da constituição da *Via Campesina Internacional*. Militante de organizações canadenses de agricultura, verdadeira intelectual orgânica, apenas Annette Aurélie Desmarais poderia nos brindar com esse testemunho, que mescla rigor científico, militância pessoal e participação ativa em todo o período retratado nesta obra. E a autora enfrenta esse desafio com brilhantismo.

Este livro, que agora ganha sua versão em português, é seguramente a mais importante contribuição histórica e analítica do processo de lutas e de articulação das organizações do campo que se constituíram na Via Campesina durante as duas últimas décadas.

Com seu estudo, o leitor poderá compreender o processo de dominação capitalista da produção agrícola em todo o mundo, suas consequências sobre as classes sociais que vivem da agricultura, a reação dos movimentos socioterritoriais do campo e os meandros dos processos – muitas vezes penosos, demorados e permeados até por vaidades pessoais – que resultaram na que é, hoje, a mais poderosa e importante articulação de trabalhadores da agricultura do mundo.

Portanto, como militante pelas transformações na agricultura brasileira, como militante contra as corporações transnacionais da agricultura, como militante de uma nova visão de agricultura mundial baseada na soberania alimentar, no equilíbrio com o meio ambiente, na produção de alimentos sadios, como militante, enfim, da Via Campesina Brasileira e Internacional, sinto-me gratificado por essa importante contribuição da companheira Annette Aurélie Desmarais.

Esta obra permitirá que os temas dos movimentos socioterritoriais do campo e das transformações da agricultura em curso em todo o mundo cheguem a um público urbano, acadêmico, bem como a todos da militância política em geral. É, sem dúvida, uma grande contribuição à reflexão e à teorização a respeito das práticas camponesas contemporâneas.

Um bom estudo a todos e todas.

São Paulo, setembro de 2012

Prefácio

Walden Bello[1]

As duas principais ideologias modernas dominantes no nosso tempo dão pouca atenção para o campesinato. No socialismo clássico, os camponeses são vistos como remanescentes de um modo de produção obsoleto e designados a se transformar em uma classe trabalhadora, produzindo em fazendas coletivas possuídas e geridas pelo Estado. Nas diferentes variedades da ideologia capitalista, a eficiência da produção agrícola só pode ser alcançada com a redução radical do número de camponeses e a substituição do trabalho por máquinas. Em ambas as visões, o camponês não tinha futuro.

Essas visões modernas, propagadas pelos intelectuais urbanos, geraram reviravoltas sociais tremendas. No hemisfério norte, em muitas regiões, os agricultores foram reduzidos a 5% ou menos da força de trabalho; agronegócios gigantes dominam a produção, determinam o que é consumido e controlam completamente a

---

[1] Sociólogo filipino, diretor da ONG Focus on the Global South, professor de Administração Pública e Sociologia na Universidade de Philippines Diliman. Foi laureado com o Right Livelihood Award, o "prêmio Nobel alternativo", em 2003.

agrotecnologia. Em quase todos os países que se industrializaram, pelo capitalismo ou pelo socialismo, o confisco do excedente camponês, seja por meio da taxação onerosa ou através do mercado, foi o mecanismo fundamental para a acumulação rápida de capital, o qual foi então investido na indústria. Hoje, nas sociedades em todo o hemisfério sul, a combinação fatal entre a concentração da terra, o aviltamento extremo dos bens agrícolas pelos países ricos e as tecnologias da Revolução Verde e da engenharia genética estão levando muitos camponeses ao suicídio e forçando populações enormes a mudar para as cidades onde são aprisionadas em grandes favelas, formando um gigantesco "exército de reserva" de desempregados e subempregados.

Lado a lado com essas tragédias sociais estão as tragédias ecológicas com a intensa agrotecnologia química, o desmatamento e a poluição industrial descontrolada. As mudanças climáticas são o ponto final do arrogante sonho moderno de criar um ambiente artificial, baseado no processo de industrialização imperialista, para suplantar uma ecologia enraizada em um relacionamento mais harmonioso entre as comunidades e a biosfera baseada na agricultura familiar.

O século XX foi trágico para o campesinato e o século XXI promete mais da mesma tragédia moderna mascarada como progresso; isso se os movimentos ascendentes de camponeses e pequenos agricultores não puderem ajudar. Por muito tempo, os camponeses foram objetos da história. Agora, eles estão se mobilizando e o fazendo com vigor. Provavelmente, a Via Campesina é o mais efetivo desses movimentos de pessoas que agora querem ser sujeitos da história. Não luta apenas pelos direitos dos camponeses e pela reforma agrária, também está lutando por um modo de vida que provou o seu valor por eras. Está lutando por um relacionamento entre as pessoas e o seu ambiente, abalado por estratégias obtusas que priorizam a indústria, tenham elas vindo com aparência socialista ou com aquela do capitalismo neoliberal.

Este livro de Annette Aurélie Desmarais é o melhor estudo extensivo que já foi feito de um movimento que se distinguiu no *front* da luta contra a Organização Mundial do Comércio (OMC) e a globalização dirigida pelas corporações. Sendo ela mesma uma agricultora militante, Desmarais tem a confiança dos principais líderes e participantes de um movimento em ascensão, lhe permitindo produzir esse retrato dinâmico de uma comunidade forjada na luta para preservar a sua identidade. Desmarais permite que as pessoas da Via Campesina falem com suas próprias vozes sobre seus problemas, sonhos e desafios. Situa essas vozes em uma análise que também se volta muito cuidadosamente para as causas e a dinâmica de desestabilização e deslocamentos gerados pelo agronegócio na era da globalização. Definitivamente, Marx estava tomado por uma sinistra fantasia modernista quando escreveu sobre a "estupidez da vida rural". Mas ele estava certo sobre o capitalismo gerar os seus próprios coveiros. Foi o alastramento do capital na era da globalização que tornou possível a unificação – baseada na consciência de uma condição comum e a constatação de que tinham de se unir ou separados penariam – dos grupos que compõem a Via Campesina hoje.

Em nossa luta comum contra o neoliberalismo e a OMC, tive o privilégio de entrar em contato com muitos dos admiráveis e memoráveis da Via Campesina – como Nettie Wiebbe, Rafael Alegría, José Bové, Henry Saragih, João Pedro Stedile e Paul Nicholson. Sempre fiquei muito impressionado pela política, dedicação e acuidade analítica que possuíam. O livro de Annette Desmarais ajudou-me a entender melhor esses amigos e companheiros de luta. Também me convenceu que a visão da Via Campesina de sociedades agriculturalmente ricas e diversas baseadas no princípio da soberania alimentar é um futuro pelo qual não apenas vale a pena lutar, mas também pode ser a nossa única maneira de evitar os imensos danos sociais e ecológicos gerados pela globalização dirigida pelas corporações.

Manila
14 de fevereiro de 2007

Siglas

ANEC	Asociación Nacional de Empresas Comercializadoras de Productores del Campo
AOA	Agreement on Agriculture (WTO)
ASOCODE	Asociación de Organizaciones Campesinas Centroamericanas para la Cooperación y el Desarrollo
CAP	Common Agriculture Policy
CCAEP	Canadian-Caribbean Agricultural Exchange Program
CEDPA	Centre for Development and Population Activities
CGIAR	Consultative Group on International Agriculture Research
CLOC	Coordinadora Latinoamericana de Organizaciones del Campo
CNSTP	Confédération Nationale des Syndicats de Travailleurs Paysans
COPA	Comité des Organisations Professionnelles Agricoles de l'Union Européenne
CPE	Coordination Paysanne Européenne
CSOS	Civil Society Organizations

DKMP	Demokratikong Kilusang Magbubukid ng Pilipinas
ECODEM	Coordinating Team for the Managua Declaration
EHNE	Enskal Herriko Nekazarien–Unión de Ganaderos y Agricultures Vascos
EU	European Union
FAO	United Nations Food and Agriculture Organization
FIAN	Food and Information Action Network
FSPI	Federation of Indonesian Peasant Unions
FTAA	Free Trade Agreement of the Americas
GATT	General Agreement on Tariffs and Trade
GFAR	Global Forum on Agricultural Research
GM	Genetically modified
GMOS	Genetically modified organisms
ICC	International Co-ordinating Commission of the Vía Campesina
ICESCR	International Covenant on Economic, Social and Cultural Rights
IFAD	International Fund for Agricultural Development
IFAP	International Federation of Agricultural Producers
IMF	International Monetary Fund
IPRS	Intellectual Property Rights
IPC	International Program Committee of the NFU
KMP	Kilusang Magbubukid ng Pilipinas (Peasant Movement of the Philippines)
KRRS	Karnataka Rajya Raitha Sangha (Karnataka State Farmers Association)
MMC	Movimento das Mulheres Camponesas
MST	Movimento dos Trabalhadores Rurais Sem Terra
NAFTA	North American Free Trade Agreement
NFFC	National Family Farm Coalition
NFU	National Farmers Union of Canada

NOUMINREN	Japanese Family Farmers' Movement
OECD	Organization for Economic Cooperation and Development
PAHO	Pan American Health Organization
PFS	Paulo Freire Stichting [Foundation]
ROPPA	Reseau des Organisations Paysannes et de Producteurs Agricoles de l'Afrique de l'Ouest
TRIPS	Trade-Related Aspects of Intellectual Property Rights (WTO)
UNAG	Unión Nacional de Agricultores y Ganaderos
UNORCA	Unión Nacional de Organizaciones Regionales Campesinas Autónomas
UNCTAD	United Nations Conference on Trade and Development
UPANACIONAL	Unión Nacional de Pequeños y Medianos Productores Agropecuarios
WINFA	Windward Islands Farmers' Association
WFS	World Food Summit
WFS: FYL	World Food Summit: Five Years Later
WTO	World Trade Organization

AGRADECIMENTOS

Bem, ao considerar todos aqueles que tiveram parte nessa longa jornada de aprendizagem, tenho dificuldade em saber por onde começar. Eu especialmente quero agradecer à Comissão de Coordenação Internacional da Via Campesina, por seu constante apoio. Quero especialmente mencionar Rafael Alegría, Paul Nicholson, Hege Nerland, Dena Hoff, Francisca Rodriguez, Egídio Brunetto, Marcella Harris, Maria del Carmen Barroso, Henry Saragih, Maria Helena Siqueira, Juana Ferrer, Badrul Alam, Diamantino Nhampossa, Nemesia Achacollo e Alberto Gómez.

Meus profundos sentimentos vão para a Unión Nacional de Organizaciones Regionales Campesinas Autónomas (Unorca), as mulheres da Asociación Mexicana de Mujeres Organizadas en Red (Ammor), e Ana de Ita e Luis Hernández Navarro, os quais me deram um meio para viabilizar a pesquisa no México e me fizeram sentir em casa. A mesma consideração tenho pelo National Farmers Union, que me acolheu bem durante minha pesquisa no Canadá. Minhas reverências póstumas a M.D. Nanjundaswamy, que me deu o indispensável apoio enquanto eu fazia entrevistas em Karnataka (Índia). A generosidade e a compaixão de Pratima, Cukki e Roopa merecem especial menção. Muitos agradecimentos à equipe da Secretaria Operacional da Via Campesina, Doris

Gutíerrez de Hernández e Wendy Cruz, por conta de seu suporte decisivo e pela hospitalidade maravilhosa, e à equipe do NFU – Carla Roppel e Joan Lange, por me ajudar com as questões relativas à informática.

Especiais agradecimentos são destinados à minha irmã, Marthe, por seu permanente incentivo; e também a Andrée Desmarais, Janelle Desmarais-Moen e Buzz (Adrien) Desmarais, que trouxeram felicidade à minha vida; e a Claire, que correu o risco e concordou em trabalhar com uma irmã mais nova. Menções não menos especiais vão a Nico Verhagen, assistente técnico da Via Campesina, por compartilhar abertamente pensamentos sobre como aprimorar o apoio às organizações agrícolas internacionais, por sua leitura cuidadosa dos originais deste livro, por dispensar atenção a esclarecer numerosos aspectos, por ser um colega e um amigo. Devo muito do meu aprendizado sobre a política, a liderança e a dinâmica das organizações agrícolas a duas mulheres dirigentes do National Farmers Union, Nettie Wiebe e Wendy Manson. Muito do nosso entendimento coletivo e comprometimento com relações internacionais nutriu-se de trocas que nos levaram a cooperativas agrícolas no norte da Nicarágua e trouxeram mulheres camponesas da Nicarágua para fazendas de Saskatchewan. Também manifesto meus sinceros agradecimentos a Saturnino (Jun) Borras, por confirmar, por exemplo, as importantes contribuições que os pesquisadores podem fazer ao ativismo agrário e por ter me estimulado constantemente a a escrever mais.

Eu gostaria de dedicar este trabalho em memória de minha mãe, Thérèse, e a meu pai, Antoine Desmarais, que me forneceram a fantástica oportunidade de crescer em uma fazenda de Saskatchewan.

Também quero agradecer a uma série de pessoas de Fernwood Publishing: a Wayne Antony, por acreditar que a história da Via Campesina poderia ser contada e por prover-me com ideias importantes sobre como melhor apresentá-la; a Robert Clarke, por ser um respeitoso e iluminador editor-revisor; a Beverley Rach, pelos trabalhos visuais; a Debbie Mathers, por definir as mudanças finais no texto; e a Brenda Conroy, pela revisão.

Finalmente, meu sincero agradecimento a Jim Handy, por seu amor, encorajamento, apoio moral e generosidade. A curiosidade e a capacidade intelectual de Jim são permanentes e foram fontes de inspiração para mim. Ele é o meu melhor crítico e melhor amigo e, por isso e muito mais, meus profundos sentimentos.

1
"Para onde foram os camponeses? Depois de tanto tempo..."

Penso que o que nos une realmente é o compromisso fundamental com o humanismo, porque a antítese deste é o individualismo e o materialismo. Para nós, da Via Campesina, o aspecto humano é um princípio fundamental, de modo que vemos a pessoa, homem ou mulher, como o centro da nossa razão de ser e por quem lutamos – por essa família que está no centro de tudo. Problemas comuns nos unem... Mas o que também nos une são grandes aspirações... O que nos une é um espírito de luta e transformação... Aspiramos um mundo melhor, um mundo mais justo, mais humano – onde existam igualdade e justiça social. Essas aspirações e a solidariedade nas lutas no campo mantém-nos unidos na Via Campesina.

Rafael Alegría, Secretariado Operacional
Via Campesina 1996-2004

Essas palavras, pronunciadas por um líder camponês de Honduras, dizem-nos muito sobre o que talvez seja o maior e mais significativo movimento de camponeses e pequenos agricultores que surgiu nos últimos tempos: a Via Campesina. Desde a assinatura da Rodada do Uruguai do Acordo Geral de Tarifas e Comércio

(Gatt, sigla em inglês), em 1994, representantes de organizações camponesas do Norte, Sul, Leste e Oeste, organizados na Via Campesina, marcharam juntos nas ruas de Genebra, Paris, Seattle, Washington, Quebec, Roma, Bangalore, Porto Alegre, Cancun e Hong Kong, entre outras cidades. Sempre e onde quer que instituições internacionais como a Organização Mundial do Comércio (OMC), o Banco Mundial e a Organização das Nações Unidas para a Alimentação e a Agricultura (FAO) reúnam-se para discutir questões agrícolas e alimentares, a Via Campesina está lá. A Via Campesina também está nas comunidades locais onde camponeses e agricultores familiares de lugares tão diversos como Honduras, México, Brasil, Guatemala, Indonésia, Europa e Canadá estão resistindo à difusão de sementes geneticamente modificadas ou ameaçados de serem expulsos de suas terras para facilitar a expansão urbana, a implantação de campos de golfe, ou fazendas de criação intensiva de camarões, galpões de suinocultura intensiva ou plantações de eucaliptos.

Para muitos observadores, esse nível de atividade é surpreendente. Por mais de cem anos, as pessoas que achavam que sabiam o que estava acontecendo nas áreas rurais ao redor do mundo previram o desaparecimento dos camponeses. Seguramente, a essa altura, eles não deveriam mais existir! Todavia, ao contrário, os camponeses, integrados na Via Campesina, estão se manifestando por todos os lugares como uma voz dissonante e questionadora do coro que exalta a globalização.

A presença da Via Campesina não tem passado despercebida. Trata-se de um movimento transnacional que abarca organizações de camponeses, pequenos e médios agricultores, mulheres do campo, trabalhadores rurais e comunidades indígenas na Ásia, nas Américas, na Europa e na África. Esses grupos estão unidos pelo seu estreito vínculo com a terra. Eles dedicam o seu trabalho e o de suas famílias à produção em pequena escala. Vestindo bonés e lenços verdes no pescoço e camisetas brancas, empunhando bandeiras verdes ornadas por um emblema de cores brilhantes e cantando palavras de ordem com animação, a Via Campesina tornou-se uma voz cada vez mais audível da oposição radical à globalização de um modelo de agricultura empresarial e neoliberal.

A resistência tomou uma feição extrema no dia 10 de setembro de 2003 – primeiro dia da quinta Conferência Ministerial da OMC realizada em Cancun, no México –, com a morte trágica do líder rural coreano Lee Kyung Háe. Junto com outros 120 coreanos, Lee juntara-se à delegação da Via Campesina em Cancun em um esforço para banir a OMC da agricultura. Portando um cartaz escrito "A OMC mata agricultores", Lee subiu em uma grande cerca de arame que fora construída para "proteger" os negociadores empresariais dos manifestantes e suicidou-se com uma faca.

Esse ato de resistência simbolizou o que a Via Campesina vinha dizendo há tempos: a liberalização da agricultura é uma guerra contra os camponeses; ela mata comunidades rurais e destrói famílias camponesas. O clamor desesperado de Lee ajudou a fortalecer a Via Campesina; desde seu ato, o dia 10 de setembro foi declarado o Dia Internacional de Protesto contra a OMC. Nesse dia, organizações de muitos países mobilizam-se pela soberania alimentar. Certamente, a morte de Lee não foi em vão.

Tabela 1 – Distribuição regional e percentual de crescimento das organizações da Via Campesina

Regiões da Via Campesina	Número de organizações	Número de organizações que se uniram em 2004	Número total de organizações
África	1	4	5
Europa	22	1	23
América Central	19	1	20
Caribe	10	1	11
América do Sul	20	10	30
América do Norte	7	4	11
Sul da Ásia	3	17	20
Leste e Sudeste da Ásia	19	4	23
Total	101	42	143

A crescente visibilidade da Via Campesina como protagonista, enraizada firmemente nas comunidades locais enquanto se engaja e se capacita cada vez mais no cenário internacional, chamou a atenção de muitas organizações que buscavam alternativas. Entre 2000 e 2004, o movimento cresceu mais de 41%. Durante a 4ª Conferência Internacional do movimento, realizada em Itaici, no Brasil, em junho de 2004, juntaram-se 42 organizações.

Em 2012, a Via Campesina congregava 149 organizações de 70 países, sendo que cento e quatro dessas têm sua sede na Ásia, África, América Latina e Caribe, onde vive a maior parte dos camponeses do mundo.

Situando a Via Campesina

Em meio à intensa apropriação corporativa da agricultura e dos alimentos, ao aumento da pobreza no campo e da fome crescente, camponeses e agricultores familiares[1] do Sul e do Norte conseguiram se reunir em torno de preocupações comuns – desmentindo a ideia amplamente difundida de que as populações rurais do Sul e do Norte não teriam nada em comum. Quando a rodada do Gatt no Uruguai chegava ao fim em 1994, um grupo de acadêmicos especulava como os agricultores poderiam responder às mudanças dramáticas que aconteciam no campo:

> Para onde a agricultura deveria rumar na crise? [...] É possível imaginar uma coalizão de agricultores belgas, uruguaios, holandeses, franceses, brasileiros, italianos e neozelandeses protestando na reunião do Gatt em Punta del Este? E o que poderiam reivindicar que os beneficiasse a todos, se eles estão concorrendo uns com os outros? (Bonanno et al., 1994, p.8)

---

1 No original em inglês: *"peasants in the South and farmers in the North"*. (N. T.)

Os autores argumentavam que agricultores familiares e camponeses não tinham capacidade organizacional para pressionar efetivamente a OMC, a FAO e a Organização para a Cooperação e o Desenvolvimento Econômico (OCDE) – as instituições que são cada vez mais responsáveis por determinar as políticas agrícolas e de alimentos. Pelo contrário, o único recurso dos agricultores seria continuar a negociar com governos nacionais cada vez mais enfraquecidos, porque esses seriam os únicos espaços políticos ao alcance deles.

Contudo, em janeiro de 2001, quando eu estava na Guatemala, assistindo à cobertura televisiva do Fórum Social Mundial que era realizado em Porto Alegre, Brasil, observei que muitos dos manifestantes que marchavam nas ruas estavam usando os bonés e lenços verdes da Via Campesina. Ali estava um registro visual da extensão do ativismo camponês transnacional. Analistas como Bonanno e outros não haviam conseguido perceber uma mudança decisiva que estava acontecendo no ativismo camponês. As atividades dos movimentos camponeses na América Latina durante os anos 1990 e no início desse novo século dão evidências claras de que o ativismo camponês contra o modelo neoliberal de desenvolvimento agrícola está vivo e forte. Igualmente, as organizações camponesas regionais que surgiram no início dos anos 1990 – por exemplo, a Coordenadora Latino-americana de Organizações do Campo (Cloc) e a Associação de Organizações Camponesas Centro-americanas para a Cooperação e o Desenvolvimento (Asocode) – estão estreitamente ligadas e trabalham junto com as organizações camponesas de outras partes do mundo, indicando a emergência de novas estruturas de ação coletiva e uma visão alternativa. A liberalização econômica no setor agrícola impulsionou as lideranças agrícolas e camponesas dos Hemisférios Sul e Norte para mobilizarem-se muito além das fronteiras nacionais e continentais. Em outras palavras, as suas organizações tornaram-se transnacionais, construindo novos espaços para negociação e ação coletivas.

Talvez outrora fosse difícil imaginar agricultores de países diversos protestando juntos em uma reunião do Gatt em Punta del

Este, em 1986, no começo da Rodada do Uruguai. Mas poucos anos depois, não havia necessidade de imaginar essa situação. Em maio de 1993, líderes agrícolas de todo o mundo reuniram-se em Mons, na Bélgica, sob a bandeira de um novo movimento mundial de camponeses, a Via Campesina – expressão em espanhol para "Via Camponesa".

Sete meses depois de a Via Campesina ser constituída legalmente, mais de cinco mil manifestantes, incluindo camponeses e agricultores da Europa, Canadá, Estados Unidos, Japão, Índia e América Latina, marcharam juntos durante a reunião do Gatt em Genebra. Três anos depois, em novembro de 1996, a Via Campesina era um ator político visível na Cúpula Mundial sobre Alimentação (CMA), realizada em Roma e promovida pela FAO. Os seus membros desafiavam a FAO a reconhecer a sua legitimidade como representantes de camponeses e pequenos agricultores organizados em um dos maiores movimentos agrícolas do mundo e exigiam receber credenciais de delegação oficial na Cúpula. As lideranças da Via Campesina também lideraram as marchas contra a globalização neoliberal nas várias conferências ministeriais da OMC realizadas em Genebra (1998), Seattle (1999), Cancun (2003) e Hong-Kong (2005). Eles participaram em grandes manifestações em Praga, Washington, Quebec, Quito e Gênova em protesto contra a globalização neoliberal, o Fundo Monetário Internacional (FMI), o Banco Mundial e o G8.

Os esforços internacionais da Via Campesina levaram a mudanças importantes no debate sobre a alimentação e a agricultura. O conceito de "soberania alimentar" da Via Campesina (uma extensão radical das ideias em torno da segurança alimentar) difundiu-se amplamente e já é adotado por movimentos locais, nacionais e internacionais em todo o mundo. O conceito também está sendo explorado por instituições mundiais como a FAO e relatórios recentes para a Comissão das Nações Unidas para os Direitos Humanos defendem a soberania alimentar como um meio de assegurar o direito humano à alimentação e a segurança alimentar. O conceito de direitos camponeses reingressou na arena internacional quando, na primavera de 2004, sob a liderança da Federação de Sindicatos Rurais da Indonésia (FSPI, sigla em inglês), a Via Campesina peticionou à Comissão das Nações Unidas para os Direitos Humanos o desenvolvimento de um estatuto ou convenção sobre os direitos camponeses. Depois de ter desaparecido dos planos nacionais e internacionais nos últimos 25 anos, a reforma agrária está de volta à agenda e o programa do Banco Mundial de "reforma agrária auxiliada pelo mercado" está sendo questionado. Em 10 de março de 2006, 350 delegados de governos e 70 representantes de organizações camponesas e não governamentais reuniram-se na Conferência Internacional da FAO sobre a Reforma Agrária e o Desenvolvimento Rural e reconheceram formalmente o papel essencial da reforma agrária na erradicação da fome e da pobreza.

Claramente, a Via Campesina está preenchendo uma lacuna importante. A sua própria existência é uma evidência de novas estruturas de ação coletiva no campo; suas estratégias desafiam padrões tradicionais de organização no setor agrícola e a ampla magnitude de sua presença internacional – sua natureza dinâmica, diversidade cultural e ampla distribuição geográfica – expressa o seu potencial transformador. (Ver quadros 1.1 a 1.8.)

Como os camponeses e pequenos agricultores foram capazes de fazer isso? Onde encontraram a força e a capacidade organizacional para desafiar as empresas transnacionais do agronegócio e instituições internacionais cujo poder e influência ditam cada vez mais as políticas dos governos nacionais? O que tornou a Via Campesina tão bem-sucedida nesse enfrentamento tão desigual? Este livro explora o significado social e político da Via Campesina tratando dessas questões. Ao fazê-lo, analiso os principais temas, estratégias e ações coletivas desse movimento camponês e destaco suas contribuições para a construção de alternativas às forças poderosas da globalização neoliberal. Nesse processo, espero que, ao examinar com atenção os primeiros dez anos da existência da Via Campesina, possamos entender melhor o papel dos movimentos sociais rurais para reconfigurar o desenvolvimento rural e como o papel da agricultura no desenvolvimento pode ser repensado.

Vendo o movimento camponês a partir de dentro

Este livro oferece um ponto de vista a partir de dentro da Via Campesina ao privilegiar as vivências, vozes e visões dos camponeses, das mulheres do campo e dos próprios agricultores. Com o interesse de mudar o centro de poder e locução, preenchi as páginas deste livro com as palavras deles tanto quanto pude – e o fiz diretamente, em vez de parafraseá-los. Dessa maneira, respeito os desejos e os esforços concentrados dos camponeses e agricultores de estabelecer um espaço internacional no qual eles possam articular as suas necessidades, interesses e demandas pela sua própria voz. Assim, nas páginas seguintes, as citações, cuja autoria não seja nominada, vêm de entrevistas que eu conduzi (a maior parte pessoalmente, mas algumas por telefone ou correio eletrônico) no período entre 2000 e 2002. Traduzi as entrevistas feitas em espanhol e, na Índia, trabalhei com um intérprete.

De muitas formas, eu estava em uma posição bastante privilegiada ao fazer esta pesquisa, porque trabalhei como assistente técnica para a Via Campesina desde o seu nascimento, em 1993.

Essa posição deu-me acesso a muitos líderes de agricultores em todo mundo, bem como a todos os tipos de encontros, reuniões, conferências, debates e documentos. Sobretudo, com os anos, fui capaz de conquistar um recurso muito mais importante: a confiança das lideranças da Via Campesina.

Com o intuito de revelar as visões de mudança social dos camponeses e agricultores, este livro baseia-se em várias fontes. Para entender os debates e a lógica por trás das posições particulares que a Via Campesina enfim levou à arena internacional, examinei tanto os seus documentos públicos como internos. As notas para a imprensa, as declarações de posição, as atas de reuniões e as comunicações internas entre as organizações participantes permitem vislumbrar as inúmeras atividades e ações do movimento e os diferentes níveis (local, nacional e internacional) em que ela trabalha. Eles também me permitiram testemunhar a extensão da congruência ou do desacordo dentro da própria Via Campesina. Como participante de muitas reuniões e mobilizações da Via Campesina, assisti em

1   CANADÁ
National Farmers Union (NFU)
Union Paysanne

2   EUA
National Family Farm Coalition (NFFC)
Border Farm Workers Project

3   MÉXICO
Unión Nacional de Organizaciones Regionales Campesinas Autónomas (UNORCA)
Asociación Mexicana de Uniones de Crédito del Sector Social (AMUCSS)
Asociación Nacional de Empresas Comercializadoras de Productores del Campo (ANEC)
Central Independiente de Obreros Agrícolas y Campesinos (CIOAC)
Coordinadora Nacional Plan de Ayala (CNPA)
Frente Democrático Campesino de Chihuahua (FDCC)
Coalición de Organizaciones Democráticas de Uniones Campesinas (CODUC)

Figura 1 – Organizações da Via Campesina, América do Norte

1 VENEZUELA
Coordinadora Agraria Nacional
    Ezequiel Zamora (CANEZ)

2 COLÔMBIA
Asociación Nacional de Usuarios
    Campesinos (ANUC-UR)
Coordinador Nacional Agrario (CNA)
Federación Nacional de Cooperativas Agropecuarias
    (FENACOA)
Federación Nacional Sindical Unitaria Agropecuaria
    (FENSUAGRO-CUT)

3 EQUADOR
Confederación Única Nacional de Afiliados
    al Seguro Social Campesino
    (CONFEUNASSC)
Federación Nacional de Organizaciones
    Campesino-Indígenas (FENOC-I)

4 BRASIL
Articulação Nacional de Mulheres
    Trabalhadoras Rurais do Sul (ANMTR)
Movimento de Atingidos por Barragens (MAB)
Movimento dos Trabalhadores Sem Terra (MST)
Movimento dos Pequenos Agricultores (MPA)
Movimento de Mulheres Camponesas (MMC)

5 PERU
Confederación Nacional Agraria (CNA)
Confederación Campesina del Perú (CCP)

6 BOLÍVIA
Federación Nacional de Mujeres Campesinas de Bolivia
    "Bartolina Sisa"
Confederación Sindical Única de Trabajadores
    Campesinos de Bolivia (CSUTCB)
Consejo Andino de Productores de Coca Movimiento de
    Trabajadores Sin Tierra (MST)

7 CHILE
Asociación Nacional de Mujeres Rurales e
    Indígenas (ANAMURI)
Confederación Campesina Nehuen
Confederación Nacional e Indígena "El Surco"

8 PARAGUAI
Movimiento Campesino Paraguayo (MCP)
Organización de Lucha por la Tierra (OLT)
Coordinadora Nacional de Organizaciones de
    Mujeres Trabajadoras Rurales e Indígenas
    (CONAMURI)
Mesa Coordinadora de Organizaciones
    Campesinas (MCNOC)

9 ARGENTINA
Consejo Asesor Indígena (CAI)
Movimiento Campesino de Santiago del Estero (MOCASE)
Asociación de Pequeños Productores del Noroeste de
    Córdoba (APENOC)
Coordinadora de Campesinos, Indígena y Trabajadores
    Rurales (COCITRA)
Mesa Nacional

Figura 2 – Organizações da Via Campesina, América do Sul

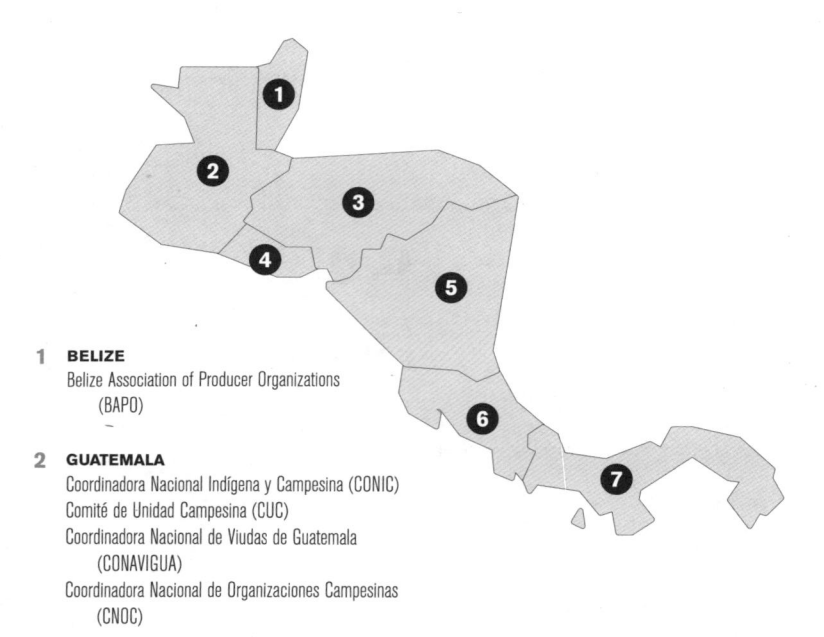

1 BELIZE
Belize Association of Producer Organizations
(BAPO)

2 GUATEMALA
Coordinadora Nacional Indígena y Campesina (CONIC)
Comité de Unidad Campesina (CUC)
Coordinadora Nacional de Viudas de Guatemala
(CONAVIGUA)
Coordinadora Nacional de Organizaciones Campesinas
(CNOC)

3 HONDURAS
Confederación Hondureña de Mujeres Campesinas
(CHMC)
Consejo Coordinador de Organizaciones Campesinas de
Honduras (COCOCH)
Membros do COCOCH:
Central Nacional de Trabajadores del Campo (CNTC)
Asociación Campesina Nacional (ACAN)
Asociación para el Desarrollo de la Región
Occidental de Honduras (ADROH)
Asociación Hondureña de Mujeres Campesinas
(AHMUC)
Unión de Mujeres Campesinas Hondureñas
(UMCHA)
Asociación Nacional de Campesinos Hondureños
(ANACH)
Consejo para el Desarrollo Integral de la Mujer
Campesina (CODIMCA)
Organización Campesina Hondureña (OCH)
Unión de Trabajadores del Campo (UTC)
Asociación Hondureña de Productores de Café
(AHPROCAFE)

4 EL SALVADOR
Bloque Agropecuario El Salvador
Mesa Permanente de Mujeres Rurales (MPMR)
Asociación de Veteranos de la Guerrilla Salvadoreña
(AVEGSAL)
Unión Nacional de Trabajadores Agropecuarios (UNATA)
Asociación Nacional de Trabajadores Agropecuarios
(ANTA)

5 NICARÁGUA
Asociación de Trabajadores del Campo (ATC)
Mesa Agropecuaria y Forestal (MAF)

6 COSTA RICA
Mesa Nacional Campesina (MNS)
UPANACIONAL

7 PANAMÁ
Asociación de Pequeños y Medianos Productores de
Panamá (APEMEP)

Figura 3 – Organizações da Via Campesina, América Central

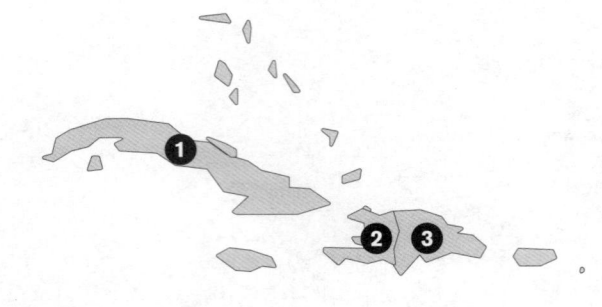

1 CUBA
Asociación Nacional de Agricultores Pequeños (ANAP)

2 HAITI
Movement Peryizan Papay (MPP)
Movimiento Popular Nacional Campesino de Papay (MPNKP)

3 REPÚBLICA DOMINICANA
Confederación Nacional de Mujeres Campesinas (CONAMUCA)

4 WINDWARD ISLANDS FARMERS ASSOCIATION (WINFA)
Membros da WINFA:
  Cane Farmers Association, Granada
  WINFA Dominica Local Branch, Dominica
  National Farmers Association, Santa Lúcia
  National Farmers Union, São Vicente
  Fair Trade Groups – Dominica, Granada, São Vicente e Santa Lúcia
  Organization Partriotique des Agriculteurs Martiniquais (OPAM), Martinica

Figura 4 – Organizações da Via Campesina, Caribe

1 **COREIA DO SUL**
Korean Women Farmers Association (KWFA)
Korean Peasant League (KPL)

2 **TAILÂNDIA**
Assembly of the Poor

3 **FILIPINAS**
Demokratikong Kilusang Magbubukid ng Pilipinas
(dKMP)
Kilusang Magbubukid ng Pilipinas (KMP)

4 **VIETNÃ**
Vietnamese National Farmers Union (VNFU)

5 **MALÁSIA**
Panggau

6 **TIMOR LESTE**
Hasatil-Timor Leste

7 **INDONÉSIA**
Federation of Indonesian Peasant Unions (FSPI)
Membros da FSPI:
Perhimpunan Masyarakat Tani Aceh (PERMATA)
Serikat Petani Sumatera Utara (SPSU)
Serikat Petani Sumatera Barat (SPSB)
Persatuan Petani Jambi (PERTAJAM)
Serikat Petani Lampung (SPL)
Serikat Petani Jawa Barat (SPJB)
Serikat Petani Jawa Tengah (SPJT)
Serikat Petani Jawa Timur (SPJatim)
Federasi Serikat Petani Jawa Timur (FSPJT)
Serikat Petani Pasundan (SPP)
Serikat Petani Banten (SP-Banten)
Serikat Petani Kabupaten Sikka (SPKS-NTT)
Serikat Petani Nusa Tenggara Barat (Serta-NTB)

Figura 5 – Organizações da Via Campesina, Leste e Sudeste da Ásia

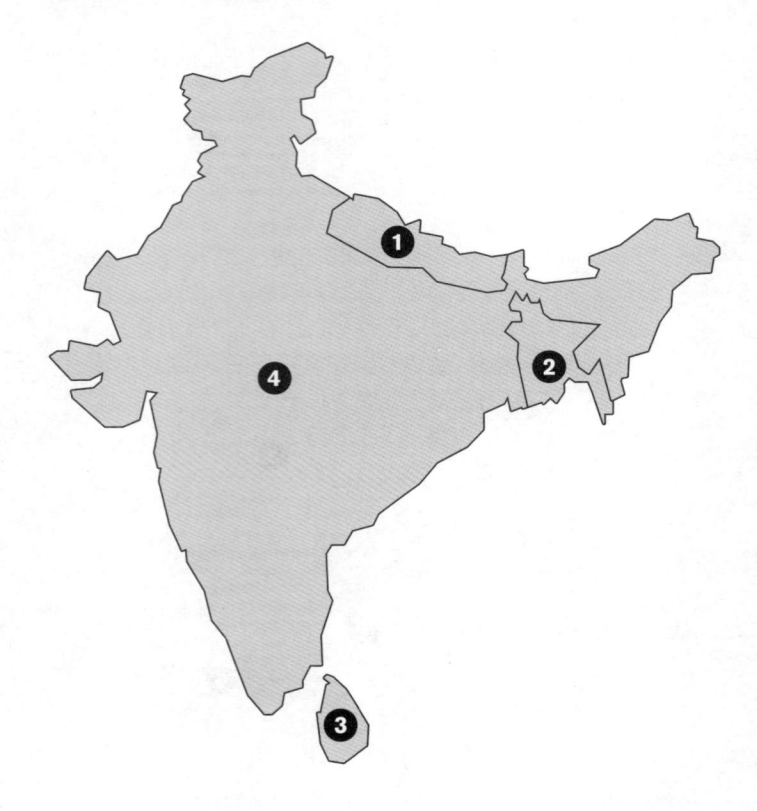

1 NEPAL
All Nepal Peasants Association (ANPA)
Nepal National Peasant Women's Association
Nepal Agricultural Labor Association
Nepal National Fish Farmers Association

2 BANGLADESH
Bangladesh Krishok Federation (BKF)
Bangladesh Kishani Sabha (BKS)
Bangladesh Adivasi Samithy (BAS)

3 SRI LANKA
Movement for National Land and Agricultural Reform
(MONLAR)

4 ÍNDIA
Karnataka Rajya Ryota Sangha (KRRS)
Nandya Raita Samakya, Andra Pradesh
Kerala Coconut Farmers Association
Bharatiya Kisan Union, Uttar Pradesh
Bharatiya Kisan Union, Punjab
Bharatiya Kisan Union, Haryana
Bharatiya Kisan Union, Rajastão
Bharatiya Kisan Union, Nova Delhi
Bharatiya Kisan Union, Madhya Pradesh
Bharatiya Kisan Union, Uttaranchal
Bharatiya Kisan Union, Maharshtra
Tamil Nadu Farmers Association

Figura 6 – Organizações da Via Campesina, Sul da Ásia

EUROPA
Mouvement International de Jeunesse Agricole Rurale Catolique (MIJARC-Europe)
Coordination Paysanne Européenne (CPE)

1 HOLANDA
Kritisch Landbouwberaad (KLB)*

2 LUXEMBURGO
Fraie Letzebuerger Baureverband
(FLB)*

3 NORUEGA
Norske Bonde – Og Smabrukalag
(NBS)*

4 SUÉCIA
Nordbruk*

5 SUÍÇA
Uni-Terre*

6 BÉLGICA
Front Uni Des Jeunes Agriculteurs
(FUJA)*
Vlaams Agrarisch Centrum (VAC)*

7 REINO UNIDO
Family Farmers' Association (EFA)*

8 ALEMANHA
Arbeitsgemeinschaft Bäuerliche
Landwirtschaft (ABL)*

9 ÁUSTRIA
Österreichische Bergbauernvereinigung (ÖBV)*

10 FRANÇA
Conféderation Nationale des Syndicats d'Exploitants
Familiaux (MODEF)*
Confederation Paysanne*

11 TURQUIA
Tarvak Turquey (membro provisional)

12 PORTUGAL
Confederação Nacional da Agricultura (CNA)*

13 ESPANHA
Coordinadora de Organizaciones de Agricultores y
Ganaderos (COAG)
Sindicato de Obreros del Campo de Andalucía (SOC)
Sindicato Labrego Galego (SLG)*
Unión de Agricultores y Ganaderos de Rioja (UAGR)*
Unión de Ganaderos y Agricultores Vascos (EHNE/
UGAV)*

14 ITÁLIA
Associazione Rurale Italiana (ARI)*
Foro Contadino*

* Membro da CPE.

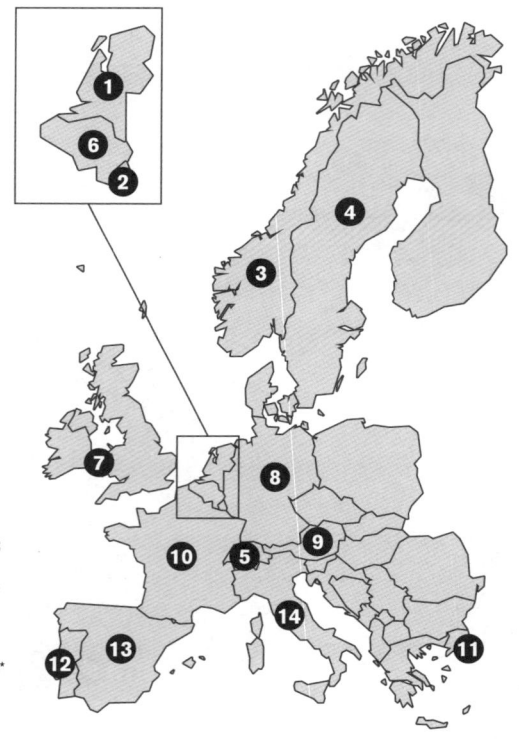

Figura 7 – Organizações da Via Campesina, Europa

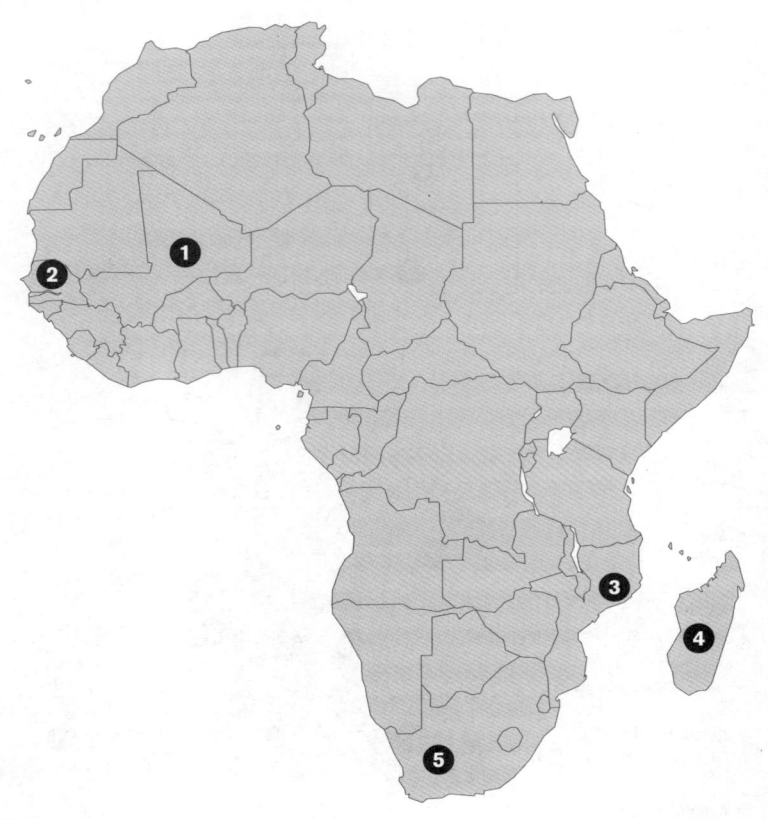

1 **MALI**
Coordination National de Organisations Paysannes
(CNOP)

2 **SENEGAL**
Conseil National de Concertation et Coopération des
Organisations Rurales (CNCR)

3 **MOÇAMBIQUE**
União Nacional de Camponeses (UNAC)

4 **MADAGÁSCAR**
Coalition Paysanne de Madagaskar (CPM)

5 **ÁFRICA DO SUL**
Landless Peoples Movement (LPM)

Figura 8 – Organizações da Via Campesina, África

primeira mão os temas que vieram à tona, como foram articulados e debatidos, e como finalmente foram tomadas as decisões.

As entrevistas com líderes locais do México, Canadá e Índia mostram numerosos exemplos de como o local, o nacional e o internacional conectam-se na Via Campesina. Entrevistas com organizações nacionais de agricultores nesses três países deram-me uma perspectiva fundamental das razões pelas quais as organizações de agricultores optam por tornarem-se "mundiais", os fatores que contribuem para o seu sucesso ou fracasso nessa tarefa, e as condições e os recursos necessários para prosseguir com esse tipo de trabalho. Também conversei com a maioria dos membros da Comissão Coordenadora Internacional da Via Campesina (CCI) e a equipe de apoio técnico para registrar as suas experiências na consolidação de um movimento internacional de camponeses e agricultores.

Se um dos propósitos principais deste livro é entender melhor o desenvolvimento rural no contexto da globalização, então por que focar no movimento camponês? O meu interesse é tanto pessoal como político. Por catorze anos, juntamente com minha irmã, eu plantava e criava gado na província de Saskatchewan, no Canadá. No começo, éramos agricultoras convencionais e usávamos a maioria dos agroquímicos que os serviços de extensão do Departamento de Agricultura da província recomendavam-nos como boas práticas agrícolas. Gradualmente, vendemos o nosso gado, tornamo-nos vegetarianas e passamos à produção orgânica. Como agricultora, tive o privilégio de participar da Brigada Oxfam de Agricultores Canadenses, um projeto que enviou agricultores canadenses para ensinar a manutenção preventiva de maquinário nas cooperativas agrícolas da Nicarágua. Foi quando eu estava na Nicarágua que comecei a entender a importância de os agricultores estarem organizados. Um dos meus principais mentores nesse processo foi Martha H. Valle, que naquela época era uma líder regional da Seção Feminina da Unión Nacional de Agricultores y Ganaderos [União Nacional de Agricultores e Criadores de Gado] (Unag).

Quando retornei ao Canadá, fiquei cada vez mais interessada pela política de alimentos. Não muito depois, fiz a difícil escolha de deixar a atividade de agricultora para trabalhar como coordenadora do Projeto Agrícola Mundial da Oxfam, o qual facilitou o estabelecimento de vínculos entre o National Farmers Union [Sindicato Nacional de Agricultores] (NFU), do Canadá, e seus pares ao redor do mundo. Foi nesse cargo, que ocupei de 1989 a 1998, que comecei a trabalhar como assistente técnica para a Via Campesina, a qual o NFU ajudou a fundar em 1993.

Em 1997, a agência de desenvolvimento internacional que havia apoiado o Projeto Agrícola Mundial desde o início mudou de rumo subitamente. Esse tipo de trabalho político de base não era mais uma prioridade, e eu recebi novas tarefas que envolviam a realização de muitas campanhas e levantamento de fundos – os quais não me pareciam contribuir diretamente para a necessidade urgente de mudança social no campo. Diante da questão de como eu poderia continuar a ajudar a Via Campesina, apresentei à organização a ideia de fazer uma pesquisa científica de doutorado sobre e com o movimento. Na época, a Via Campesina entrava no seu quinto ano e as suas lideranças concordaram que pesquisas focadas no movimento seriam úteis para determinar as suas potencialidades e fraquezas e sinalizarem futuras direções.

De modo muito interessante, na minha busca de uma faculdade adequada para desenvolver meu doutorado, tive uma conversa com uma antropóloga que, depois de escutar as minhas intenções de fazer pesquisa com o movimento mundial de camponeses, olhou-me com desdém e disse: "Mas não existem mais camponeses!" A seguir, ela enumerou-me incontáveis fontes acadêmicas que comprovavam esse fato com exatidão.[2] Esse momento foi particularmente irônico, porque naquela altura eu havia trabalhado por cerca de uma década com pessoas de todo o mundo que se identificavam como camponesas. Na verdade, por anos eu ouvi exatamente o oposto – declarações

---

2 Existe uma extensa literatura sobre o papel do campesinato. Algumas referências históricas-chave incluem Lênin (1954), Chayanov (1966), Moore (1966), Wolf (1966, 1969), Paige (1975) e Scott (1976, 1985). Para debates mais recentes, ver, dentre outros, Bryceson, Kay e Mooij (2000), Otero (1998), Bernstein e Byers (2001) e Brass (2000a, 2000b, 2005).

como a de Marcel Carreon Mundo, um líder camponês do México. Certa vez, enquanto viajávamos juntos pelas estradas empoeiradas de Quintana Roo a caminho de uma reunião de base, ele disse: "um camponês vem do campo. Sempre houve camponeses. O que não existia antes eram investidores, industriais, partidos políticos etc. Camponeses sempre existiram e sempre existirão. Nunca serão eliminados".

Se pensarmos sobre política de modo geral como uma luta pelo poder – ou seja, poder para definir, para falar e para agir – então enfocar um movimento social pode ser um ato político fundamental. Isso é especialmente verdadeiro no caso dos movimentos camponeses – cujos membros, como sugerem alguns, não existem mais. Os camponeses foram descritos como uma *"espécie* próxima da *extinção* pela globalização"* (Feder, 1978, apud Welch, 2001, p.1) – Gerardo Otero (1998), escrevendo sobre o México, argumenta que os camponeses agora são "semiproletários". Alguns escritores relatam um processo consistente de "descamponização" (Araghi, 1995), enquanto outros, como Marc Edelman (2001a, p.2), sugerem que "tem sido muito trabalhoso '*reconceitualizar*' camponeses que não existem".[3] Orin Starn (1992), um antropólogo que trabalhou com comunidades camponesas peruanas, afirma que é quase como se os pesquisadores agora considerassem os camponeses como remanescentes de um passado distante com muito pouco a contribuir para qualquer análise atual de ações coletivas. Isso poderia ocorrer porque, como declara o estudioso mexicano Roger Bartra (1992, p.17), "Camponeses geralmente lançam sobre a sociedade moderna uma extensa sombra de nostalgia e melancolia". Outros, que estudaram as mudanças nas estratégias de sobrevivência dos camponeses, destacam a recusa impertinente de desaparecerem e enfatizam a necessidade de "repensar os campesinatos" (Bryceson; Kay; Mooji, 2000). Edelman (1999) demonstra como os camponeses

---

3 Aqui, Edelman refere-se a estudos como o de Michael Kearney (1996) *Reconceptualizing the peasantry*: anthropology in global perspective [Reconceitualizando o campesinato: antropologia em uma perspectiva global].

da Costa Rica estão resistindo à globalização engajando-se em uma luta cultural ao rearticularem a identidade camponesa, dar novos significados à sua "camponesidade" e redefinir o desenvolvimento. A obra de Cliff Welch (2001) sobre a América Latina confirma a persistência de um campesinato "um tanto violado e transformado". De fato, ele observa que, bem embaixo do nariz da globalização, está ocorrendo um processo ativo de "recamponização", pois o número absoluto de camponeses está crescendo, os movimentos camponeses engajam-se em formas novas de resistência e constroem alternativas bem fundamentadas. Ao discutir a revoada de camponeses mexicanos para dentro da fronteira com os EUA, em busca de trabalho, Richard Rodriguez convida-nos a não desprezarmos a sabedoria camponesa: "O imigrante ilegal é o mais bravo entre nós. O mais moderno entre nós. O profeta [...], o camponês conhece a realidade do nosso mundo muito antes dos moradores dos subúrbios se darem conta dela" (apud Urrea, 1996, p.2).

Em razão das significativas mudanças ocorridas no campo por meio da reestruturação da agricultura como resultado dos Programas de Ajuste Estrutural (PAE), dos acordos regionais de livre comércio, do Acordo sobre Agricultura (AoA, sigla em inglês) da OMC e Aspectos do Direito de Propriedade Intelectual Relacionados ao Comércio (Trips, sigla em inglês) e às decisões tomadas na Cúpula Mundial sobre Alimentação e na mesma cúpula cinco anos mais tarde (2002), precisamos entender melhor a dinâmica da organização no campo. Atores tradicionais, como as organizações camponesas, continuam desempenhando um papel crítico em defesa da mudança. Com efeito, em muitos países da Ásia, África e nas Américas, as organizações camponesas estão na linha de frente da luta contra o neoliberalismo, não apenas como parte de seus esforços para ganharem mais acesso e controle sobre os recursos produtivos, mas como atores principais da defesa das comunidades e da diversidade.[4] Com

---

4 Ver, por exemplo, Moyo e Yeros (2005), Wright e Wolford (2003), Branford e Rocha (2002), Edelman (1999) e Petras e Veltmeyer (2001), Sinha et al. (1997), Brass (1995), Veltmeyer (1997 e 2000) e Starn (1999).

a importância que têm essas lutas nacionais, acredito que em uma economia agrícola cada vez mais internacionalizada é necessário explorar as maneiras pelas quais o ativismo agrário atravessou as fronteiras – fazendo assim exatamente o que alguns analistas sugeriam que os camponeses e agricultores eram incapazes de fazer.

Se a globalização tornou-se agora o cenário essencial do "desenvolvimento" como o conhecemos, e se três quartos dos pobres do mundo vivem no campo e dependem da agricultura para sobreviver, talvez seja fundamental que consideremos com muito cuidado as demandas das organizações rurais e as suas ideias sobre o que é importante para o desenvolvimento. Ademais, se as mulheres rurais estão entre os pobres mais miseráveis nas áreas rurais, também é crucial abordar como as mulheres do campo estão se organizando pela mudança.

A Via Campesina e a sociedade civil

A Via Campesina não surgiu nem opera em um vácuo. A sua identidade coletiva, posições e estratégias foram elaboradas através da sua oposição à OMC e em interação com as organizações da sociedade civil, como a International Federation of Agricultural Producers [Federação Internacional de Produtores Agrícolas] (Ifap, sigla em inglês) e ONGs voltadas para o desenvolvimento internacional. Distinguir entre movimentos que estão mais estreitamente ligados ou dependentes das estruturas existentes – os "de dentro" – e aqueles cujos modos de existência são ameaçados pela globalização – os "de fora" – ajuda-nos a entender as limitações e/ou possibilidades de mudança social. Fazê-lo lança luz sobre o significado da mudança social: se elas acomodam e reforçam as realidades existentes ou se representam uma reconfiguração ou uma revisualização (Pollack, 2001).

Atualmente, quando se referem a atores não estatais, muitas instituições internacionais, governos nacionais e escritores preferem termos abrangentes como "sociedade civil" e, mais recentemente, "sociedade civil mundial". Esses termos confundem mais do que esclarecem. Eles jogam em uma única categoria todos os atores não estatais – ONGs, organizações profissionais, instituições de pesquisa, movimentos étnicos, grupos de direitos humanos, organizações camponesas, organizações feministas e grupos comunitários urbanos de ajuda mútua, entre outros. Catherine Eschle (2001b, p.71) mostra que o que isso faz é cegar-nos "para as relações hierárquicas e opressivas que existem *no interior* da sociedade civil".

Na ausência de análise de quem são exatamente os atores e quais interesses representam, as diferenças de classe e os desequilíbrios de poder inerentes são obscurecidos totalmente. Isso é profundamente problemático, porque mascara o mundo real no qual os movimentos camponeses lutam e sabota sistematicamente os seus esforços de produzirem mudanças sociais.

Um olhar atento sobre a experiência da Via Campesina permite vislumbrar a distribuição desigual de poder e de recursos e as lutas por poder no interior da sociedade civil. Também revela as limitações bastante reais da participação em negociações com as poderosas agências multilaterais. Em certas instâncias estratégicas, quando está claro que nada de positivo pode ser obtido dessas negociações com os poderosos, a Via Campesina também demonstrou a importância de uma deslegitimação que se origina do desengajamento – uma estratégia que foi articulada originalmente por Gandhi um século atrás.

Portanto, pretendo esclarecer a distinção entre dois componentes muito diferentes da sociedade civil: as ONGs e as organizações camponesas ou organizações populares. Em geral, as primeiras têm propósitos, objetivos, interesses, estruturas e culturas organizacionais, mecanismos de tomada de decisão e de responsabilidades diferentes daqueles das organizações camponesas. Correndo o risco de simplificar, utilizo o termo ONG ao me referir a organizações de desenvolvimento sem fins lucrativos que canalizam fundos – recebidos de doações privadas, de governos e de instituições internacionais – para o desenvolvimento de projetos (presumivelmente) de apoio a organizações de massa. Também estão incluídas nessa categoria as organizações que captam recursos significativos para conduzir pesquisas sobre questões que dizem respeito aos marginalizados e cujas equipes são formadas predominantemente por profissionais de classe média e educação sofisticada; elas são orientadas para projetos, pois sua existência depende profundamente da sua capacidade de assegurar verbas de financiadores nacionais e internacionais para projetos ou campanhas de desenvolvimento específicos direcionados às populações marginalizadas ou menos favorecidas.

Dieter Rucht (1999, p.218-20) demonstra que as ONGs que atuam internacionalmente desempenham papéis diferentes: "algumas possuem problemas, críticas, são desafiadoras e acusadoras, enquanto outras atuam como 'aliadas', 'conselheiras' e/ou 'administradoras' para as forças dominantes". Ele argumenta que, conforme as ONGs internacionais passam por crescimento, profissionalização e institucionalização rapidamente, elas tendem a "abrandar a natureza desafiadora de suas demandas" e a chance de cooptação e desradicalização aumenta, pois se tornam cada vez mais dependentes do financiamento estatal e/ou multilateral.

Quadro 1 – ONGs: Uma nova classe compradora?

As ONGs têm recebido duras (e notadamente similares) críticas da extrema direita à extrema esquerda, a respeito de polêmicas relacionadas à prestação de contas e de legitimidade. A revista inglesa *The Economist*, uma firme defensora do neoliberalismo, anunciou em 1999 que as ONGs se tornaram um grande negócio e poderiam "representar uma mudança perigosa de poder não eleito e sem prestação de contas por parte de grupos com interesses especiais" (1999, p.18). Em uma publicação sobre os estragos da globalização, James Petras e Henry Veltmeyer (2001, p.129) argumentam que ONGs vieram para formar uma "classe neocompradora":

> Hoje, milhares de diretores de ONGs dirigem caminhonetes esportivas de 40 mil dólares de seus apartamentos ou casas modernas em bairros ricos e afastados até seus escritórios bem

equipados e mobiliados em edifícios comerciais, deixando as crianças e as tarefas domésticas nas mãos de domésticas e seus jardins cuidados por jardineiros. Eles estão mais familiarizados e gastam mais tempo em lugares no exterior, em suas conferências internacionais sobre a pobreza (Washington, Bangkok, Tóquio, Bruxelas, Roma etc.) do que nos bairros pobres, com suas ruas de terra, em seu próprio país. Eles são mais hábeis em escrever novas propostas para trazer divisas para "profissionais merecedores" que em se arriscar a tomar uma cacetada na cabeça durante uma manifestação de professores mal pagos em uma área rural sendo reprimida por policiais. Os líderes das ONGs são uma nova classe, não baseada na propriedade de bens ou recursos do governo, mas sim do financiamento imperial e de sua própria capacidade de controlar significativos grupos populares. Os líderes de ONGs podem ser concebidos como uma espécie de grupo neocomprador que não produz qualquer mercadoria útil, mas funciona para produzir serviços para os países doadores, comercializando a pobreza por regalias individuais.

Outros críticos reconhecem que as ONGs são muito diversificadas, com distintos objetivos, orientações ideológicas, mecanismos de representação e práticas organizativas. Algumas ONGs são mais progressistas e estão mais "preocupadas" do que outras e podem desempenhar um papel importante no apoio – não dirigindo – o esforço de organizar pessoas (Tadem, 1996). Mas como Elizabeth Jelin (1998, p.412) adverte:

Casos de "tecnocracia autoritária" em nome dos pobres (nós sabemos o que é bom para você e nos certificaremos de que você obedeça) são inúmeros [...] o fato é que as ONGs [...] não têm um mecanismo integrado de prestação de contas. Elas não têm um eleitorado ou uma filiação composta de "cidadãos soberanos". Elas são financeiramente responsáveis perante aqueles que fornecem fundos e a sua própria ideologia e consciência, que esperamos (e apenas esperamos) estejam baseadas em "bons" valores, em solidariedade, compaixão e compromisso. Dada essa relativa ausência de prestação de contas institucional e social, há sempre o perigo de ação arbitrária, de manipulação, de falta de transparência nos objetivos e práticas.

Essa mudança pode limitar seriamente as alternativas imaginadas, pois se torna muito difícil, senão impossível, para essas organizações pensar além das estruturas existentes (Pollack, 2001, p.197). Na arena internacional, isso pode levar ao que Aaron Pollack chama "hegemonia epistemológica da modernidade", porque parece haver pouco espaço para explorar perspectivas alternativas. Para outro grupo de autores (Amoore et al., 2002, p.19), "esses floreios ao redor da globalização [...] tem o efeito não intencional de ajudar o projeto de globalização a consolidar-se".

Pelo menos em parte, as ONGs foram criadas para falar por aqueles que não têm voz. Parte de seu mandato sempre foi ajudar esses atores mudos a terem uma voz efetiva. Infelizmente, ao fazê-lo, foi incômodo para muitas ONGs escutarem o que "os sem voz" tinham para dizer. Muitas ONGs não aprenderam a silenciar quando chegava o momento.

No entanto, as organizações camponesas podem ser mais bem categorizadas como organizações populares ou do povo, organizações de massa, comunitárias ou movimentos sociais que incluem, entre outros, sindicatos, organizações de pescadores, organizações de favelados e organizações feministas. As organizações populares são comunitárias ou setoriais – organizações de base voluntárias que funcionam para defender os interesses da sua massa de membros; muitas elegeram lideranças democraticamente, as quais respondem direta e imediatamente aos seus membros e constituintes.

Essas organizações camponesas são parte de uma corrente de movimentos sociais "radicais" ou "críticos" que, por definição, lutam por uma transformação radical das estruturas existentes do poder político, social e econômico; a visão delas é baseada em princípios de justiça econômica e social, os quais incluem igualdade étnica e de gênero. A mobilização e o protesto público continuam sendo as estratégias mais importantes que elas utilizam na sua luta por maior acesso e controle dos recursos produtivos.

É claro que nem todos os movimentos sociais adotaram estruturas horizontais e democráticas ou práticas inclusivas. Mas como diz Walden Bello, ativista do Focus on the Global South, sediado na Tailândia: "O modo como nos organizamos reflete os nossos objetivos" (apud Bello, 2002, p.5). A natureza excludente do modelo de desenvolvimento neoliberal (promovido desde o início dos anos 1980) levou a um declínio contínuo dos padrões de vida dos estratos inferiores da sociedade em muitos países e ao aumento das disparidades entre ricos e pobres. Contudo, aqueles que foram despossuídos e excluídos pelo capitalismo global não são vítimas passivas. A força brutal da globalização contribuiu para a emergência de uma grande variedade de novos atores sociais. Também levou a novas estruturas de ação coletiva entre os atores sociais tradicionais, incluindo os camponeses. Desde organizações de mulheres da cidade e do campo, de comunidades indígenas, grupos ambientalistas e cozinhas comunitárias até grupos de direitos humanos e organizações camponesas, todos estão tentando estabelecer uma presença e construir espaços políticos alternativos nos quais as suas preocupações e demandas possam ser articuladas, negociadas e acomodadas no contexto de uma globalização contestada e um debate contínuo sobre o desenvolvimento.

O que está acontecendo é uma luta entre duas visões diferentes de mundo. De um lado, as forças da globalização econômica neoliberal trabalham para obliterar a diversidade, para homogeneizar e para criar uma economia e uma cultura global baseadas no consumismo e na adoção da ciência e da tecnologia ocidentais. Esse processo envolve a "*commoditização* de tudo" por meio da consolidação de um mercado global onipotente erigido sobre o quadro que John Kenneth Galbraith chama a política comercial "socialmente estéril". As forças de resistência social, por outro lado, afirmam a diferença e abraçam a diversidade. Querem "trazer as pessoas para dentro de novo", "redefinir a comunidade" e o desenvolvimento usando uma visão diferente de mundo baseada em todo um conjunto de valores diferentes (Gills, 2000, p.3 e 6). Alguns dos lemas usados pela Via Campesina e outros movimentos sociais expressam claramente essa visão alternativa: por exemplo, a insistência do Fórum Social Mundial em afirmar que "outro mundo é possível" e a coalizão anti--OMC chamada "Nosso mundo não está à venda".

A luta contesta o próprio significado do desenvolvimento e quem deveria estar envolvido em sua definição e implementação. É uma luta na qual os movimentos sociais radicais são agentes fundamentais de mudança, conforme visam alternativas que questionam cada aspecto do neoliberalismo, conforme trabalham para mudar os termos do debate e influenciar processos políticos multilaterais introduzindo normas e discursos novos, e conforme levam a resistência a um lugar no qual ela pode construir alternativas concretas no aqui e agora.

Ao fazê-lo, os movimentos sociais radicais, como muitos argumentam, estão envolvidos em políticas culturais quando criam identidades alternativas, novas solidariedades, espaços sociais e culturas políticas alternativas (Eschle, 2001a). Em todo o mundo, esses movimentos não estão trabalhando pela "inclusão" nas estruturas políticas existentes e na cultura dominante; em vez disso, empenham-se em "transformar a própria ordem política na qual operam" (Alvarez, Dagnino e Escobar, 1998, p.8). Simultaneamente, os movimentos sociais críticos estão buscando significados e maneiras novas de existir no mundo. Buscam democratizar lugares e estruturas de poder, e limitar o poder desses lugares e estruturas; e sua visão de mudança social frequentemente abrange o desenvolvimento de uma cultura política que é baseada nos princípios e práticas da inclusão e da justiça social (Stammers, 1999, p.86).

Isso não quer dizer que todos os movimentos sociais ao redor do mundo tenham essas mesmas metas. Porém a Via Campesina é um desses movimentos radicais que se engaja nesse tipo de política cultural. Ela luta pela inclusão e pela maior participação ao definir uma ordem mundial *diferente* quando se empenha em um maior acesso e controle dos recursos produtivos para as famílias agricultoras em todo mundo. Se ela está tendo sucesso ou não em incorporar os vários princípios de um movimento social radical é uma medida importante de sucesso ou fracasso.

Assim, a Via Campesina difere consideravelmente do movimento de agricultores mais reformista ou conformista, a Federação Internacional de Produtores Agrícolas (Ifap, sigla em inglês). Os dois movimentos funcionam a partir de perspectivas ideológicas fundamentalmente diferentes, representam bases e interesses diferentes e utilizam estratégias diferentes.

Uma série de observadores vem analisando como os movimentos sociais e as ONGs interagem com importantes instituições econômicas multilaterais, como o Banco Mundial, o Fundo Monetário Internacional (FMI) e a OMC, que gerenciam e estendem o processo de globalização. Nas relações com essas instituições, nem todos os movimentos sociais foram "criados iguais". De acordo com Robert O'Brien e coautores (2000, p.224), certos tipos de movimentos sociais mundiais podem e desejam "engajar instituições econômicas multilaterais de um modo contínuo". Ademais, sugerem eles, "os fatores que determinam quem está dentro e quem está fora pode variar de acordo com a ideologia, a localização, a experiência e a influência".

Esses movimentos sociais que conseguem e mantêm acesso à OMC são aqueles que são ideologicamente mais inclinados a aceitarem a premissa básica da globalização, embora possam discordar com o âmbito, a velocidade e a intensidade da liberalização. Ou seja, visões reformistas e conformistas tendem a ser mais aceitas no interior da OMC, enquanto movimentos sociais de base com visões mais críticas têm pouco ou nenhum acesso (Schölte et al., 1998, p.19). Estar próximos de centros de poder (Genebra e Washington) também facilita maior acesso e engajamento, assim como a influência no sistema político de Estados poderosos com os da União Europeia ou os Estados Unidos. Como observam O'Brien et al. (2000, p.225):

O grau no qual um movimento pode pressionar Estados importantes e o grau no qual as suas preocupações podem ser acomodadas sem desafiar os interesses mais poderosos são fundamentais para determinar o seu relacionamento com instituições econômicas multilaterais.

Quadro 2 – ONGs e a OMC

As próprias instituições econômicas multilaterais também procuram e selecionam de forma ativa as organizações da sociedade civil que querem consultar e manter relações fluidas. Essas instituições estão mais aptas a travar um diálogo com movimentos sociais que "falam a mesma língua" que eles, especialmente aqueles que entendem de leis econômicas e de comércio, ou possuem competências que elas próprias não têm (O'Brien et al., 2000, p.224). Por exemplo, em sua análise sobre o fracasso da Conferência Ministerial da OMC em Seattle, o semanário *The Economist* (1999b p.19) sugeriu que a OMC tinha muito a aprender com a estratégia bem--sucedida do Banco Mundial, em cooptar as ONGs:

> A campanha "Cinquenta Anos é o Bastante de 1994" [dirigida ao Banco Mundial] era um protótipo de Seattle (com ativistas invadindo as salas de reuniões). Agora, as ONGs estão surpreendentemente tranquilas sobre o Banco Mundial. A razão é que o Banco fez uma enorme esforço para cooptá-las [...]

James Wolfensohn, chefe do Banco, fez do "diálogo" com as ONGs um componente central do trabalho da instituição. Mais de setenta especialistas em ONGs trabalham nos escritórios do Banco. Mais da metade dos projetos do Banco Mundial no ano passado envolveu ONGs. Wolfensohn construiu alianças com todos, de grupos religiosos a ambientalistas. Seus esforços têm diluído a força das "redes de mobilização" e aumentaram o poder relativo de ONGs técnicas (pois são principalmente essas que o Banco tem cooptado).

A OMC não vai evoluir da mesma forma [...], mas poderia ainda tentar enfraquecer a ampla coalizão que atacou Seattle, chegando às ONGs tradicionais e técnicas.

A Ifap está bem preparada e situada para dialogar com instituições econômicas multilaterais; essa é uma das suas estratégias principais no esforço para reformar acordos de comércio e abordagens de desenvolvimento para servir melhor aos interesses dos agricultores. Isso nos ajuda a entender por que a oposição da Via Campesina à OMC é tão implacável: a Ifap e a Via Campesina não falam a mesma língua – elas professam visões do futuro diametralmente opostas. As organizações de camponeses e agricultores que formaram a Via Campesina estão convencidas de que estratégias e posições mais radicais são necessárias com urgência para tratar da crise no campo. Ao formarem a Via Campesina, elas criaram efetivamente uma alternativa progressista em relação à Ifap.

O objetivo principal da Via Campesina é construir um modelo de agricultura radicalmente diferente, baseado no conceito de soberania alimentar. O movimento camponês acredita que isso só pode ser feito construindo unidade e solidariedade entre a grande diversidade de organizações camponesas e de agricultores de todo mundo. Pela solidariedade e unidade, a Via Campesina consolidou uma identidade camponesa coletiva como "o povo da terra", montou oposição radical às instituições multilaterais, definiu políticas alternativas sobre problemas cruciais relativos às comunidades rurais e engajou-se em ações coletivas no esforço de construir a soberania alimentar.

"Construindo a unidade na diversidade"

Bonanno e outros eram céticos a respeito da capacidade de os camponeses organizarem-se internacionalmente por causa da sua diversidade. A Via Campesina transformou o que alguns viam como obstáculo à sua organização internacional – a diversidade – em uma de suas principais forças. O movimento transnacional reúne organizações que representam membros bastante diferentes. Enquanto a maioria das suas organizações, que vem de pontos remotos uns dos outros, tem base estritamente rural, algumas delas estão trabalhando ativamente no meio urbano. Por exemplo, o Movimento dos Trabalhadores Rurais Sem Terra (MST), do Brasil, trabalha fundamentalmente com os sem terra do campo, mas também começou a formar assentamentos "rururbanos" nas favelas, instalando famílias urbanas em pequenas porções de terra nas periferias das cidades (*New Left Review*, 2002, p.92). O carro-chefe do trabalho da Unión Nacional de Organizaciones Regionales Campesinas Autónomas [União Nacional de Organizações Regionais Camponesas Autônomas] (Unorca) em Puebla, no México, é organizar vendedores ambulantes em locações urbanas e, em Vera Cruz, a Unorca desempenhou um papel significativo na organização de transportadores. A recém-formada Union Paysanne [União Camponesa] no Quebec reúne agricultores com pesquisadores, estudantes, grupos de consumidores e empresários de ecoturismo, entre outros – todos setores comprometidos com a construção de uma alternativa aos alimentos artificiais e à agricultura industrial.

Quadro 3 – "Comida de lugar nenhum"

Malbouffé (cujo significado é "comida ruim", mas geralmente traduzido como *junk food*) é um conceito desenvolvido pela Confédération Paysanne [Confederação Camponesa] na França em sua luta contra a globalização da indústria agrícola. *Malbouffé* ganhou projeção mundial graças a José Bové, o carismático líder da Confederação, preso por liderar um protesto que desmantelou uma loja do McDonald's ainda em construção, na pequena cidade de Millau em 1999.

Como explica Bové, *malbouffé* é "comida de lugar nenhum". Ela tem, ele diz, "o mesmo gosto de uma ponta do mundo a outra"; foi despojada de "gosto, saúde, e identidade cultural e geográfica. A *junk food* é o resultado da exploração intensiva da terra para maximizar o rendimento e o lucro" (Bové e Dufour 2001 p.54-55).

Logo depois que a Union Paysanne [União Camponesa] foi formada em maio de 2001, uma progressiva alternativa à *mainstream* e hegemônica Union de Producteurs du Québec [União de Produtores de Quebec], Bové viajou para Quebec e se reuniu com os líderes da nova organização para discutir política agrícola francesa e trocar ideias sobre organizar estratégias. Como resultado da visita, a organização de Quebec integrou a rejeição ao *malbouffé* à sua visão de mudança. A Union Paysanne enfatiza uma agricultura camponesa que envolve "uma agricultura em escala humana e comunidades rurais vibrantes" (União Paysanne, s.d.).

A nova organização certamente ganhou pontos com um público crescentemente desconfiado com o sistema alimentar. No primeiro ano de sua existência, a Union Paysanne ganhou mais de três mil membros. Era uma ação orientada; era um ator visível e com voz na luta sobre as operações de pecuária intensiva e uma das razões pela qual o governo de Quebec emitiu uma moratória na construção de grandes criadouros de porco. A Union Paysanne aderiu formalmente à Via Campesina em 2004.

A região com menos membros da Via Campesina é a África, mas isso pode ser apenas uma questão de tempo. Em novembro de 1998, a Comissão Coordenadora Internacional (CCI) do movimento foi convidada para a Conferência de Agricultores Pan-africana realizada em Dakar, onde representantes africanos decidiram que, em vez de filiarem-se como organizações individuais, iriam primeiro organizar-se e consolidar-se em nível regional na África e depois se unir à Via Campesina mais tarde como uma região unificada.

Quadro 4 – O movimento na África e no Oriente Médio

Ao longo dos anos, alguns intercâmbios ocorreram entre organizações da Via Campesina e seus homólogos africanos. A Via Campesina tem trabalhado em conjunto com as organizações de Réseau des Paysannes et de producteurs Agricoles de l'Afrique de l'Ouest (Roppa) em questões sobre a soberania alimentar e representações africanas têm participado das conferências internacionais da Via Campesina.

Nos eventos da Cúpula Mundial da Alimentação: Cinco Anos Depois, realizada em Roma em junho de 2002, a Via Campesina e a Roppa trabalharam estreitamente juntas como membros do Comitê Internacional de Planejamento do Fórum de Soberania Alimentar das organizações não governamentais e da sociedade civil. Como parte do Fórum de Soberania Alimentar, elas também coorganizaram um seminário sobre agricultura e acesso a mercados. Mais recentemente, os laços entre organizações africanas e da Via Campesina foram reforçados e consolidados como resultado de reuniões e ações conjuntas realizadas no âmbito da Cúpula Mundial sobre Desenvolvimento Sustentável, realizada em Joanesburgo, em finais de agosto de 2002. A delegação da Via Campesina teve representação de 36 regiões, incluindo 12 representantes da União Nacional de Camponesas (Unac) de Moçambique.

Na África do Sul, os delegados da Via Campesina participaram de uma série de eventos – incluindo a 1ª Assembleia Nacional dos Povos Sem Terra da África do Sul, um Dia da Solidariedade que incluiu visitas a comunidades que enfrentam despejos forçados, uma marcha grande (Marcha dos Sem Terra) e um Concerto dos Sem Terra – organizados pelo Movimento Sem Terra e pela Comissão Nacional de Terras da África do Sul (Via Campesina, 2002g). Um dia inteiro foi reservado para o intercâmbio entre delegados da Via Campesina e representantes dos pequenos agricultores e organizações sem terra africanas, o que possibilitou uma melhor compreensão das respectivas realidades a fim de buscar vias para futuras colaborações.

Essa colaboração está rendendo alguns resultados importantes. Por exemplo, a Via Campesina está trabalhando agora com uma série de outros movimentos sociais e organizações camponesas locais e de base para organizar um evento internacional importante sobre a soberania alimentar, que terá lugar no Mali em fevereiro de 2007. O Fórum Nyeleni para a Soberania Alimentar trará representantes de movimentos sociais e ONGs de todo o mundo, bem como alguns líderes governamentais chave para definir melhor o significado e as implicações políticas práticas da soberania alimentar. Esse evento e as atividades que envolvem, sem dúvida, reforçarão a presença da Via Campesina na África.

O interesse entre as organizações árabes em uma colaboração futura veio à tona quando a Via Campesina enviou uma delegação de quatro pessoas – Paul Nicholson (CPE), Doris Gutierrez de Hernandez (Secretariado operacional da Via Campesina Operacional), Mário Lill (MST), e José Bové (Confédération Paysanne e CPE) – para a Palestina no início da primavera de 2002. A Via Campesina procurou estabelecer contatos com as organizações de agricultores para melhor compreender a situação dos povos agrícolas árabes e israelenses, visando também o desenvolvimento de uma estratégia de longo prazo para trabalhar em conjunto na proteção dos direitos das famílias de agricultores. Em 30 de março, Dia Internacional da Terra, a delegação visitou uma comunidade beduína e participou com cerca de cinco mil pessoas em um grande protesto contra a expulsão de agricultores palestinos de suas terras e contra a continuidade da violência na região.

Alguns dias mais tarde, dois membros da delegação da Via Campesina juntaram-se a um grupo de 40 militantes pacifistas internacionais para atuar como um escudo humano no quartel general do líder palestino, na cidade sitiada de

Ramallah, com a finalidade de deter os ataques israelenses. Nas quatro semanas seguintes, a Via Campesina emitiu numerosos comunicados de imprensa descrevendo a devastadora situação das famílias de agricultores palestinos, exigindo que o princípio da soberania alimentar fosse respeitado e que aos palestinos fosse garantido o direito de permanecer em suas terras para produzir alimentos. A Via Campesina denunciou os ataques israelenses e apelou à mobilização internacional para insistir que os governos e as Nações Unidas ponham um fim à violência israelense.

A Via Campesina também representa a diversidade quanto a como as organizações de agricultores e de camponeses são estruturadas. Embora elas pudessem se engajar bem em ações nacionais e internacionais, algumas delas, como a Associação de Agricultores do Estado de Kamataka (KRRS), estão organizadas apenas em nível estadual. O NFU, do Canadá, é uma organização nacional enquanto a Unorca no México é uma federação nacional que trabalha em 23 dos estados mexicanos. Outros, ainda, como a Coordenation Paysanne Européenne (CPE) ou a Asocode são entidades regionais que reúnem organizações nacionais. Cada uma dessas diferentes estruturas organizacionais demandam capacidades, experiências e conhecimentos diferentes nas negociações entre os membros que abrangem. Consequentemente, cada uma delas tem a sua cultura organizacional singular, que pode auxiliar ou dificultar a sua habilidade para funcionar bem em um movimento internacional multicultural e diverso.

Uma das principais habilidades da Via Campesina está em como ela faz confluir organizações integradas em contextos políticos, econômicos, sociais e culturais particulares – mas ainda assim logra estabelecer unidade dentro dessa diversidade. Ao fazê-lo, ela depende de processos representativos bem definidos e de um processo estrito de distribuição de responsabilidades entre as numerosas organizações camponesas e de agricultores que a constituem.

Ao representar milhões de famílias de agricultores ao redor do mundo, ela emprega uma estrutura horizontal. De acordo com Paul Nicholson, um membro fundador da Via Campesina no País Basco, cuja organização iria se tornar a coordenação regional da Via Campesina na Europa, a estrutura torna a tomada de decisões um problema extenso e sinuoso que consome muito tempo. As chaves são a consulta e a responsabilização, facilitadas pela estrutura bem definida e por processos de representação e decisão democráticos. A Via Campesina é dividida em oito regiões. Leste e Sudeste da Ásia, Sul da Ásia, América do Norte, América Central, América do Sul, Caribe, Europa e África. Delegados de todas as regiões reúnem-se a cada três ou quatro anos na Assembleia das Mulheres e Conferência Internacional da Via Campesina para determinar os direcionamentos, as políticas e as estratégias gerais. Conferências regionais são realizadas antes da Conferência Internacional para assegurar que o trabalho da Via Campesina esteja enraizado nas realidades locais. A CCI de dezesseis membros – com dois representantes (um homem e uma mulher) de cada uma das suas oito regiões – é a ligação mais importante entre as várias organizações camponesas (ver a Figura 9). Fora da Conferência Internacional, a CCI é o órgão coordenador e decisório principal da Via Campesina. Todas as decisões mais importantes são feitas através de consulta aos seus dezesseis membros.

Em se tratando de problemas fundamentais, o processo de consulta vai além da CCI, porque cada coordenador regional deve refletir as necessidades, preocupações e decisões das organizações da sua região. É somente por meio de processos de consulta e comunicação intensos que os coordenadores regionais obtêm um mandato regional para apresentar posições e resoluções para a CCI. Para as organizações da Via Campesina, as regiões são pontos cruciais de intersecção entre as comunidades e as lutas nacionais e internacionais.

Desde a sua fundação, a Via Campesina organizou quatro congressos internacionais e uma série de encontros regionais e oficinas de mulheres em diferentes partes do mundo. As delegações da Via Campesina também representaram uma força e uma presença significativas em uma longa lista de encontros internacionais

1 AMÉRICA DO NORTE
Unión Nacional de Organizaciones Regionales Campesinas Autónomas (UNORCA) – Alberto Gomez
National Family Farm Coalition (NFFC) – Dena Hoff

2 EUROPA
Coordination Paysanne Européenne (CPE) – Paul Nicholson
Coordination Paysanne Européenne (CPE) – Ingeborg Tangeraas

3 AMÉRICA CENTRAL
Consejo Coordinador de Organizaciones Campesinas de Honduras (COCOCH) – Rafael Alegría
Asociación de Trabajadores del Campo (ATC) – María Helena Siqueira

4 CARIBE
Asociación Nacional de Agricultores Pequeños (ANAP) – Mario de la O
Confederación Nacional de Mujeres Campesinas (CONAMUCA) – Juana Ferner

5 SUL DA ÁSIA
Karnataka Rajya Ryota Sangha (KRRS) – Chukri Nanjundaswamy
Bangladesh Krishok Federation (BFK) – Badful Alam

6 AMÉRICA DO SUL
Movimento dos Trabalhadores Sem Terra (MST) – Egidio Brunetto
Federación Nacional de Mujeres Campesinas de Bolivia "Bartolina Sisa" (FNMCB-Bartolina Sisa) – Nemesia Achacollo

7 ÁFRICA
União Nacional de Camponeses (UNAC) – Diamantino Nhamppossa
Coordination National de Organozations Paysannes (CNOP) – Mariam Sissoko

8 LESTE E SUDESTE DA ÁSIA
Federation of Indonesian Peasant Unions (FSPI) – Henry Saragih
Korean Women Farmers Association – Mrs. Yoon Geum Soon

SECRETARIADO OPERACIONAL INTERNACIONAL
Federation of Indonesian Peasant Unions (FSPI) – Henry Saragih

Figura 9 – Comitê de Coordenação Internacional

importantes que incluíram, entre outros, a Assembleia Mundial sobre Segurança Alimentar na Cidade de Quebec (1995) em celebração do 50° aniversário da FAO; as cúpulas mundiais da alimentação realizadas em Roma; eventos em torno das Conferências Ministeriais da OMC em Genebra, Seattle, Doha, Cancun e Hong Kong; o Fórum Mundial sobre Pesquisa Agrícola (GFAR) realizado em Dresden (2000), os Fóruns Sociais Mundiais realizados em Porto Alegre (2001, 2002, 2003 e 2005) e a Cúpula Mundial sobre o Desenvolvimento Sustentável, em Joanesburgo (2002). Essas reuniões permitem que a Via Campesina persiga um dos seus principais objetivos: "construir a unidade na diversidade das organizações" (Via Campesina, s.d.). Nesses eventos, líderes de agricultores e camponeses reconhecem as diferenças, começam a estabelecer algumas bases comuns, solidificam uma identidade coletiva e chegam a consensos sobre estratégias e ações.

Essa identidade coletiva e o sentido de um propósito comum foram expressos claramente na 2ª Conferência Internacional da Via Campesina, realizado em Tlaxcala, no México, de 18 a 21 de abril de 1996. Como Nettie Wiebe, presidente do NFU (1995-1998), disse aos delegados:

> E aqui estamos nós em Tlaxcala, México, em uma grande, diversa e maravilhosa reunião comprometida com um propósito comum... Entendemos que as nossas diferenças são reais, mas que podem ser superadas, e que o que importa acima de tudo é que apreciamos a riqueza da nossa diversidade.
>
> Nós viemos dos nossos lugares particulares. E, como mulheres, temos uma consciência clara de uma longa história, em muitas das nossas culturas, de termos sido subservientes e auxiliares para os propósitos dominantes[...] Mostramos muita boa vontade para tentarmos superar e avançar nesse ponto. Tenho muita confiança de que trabalharemos, mulheres e homens unidos, com liberdade e igualdade nesse movimento [...]
>
> Temos uma capacidade enorme. Pela primeira vez na história, as pessoas da terra estão se reunindo ao redor de propósitos comuns

e comprometendo-se a trabalhar solidariamente para alcançar esses objetivos. É como se tivéssemos plantado sementes. Venho de um lugar onde o inverno é longo e rigoroso, e acho que plantamos nossas sementes e agora chegou a primavera. Algumas sementes ainda estão muito fundas, mas vejo que muitas já brotaram. E nós, as pessoas da terra que conhecemos as estações, estamos vendo o crescimento e sentindo esperança. (Via Campesina, 1996b, p.51-52)

Enquanto as organizações de agricultores e camponeses certamente continuam a resistir ativamente à globalização em nível nacional, agora, com a formação da Via Campesina, estão internacionalizando os seus esforços. Rafael Alegría, secretário operacional da Via Campesina de 1996 a 2004, destacou:

Do ponto de vista da Via Campesina, o modelo neoliberal está causando o colapso dessa [...] economia camponesa. Está destruindo os recursos naturais e o ambiente. Também está minando os nossos movimentos camponeses em todo o mundo. Por essa razão, é muito importante que tenhamos uma organização internacional como a Via Campesina – assim podemos fazer acordos sobre os problemas que estamos enfrentando e, juntos, fortalecermos os ideais e aspirações que não desapareceram desse mundo [...] Nós que fazemos parte da Via Campesina acreditamos que precisamos encontrar uma solução global para os camponeses do mundo. Criar uma resposta global é a própria razão para a existência da Via Campesina. (Via Campesina, 1996b, p.8-9)

Ao encerrar a 2ª Conferência Internacional, Alegría prosseguiu:

Fomos reunidos pelo confronto diário com o sistema capitalista internacional. Ainda estamos enfrentando esse sistema, mas hoje também temos capacidade para negociar em todos os níveis. Não há dúvida de que é uma grande conquista em nível internacional. (Via Campesina, 1996b, p.53)

Grande parte do sucesso da Via Campesina deve-se a como ela equilibra – com muito cuidado e esforço – os interesses diversos dos seus membros quando trata abertamente de questões como gênero, raça, classe, cultura e as relações Norte/Sul – temas que potencialmente poderiam causar divisões. Refletindo sobre essa experiência como membro de uma delegação da Via Campesina em eventos em torno da Conferência Ministerial da OMC em Seattle, François Dufour, líder da Confederation Paysanne e membro da CPE, diz:

> Você não pode falar de facções no interior da Via Campesina, que é uma organização mundial de agricultores defendendo o que ela considera os problemas mais importantes da atualidade. O que importa para Santiago ou Bamako, não necessariamente importa para Roma ou Paris. O intercâmbio de opiniões e experiências faz que essa seja uma maravilhosa rede para debater e aprender. As delegações para a Via Campesina não negociam em termos de conquistar mercados, mas para promover, acima de tudo, o desenvolvimento do respeito mútuo. Essa "Internacional dos Agricultores" representa um exemplo vivo de um novo relacionamento entre os estados dos hemisférios Sul e Norte. (apud Bové e Dufour, 2001, p.158)

De acordo com a Via Campesina, o conflito não é entre agricultores e os camponeses do hemisfério Norte e Sul. A luta é em torno de dois modelos concorrentes – e, de muitas maneiras, diametralmente opostos – de desenvolvimento social e econômico: por um lado, um modelo globalizado, neoliberal e dirigido pelas corporações, em que a agricultura é vista exclusivamente como um empreendimento lucrativo e os recursos produtivos são cada vez mais concentrados nas mãos da agroindústria; e, por outro lado, um modelo rural muito diferente, mais humano, baseado em uma "redescoberta ética do desenvolvimento" que deriva da "cultura produtiva" e da "vocação produtiva" das famílias de agricultores (Declaração de Manágua, 1992). No segundo modelo, a agricultura é centrada no trabalho e baseada na produção camponesa. Ela utiliza recursos locais e é voltada para os mercados domésticos. A agricultura não apenas desempenha uma função social importante, mas também é viável economicamente e sustentável ecologicamente.

Soberania alimentar – tradições alternativas, modernidades diferenciadas

A ideia de soberania alimentar está no centro do modelo alternativo de agricultura da Via Campesina. Originalmente, a Via Campesina (1996c) definia a soberania alimentar como "o direito de cada nação manter e desenvolver a sua própria capacidade para produzir os seus alimentos essenciais, respeitando a diversidade cultural e produtiva" e "o direito de produzir o nosso próprio alimento em nosso próprio território". Posteriormente, a Via Campesina (2000e) reelaborou o conceito para incluir o "direito dos povos para definirem a sua política agrícola e alimentar".

De acordo com a Via Campesina, a soberania alimentar deve ser distinguida da segurança alimentar; não é apenas uma questão de assegurar que uma quantidade suficiente de alimentos seja produzida nacionalmente e disponibilizada para todos. O problema de qual alimento é produzido, como ele é produzido e em que escala, é igualmente importante. Para a Via Campesina (2000e), soberania alimentar significa:

- Dar prioridade à produção de alimentos saudáveis, de boa qualidade e culturalmente adequados ao mercado doméstico. É fundamental para manter uma capacidade de produção alimentar organizada em um sistema de produção diversificada baseada nos agricultores – que respeite a biodiversidade, a capacidade de produção da terra, os valores culturais, a preservação dos recursos naturais – para garantir a independência e a soberania alimentar das populações.

- Pagar preços que remunerem os agricultores (homens e mulheres), o que requer a capacidade de proteger os mercados internos contra a importação por preços aviltantes.
- Regular a produção do mercado interno para evitar a criação de excedentes.
- Parar o processo de industrialização de métodos de produção e desenvolver a produção sustentável baseada na agricultura familiar.
- Abolir todas as subvenções diretas e indiretas à exportação.

No mundo atual de comércio globalizado e liberalizado, o conceito de soberania alimentar não é nada menos que revolucionário. Como disse João Pedro Stedile, líder do MST e coordenador regional para a América do Sul da Via Campesina:

> Esse [conceito] nos leva a bater de frente com o capital internacional, que deseja mercados livres. Defendemos que todas as pessoas, não importa quão simples, têm o direito de produzir os próprios alimentos. O comércio agrícola deveria estar subordinado a esse direito maior. Somente o excedente deveria ser negociado e isso apenas bilateralmente. Somos contra a OMC e contra a monopolização do comércio mundial de alimentos pelas corporações multinacionais. Como diria José Martí: um povo que não pode produzir o seu próprio alimento é escravo; ele não tem a menor liberdade. Se uma sociedade não produz o que come, será sempre dependente de outrem. (apud *New Left Review*, 2002, p.100)

José Bové reforça essa abordagem declarando:

> O nosso conceito de soberania capacita as pessoas a pensarem por si mesmas, sem nenhum modelo imposto de agricultura ou sociedade, e a viverem solidariamente umas com as outras. Essa soberania significa acesso independente ao alimento: serem autossuficientes e serem capazes de escolher o que comem. Nós apoiamos o comércio justo, o intercâmbio entre culturas e a solidariedade: nós

lutamos por uma vida digna e livre sob uma verdadeira democracia. (Bové e Dufour, 2001, p.159)

Alcançar o objetivo da soberania alimentar também requer uma reforma agrária concebida de modo amplo. Para a Via Campesina, a reforma agrária vai além da redistribuição de terra: ela envolve uma reforma abrangente dos sistemas agrícolas para favorecer a produção e a comercialização da pequena agricultura. Para algumas organizações da Via Campesina, a reforma agrária significa tirar do mercado a terra e outros recursos produtivos e praticar o princípio da propriedade social da terra, onde as famílias que trabalham nela têm direitos de usufruto. Stedile explicava:

Na Via Campesina, estamos construindo uma plataforma independente de tendências particulares dos movimentos de agricultores em cada país. Um princípio sobre o qual concordamos em nível internacional é que deve haver o tipo de reforma agrária que democratize a terra – tanto como uma base para a democracia social como para a construção de uma agricultura de outro tipo. Isso tem implicações cruciais. Desde o tempo de Zapata no México, ou de Julião no Brasil, a inspiração para a reforma agrária era a ideia de que a terra pertence àqueles que nela trabalham. Hoje, precisamos ir além disso. Não basta argumentar que, se você trabalha na terra, tem direitos de propriedade sobre ela. Os agricultores vietnamitas e indianos contribuíram muito para os nossos debates sobre isso. Eles têm uma visão diferente da agricultura e da natureza – visão que tentamos sintetizar na Via Campesina. Queremos uma prática agrária que transforme os agricultores em guardiões da terra, e uma visão diferente da prática agrícola que assegure o equilíbrio ecológico e também garanta que a terra não seja vista como propriedade privada. (apud *New Left Review*, 2002, p.100)

Consuelo Cabrera Rosales, uma líder indígena maia da Guatemala, contou-me que alguns grupos indígenas na Via Campesina concebem um visão mais ampla da autonomia territorial que inclui abordagens mais holísticas da terra e do que a terra pode conter e sustentar. O problema que acarreta a redistribuição da terra – se a terra deveria ser expropriada, que compensação deveria ser oferecida, quem ganharia terra e sob que condições – é uma preocupação fundamental de muitos camponeses e organizações de agricultores. A Via Campesina procura apoiar os esforços das bases locais e nacionais dos membros que a constituem em vez de impor uma visão centralizada de um programa ideal de redistribuição de terras.

Paralelamente, a Via Campesina chegou a uma posição coletiva na qual a reforma agrária "é um instrumento para eliminar a pobreza e as diferenças sociais e para promover [...] o desenvolvimento de nossas comunidades". Para a organização:

> A terra é um bem da natureza que precisa ser usado para o bem-estar de todos. A terra não é e não pode ser um bem mercantil a ser adquirido em qualquer quantidade por quem tenha meios financeiros. Defendemos o princípio de um tamanho máximo da propriedade social da terra por família em relação com a realidade de cada país.
>
> O acesso à terra pelos camponeses tem de ser entendido como uma garantia para a sobrevivência e a valorização da sua cultura, a autonomia das suas comunidades e uma nova visão da preservação dos recursos naturais para a humanidade e para as gerações futuras. A terra é patrimônio das famílias e deve-se evitar que os títulos de propriedade estejam somente em nome dos homens. (Via Campesina, 2000d)

Além da distribuição de terra, a reforma agrária também acarreta o acesso e o controle democrático sobre todos os recursos produtivos como água, sementes, créditos e treinamento; ela também abarca a gestão do abastecimento e a regulação dos mercados para assegurar preços justos para aqueles que produzem alimentos (Via Campesina, 2000d, p.1-4).

Além disso, a soberania alimentar só é possível em combinação com o controle democrático do sistema de alimentos e o reconhecimento de que "a herança cultural e os recursos genéticos pertencem a toda a humanidade" (Via Campesina, 1996b, p.22). Isso significa que todas as formas de vida – incluindo plantas e animais – devem ser protegidas do patenteamento. Para a Via Campesina (2000g, p.2-4), "as sementes são o quarto recurso que gera riqueza a partir da natureza, depois da terra, água e ar". As sementes são o meio primário de produção e até recentemente haviam permanecido em grande extensão nas mãos dos agricultores:

> O patenteamento de plantas, animais e dos seus componentes significa que as comunidades indígenas e camponesas perdem o controle dos recursos que temos tradicionalmente utilizado e conhecido. Isso significa o acesso limitado e controlado aos recursos genéticos, o que sem dúvida imporá formas novas de controle sobre as nações e as suas populações humanas. O uso de material patenteado pelos agricultores pode significar que sementes compradas vêm com um pacote tecnológico que leva à falta de sustentabilidade nos ecossistemas agrícolas e na economia familiar. Isso não é tudo: também rompe tradições rurais como a preservação das sementes para ciclos posteriores de cultivo, a troca de sementes entre agricultores e comunidades e o desenvolvimento do conhecimento ligado à prática na gestão dos recursos naturais. (Via Campesina, 2000g, p.2-4)

Em reconhecimento ao papel fundamental que as comunidades agrícolas e camponesas desempenham na conservação e no fortalecimento da biodiversidade, a Via Campesina rejeita cabalmente o conceito de propriedade intelectual como é definido pelos Trips da OMC em favor de uma proposta bem definida por direitos coletivos dos camponeses internacionalmente reconhecidos. Os direitos dos camponeses incluem, entre outras coisas:

- o direito aos meios para conservar a biodiversidade;
- o direito aos recursos e ao conhecimento associado;
- o direito a decidirem o futuro dos recursos genéticos;

- o direito a definir o controle e o uso dos benefícios derivados do uso, da preservação e da gestão dos recursos; e
- o direito a utilizarem, escolherem, armazenarem e trocarem livremente os recursos genéticos (Via Campesina, 2000g, p.3)

Esses direitos cabem bem na ampla visão da Via Campesina sobre a biodiversidade:

> A biodiversidade tem como base fundamental o reconhecimento da diversidade humana, a aceitação de que somos diferentes e que todas as pessoas e cada indivíduo têm liberdade para pensar e ser. Visto dessa maneira, a biodiversidade não é apenas flora, fauna, terra, água e ecossistemas; ela também é culturas, sistemas de produção, relações humanas e econômicas, formas de governo: em essência ela é liberdade. (Via Campesina, 2000g, p.3)

Como tal, o conceito de soberania alimentar da Via Campesina coloca os interesses e os papéis dos camponeses e pequenos agricultores no centro. O movimento defende uma mudança fundamental sobre quem define e determina o propósito e os termos do conhecimento, da pesquisa, da tecnologia, da ciência, da produção e do comércio relativos aos alimentos. O que a Via Campesina (1996b) está enfatizando é a necessidade de construir culturas e economias camponesas baseada nos princípios que "ainda não desapareceram completamente", como imperativos e obrigações morais, honestidade, justiça social, direitos humanos e responsabilidade social. De acordo com a Via Campesina, é disso que trata a construção de comunidades e culturas rurais.

A Via Campesina corre o risco de reificar a comunidade – engajando-se com uma noção romantizada das suas raízes e rejeitando a modernidade – em detrimento de propor alternativas sociais concretas? Eu acredito que não. As comunidades deveriam ser vistas como lugares de diversidade, diferenças, conflitos e divisões mais comumente expressas segundo o gênero, a classe e as linhagens étnicas, e caracterizadas por apelos e interesses concorrentes. Aqui, a noção de David Warren Sabean de "comunidade como discurso", retirada da sua obra sobre comunidades germânicas primitivas, é ilustrativa:

> O que torna a comunidade possível é o fato de que envolve uma série de relacionamentos mediados [...]. Ao enfatizar os relacionamentos, pode-se ver que aquela comunidade inclui elementos negativos e positivos, o compartilhar e o disputar [...]. A comunidade existe onde existe não apenas amor, mas também frustração é ódio [...]. O que é comum na comunidade não é tanto os valores compartilhados ou o entendimento mútuo quanto o fato de que os membros de uma comunidade estão engajados em uma mesma argumentação, o mesmo *raisonnement* [...] o mesmo discurso, no qual alternativas estratégicas, mal-entendidos, objetivos conflitantes são pinçados [...] O que faz a comunidade é o discurso. (Sabean, 1984, p.28-30)

Sabean argumenta que a cultura torna-se uma "série de argumentos sobre as coisas comuns nas suas vidas cotidianas" (p.95). Isso capta o processo no qual a Via Campesina está envolvida quando luta para definir a natureza e a substância do seu modelo camponês alternativo. Como Alegría explicou:

> Não podemos ter, ou aspirar a ter, somente uma maneira de pensar porque somos muitos, somos muito grandes. O importante é discutirmos, engajarmo-nos no debate e acordarmos sobre algumas maneiras de avançar, de não pararmos. Se há contradições ou diferenças, isso é normal. O que precisamos fazer na Via Campesina é assegurar que sempre tenhamos capacidade de escutarmos uns aos outros e sempre agir com profundo respeito pela maneira de pensar de cada uma das organizações e sempre discutir de modo aberto e transparente e depois prosseguir. O dia em que a Via Campesina tentar impor maneiras de pensar ou linhas verticais, então teremos deixado de ser um movimento social verdadeiramente comprometido com a construção de um modelo alternativo.

O modelo camponês advogado pela Via Campesina não acarreta uma rejeição da Modernidade, ou da tecnologia ou do comércio, acompanhado de uma volta romantizada ao passado arcaico alicerçado em tradições rústicas. A Via Campesina insiste que um modelo alternativo deve ser baseado em uma certa ética e valores nos quais a cultura e a justiça social sejam importantes, e mecanismos concretos sejam estabelecidos para assegurar um futuro sem fome. O modelo alternativo da Via Campesina acarreta recapturar aspectos do conhecimento tradicional, local ou dos agricultores, e combinar esse conhecimento com novas tecnologias quando e onde for apropriado fazê-lo. O movimento rejeita uma tradição da modernidade na qual tudo é privatizado e o conhecimento local não tem lugar; ela insiste que essa visão de Modernidade pode e deve ser contestada. Muito obviamente, a Via Campesina está engajada em um processo de exploração de novas maneiras de vida no mundo contemporâneo, construção de conceitos diferentes de Modernidade a partir das próprias alternativas e das tradições profundamente enraizadas dos seus membros.

Integrando empréstimos cuidadosos com práticas tradicionais, camponeses e pequenos agricultores de todos os lugares estão reafirmando as lições das *suas* histórias e reformulando o cenário rural para beneficiar aqueles que trabalham a terra redefinindo coletivamente que alimento é produzido, como é produzido e onde e para quem. Por exemplo, basta que observemos as práticas das organizações de agricultores mexicanos que trabalham para assegurar a autossuficiência alimentar por meio da tradição camponesa do *traspatio* combinada com a política governamental da *milpa Maya mejorada* (que envolve utilizar sementes híbridas e alguns insumos químicos), enquanto ao mesmo tempo procuram estabelecer laços comerciais diretos com as organizações de agricultores do Canadá e da Europa.

Quadro 5 – Formas tradicionais de cultivo de alimentos básicos

A tradição de *traspatio*, mais bem traduzido como um "quintal", envolve o cultivo de frutas, verduras e plantas medicinais, além da criação de um pequeno número de animais para consumo doméstico. A palavra *Milpa* não tem tradução, mas se refere à tradicional agricultura camponesa indígena meso-americana baseada em um policultivo de milho, feijão e abóbora. Embora o conceito de *milpa mejorada* [milpa melhorada] certamente tenha uma história mais longa, aqui me refiro especificamente a um sistema de produção utilizado por camponeses maias no estado de Quintana Roo, no México, onde o *milpa Maya mejorada* envolve policultura e atividades agroflorestais em cerca de 25% das pequenas parcelas de terra usadas para produzir alimentos e os 75% restantes são usados para o plantio de árvores (Unorca, 2000a).

A Via Campesina formou-se no hemisfério norte e no hemisfério sul em torno de objetivos comuns: uma rejeição explícita ao modelo neoliberal de desenvolvimento rural, uma recusa total de ser excluída da política de desenvolvimento agrícola e uma firme determinação para trabalhar juntos para fortalecer a voz camponesa. Por meio dessa estratégia de "construir a unidade na diversidade" e o seu conceito de soberania alimentar, organizações de camponeses e agricultores ao redor do mundo estão trabalhando unidas para assegurar bem-estar para as comunidades rurais – em particular, ao trabalharem para estabelecer um modelo alternativo de desenvolvimento rural baseado na pequena agricultura familiar e na agricultura camponesa.

2
MODERNIZAÇÃO E GLOBALIZAÇÃO: O APRISIONAMENTO DA AGRICULTURA

A globalização está afetando de maneiras distintas a nossa vida e o nosso patrimônio. A globalização é uma ofensiva global contra o campo; é uma ofensiva global contra os pequenos produtores e os agricultores familiares que não fazem parte da lógica de um campo "eficiente", industrializado. É uma investida contra as visões dos camponeses e dos pequenos agricultores sobre a gestão dos recursos, a conservação da biodiversidade e todas essas questões [...]. Estamos enfrentando os mesmos inimigos nessa globalização. E, todos eles têm nomes e sobrenomes, eles são as grandes empresas, as transnacionais. Assim, há diferentes circunstâncias, mas estamos enfrentando a mesma tendência global guiada pelos governos dos países mais ricos para o benefício das grandes transnacionais.

Alberto Gomez Flores,
coordenador-executivo Unorca 2000

A Via Campesina surgiu em um contexto econômico, político e social que estava minando a capacidade dos agricultores e camponeses no mundo todo de manterem o controle sobre a terra e as sementes. Ela surgiu em uma época em que um modelo particular de desenvolvimento rural estava alterando a paisagem no campo, ameaçando tornar o conhecimento local irrelevante e desprezando as culturas rurais. Nesse fenômeno, foram elementos fundamentais a globalização invasiva de um modelo moderno de agricultura industrial por um lado e, por outro, a procura de uma abordagem alternativa de desenvolvimento por aqueles mais prejudicados pelo deslocamento maciço decorrente dessa onda.

Já em 1974, chefes de Estado e ministros da agricultura de todo o mundo haviam se reunido em Roma para a Conferência Mundial da Alimentação (CMA) da ONU. Nessa época, os preços mundiais dos grãos estavam altos e os observadores expressavam cada vez mais preocupação a respeito da iminente escassez de alimentos. A conferência de 1974 declarou que o fim da fome e da subnutrição era um direito humano fundamental e que em dez anos "nenhuma criança irá para a cama faminta [e] nenhuma família temerá pelo pão do dia seguinte" (FAO, 1974). Para alcançar esse objetivo, os governos firmaram um acordo a respeito de uma série de estratégias, incluindo um aumento da produção por meio da intensificação da Revolução Verde; apoio ao desenvolvimento agrícola pelo investimento na infraestrutura rural e a criação de leis justas de propriedade da terra, crédito e sistemas de comercialização; e a abolição de obstáculos ao comércio, bem com sua liberalização.

Vinte e dois anos mais tarde, em novembro de 1996, os representantes dos países reuniram-se novamente em Roma, na Cúpula Mundial da Alimentação das Nações Unidas. O problema em pauta: como lidar com níveis crescentes de insegurança alimentar. Interessantemente, várias das estratégias defendidas nessa nova ocasião eram notadamente semelhantes àquelas mencionadas duas décadas antes. A CMA reiterava a necessidade de aumentar a produção por meio de uma "nova Revolução Verde", dessa vez envolvendo o uso mais intensivo de agrobiotecnologia, especialmente a engenharia genética. Ela também defendia o acesso mais igualitário e a distribuição de recursos e ainda mais liberalização e o aumento do comércio como "elementos fundamentais para alcançar-se a segurança alimentar" (FAO, 1996). Embora os documentos oficiais da CMA especificassem claramente as estruturas e os mecanismos existentes – como a OMC e os Aspectos dos Direitos de Propriedade Intelectual Relacionados ao Comércio (Trips, siga em inglês) – para alcançar o objetivo de aumentar o comércio mundial e apoiar os avanços agrobiotecnológicos, eles não identificavam mecanismos para a distribuição igualitária de recursos.

Em junho de 2002, os chefes de Estado fizeram nova convenção em Roma na CMA Cinco Anos Depois (CMA+5), para avaliar o seu progresso na conquista dos objetivos estabelecidos na Declaração de Roma da CMA sobre a Segurança Alimentar Mundial e o Plano de Ação da Cúpula Mundial da Alimentação. Pouco ou nenhum avanço fora obtido para resolver a fome e a pobreza mundiais. De acordo com a Organização das Nações Unidas para a Agricultura e Alimentação (FAO), em 2001, mais de 815 milhões de pessoas estavam subnutridas e, "na maioria dos países em desenvolvimento, o número de famintos havia aumentado" na década anterior. Nos meses que antecederam à CMA+5, Jacques Diouf, diretor-geral da FAO (2001a, 2001b), apelou desesperadamente por uma mudança de ação política, afirmando que o "escândalo" e a "tragédia" da fome não podiam mais ser tolerados. Todavia, a CMA+5 não questionou ou revisitou os fundamentos e pressupostos básicos das decisões tomadas cinco anos antes. Em vez disso, reiterou os compromissos de intensificar a produção e aumentar o comércio, enquanto dava menos ênfase à desigualdade das estruturas sociais rurais.

Muito havia mudado entre a 1ª Conferência Mundial da Alimentação em 1974 e a Cúpula de 2002. Talvez o mais importante é que, nesse intervalo de 28 anos, ocorrera uma mudança significativa em como "valorizamos" a alimentação (Goodman e Watts, 1997). Em 1974, a alimentação era considerada um direito humano básico, e os governos comprometeram-se em erradicar a fome em uma década; em 1996, a CMA optou por "reduzir" a fome pela metade e uma das nações mais poderosas do mundo, os Estados Unidos, discordou com o conceito de alimentação como um direito. Em vez de ver a alimentação como um direito humano básico que os Estados-nação deveriam ser obrigados a assegurar, a posição dos EUA considerava o direito a uma alimentação adequada como um "objetivo" ou "aspiração", o que impediu esforços de reforçar as obrigações internacionais nessa área. Provavelmente, a posição dos EUA deriva de um temor de retaliação econômica, caso qualquer aspecto de um acordo de livre comércio degrade o acesso de um indivíduo ou comunidade à alimentação. Com efeito, na CMA em 2002, o compromisso mundial com o direito à alimentação foi reduzido de um Código de Conduta ao desenvolvimento de um conjunto de "linhas de orientação voluntárias" que auxiliariam os governos a realizar o direito de "acesso" à alimentação adequada. A Declaração dessa cúpula prossegue para esclarecer que as linhas de orientação voluntárias não visam ser internacionais; antes, estão restritas a questões de segurança alimentar nacional (FAO, 2002, Artigo 10).

A modernização da agricultura

No mundo ocidental, a modernização da agricultura alterou fundamentalmente como valorizamos a alimentação e a agricultura. Na virada do século XX, a maior parte da produção e do consumo estava estreitamente ligada, e os agricultores supriam as suas próprias necessidades de insumos com recursos produzidos no próprio estabelecimento agropecuário. Eles controlavam virtualmente todos os estágios de produção. Realizavam algumas formas de processamento local dos produtos e tinham laços diretos com os consumidores. De modo geral, o seu envolvimento com comércio restringia-se a levar seus produtos para serem vendidos nos mercados locais. Todavia, no sistema industrial moderno da alimentação, a produção foi desvinculada do consumo, permitindo que novos jogadores insiram-se e controlem os diferentes estágios da produção.

A melhor maneira de entender essas condições é imaginar o sistema agroalimentar como uma longa cadeia horizontal – que tem se estendido significativamente ao longo dos anos. Na modernização ou industrialização da agricultura, a produção tornou-se cada vez mais distante do consumo e as corporações do agronegócio usurparam diferentes estágios de produção. Foram criados e expandidos novos estágios e setores de produção alheios ao campo – como o fornecimento de insumos, o processamento de alimentos, o transporte e a comercialização (Boyd e Watts, 1997).

No Ocidente, a força principal por trás da modernização ou industrialização da agricultura foi o setor empresarial privado, que fez esforços combinados, frequentemente por meio do desenvolvimento de pesquisas científicas patrocinadas pelo Estado, para controlar e remodelar a "natureza" com inovações tecnológicas que envolviam projetos de apropriação e substituição (Goodman e Redclift, 1991, p.87-132). David Goodman (1991, p.40) descreve a apropriação como "transformação de atividades distintas em setores de acumulação agroindustrial e a sua reincorporação na agricultura como insumos agrícolas". Por exemplo, o trator substituiu a tração com animais da fazenda, os compostos sintéticos substituíram a adubação orgânica e as sementes híbridas substituíram as sementes conservadas pelos agricultores. A substituição envolve processos nos quais "os produtos agrícolas são reduzidos a um insumo industrial e depois substituídos por componentes fabricados ou sintéticos não agrícolas na produção de alimentos" (Whatmore, 1995, p.42). Em outras palavras, para dar alguns exemplos, a margarina substituiu a manteiga, e a glicose de milho substituiu o açúcar da cana-de-açúcar.

O desenvolvimento de um modelo industrial de agricultura adequa-se bem aos interesses dos governos de modelar uma política de alimentos baratos que sustentaria o crescimento industrial. No processo, a autonomia dos agricultores foi diminuída, senão destruída, na medida em que eles se tornaram dependentes dos seus laços com as empresas de agronegócio. A história do desenvolvimento de variedades de sementes de alta produtividade dá um bom exemplo dessa mudança. Estudos realizados nos anos 1950 demonstravam claramente que as práticas seculares dos agricultores, como a polinização aberta e a seleção contínua, proporcionavam uma produtividade comparável àquela gerada nos laboratórios (Marglin, 1996). Entretanto, em vez de perseguir esses métodos controlados pelos agricultores, as empresas de sementes inseriram-se diretamente no processo de produção ao desenvolverem variedades de sementes de alta produtividade elaboradas cientificamente e vinculadas a todo um pacote industrial, incluindo insumos, mecanização e irrigação. Esse envolvimento representou um golpe eficaz das empresas de agronegócio na medida em que efetivamente tirou as sementes das mãos dos trabalhadores e promoveu a acumulação de capital industrial.

Dois especialistas em economia rural, Douglas Allen e Dean Lueck (1998) sugerem que os investidores e as empresas de agronegócio tiveram mais sucesso em áreas nas quais conseguiram "tirar a natureza" da agricultura ou pelo menos controlá-la melhor. Por exemplo, desenvolvimentos científicos no controle de zoonoses, na nutrição e na genética levaram a uma técnica de confinamento total e à construção de fazendas industriais para porcos e galinhas. Também levaram à entrada de uma multiplicidade de novos atores comerciais na cadeia de negócios dos alimentos, atrelaram os agricultores a contratos de produção e facilitaram o domínio do agronegócio em vários setores da alimentação. No final dos anos 1990, o Departamento de Agricultura dos EUA informava que 89% da produção de animais de granja estavam atrelados a contratos de produção e cerca de 86% do valor total dessa produção igualmente estavam sob controle de contratos de produção (USDA, 1998, p.61). Em 2002, os contratos de produção respondiam por 98% dos derivados de carne de aves. Além disso, a indústria de carnes processadas tornou-se extremamente concentrada com apenas quatro empresas produzindo 56% dos frangos (Hendrickson e Heffermnan, 2005). Sob essas condições, os agricultores perdem sua autonomia porque têm pouca (ou nenhuma) voz nas decisões de produção. Ainda assim, os agricultores continuam a assumir uma parcela desproporcional dos riscos.

James C. Scott (1998), diretor do Programa de Estudos Agrários da Yale University, afirma que a mudança na agricultura tem sido frequentemente guiada por uma ideologia de "supermodernismo", a qual ele caracteriza como tendo uma crença "visceral" na ciência e na tecnologia e por exibir confiança total no processo linear do progresso. O "supermodernismo" é orientado para o futuro, demandando uma ruptura radical com a tradição e o passado. Ele foca na expansão e na intensificação da produção e no exercício de um maior controle sobre a natureza. Scott defende que essa trajetória – seja ela denominada de agricultura supermoderna, agricultura *hightech* ou agricultura intensiva – é uma história da dominação da *episteme* do conhecimento científico sobre o *mētis* dos agricultores locais.

O conceito de *episteme* pode ser rastreado desde o filósofo francês René Descartes (1595-1650), que igualou a incerteza e a dúvida à desordem. A *episteme* procura criar uma ordem racional pela aplicação de um sistema de conhecimento baseado na ciência que é cerebral, impessoal, analítico, articulado e teórico. Ela envolve abstração, dedução lógica, verificação, simplificação, padronização, agregação e codificação. A *episteme* reclama objetividade e universalidade. A *mētis* refere-se ao conhecimento prático e local; é *savoir faire* ou simples senso comum a que se chega por meio da experiência prática e um conhecimento íntimo do ambiente local. A *mētis* é embasada na diversidade e no pluralismo e não reclama universalidade. Como a natureza e os ambientes são por definição localizados e complexos, uma *episteme* universalizadora na agricultura requereria a sujeição sistemática da natureza e a desqualificação e supressão da *métis*. A *episteme* também reclama superioridade para ser considerada a única forma legítima de conhecimento; o que não pode ser explicado ou verificado por meios científicos é descartado como "superstição", "tradição", "retrógrado" e "primitivo" (Scott, 1998, p.262-306).

Assim, a agricultura supermoderna designou para as instituições científicas um lugar privilegiado como os locais responsáveis por definirem e disseminarem o conhecimento. Nesse esquema, os agricultores não são mais considerados produtores de conhecimento. Pelo contrário, como Mary Beckie (2000, p.35) mostra em seu estudo comparativo entre o papel dos sistemas de conhecimento no plantio direto na agricultura orgânica, e na agricultura convencional, nessa última os agricultores são vistos como "recebedores

de conhecimento do especialista", e a prática da agricultura torna-
-se um "exercício técnico na produção que pode ser modificado e
melhorado por meio de inovações científicas e tecnológicas". Robert
Stirling (1999, p.10), um estudioso que passou anos estabelecendo
laços entre a academia e as organizações de agricultores, argumenta que a agricultura intensiva cria tal dependência dos insumos
industriais que os agricultores tornam-se "consumidores em vez de
produtores. A abrangência das suas opções de cultivo é limitada pela
oferta de insumos e pelos mercados a que lhes é dado acesso pelo
agronegócio internacional e pelo Estado".

Laura Rance (2002, p.9), uma repórter do *Farmers' Independent
Weekly*, publicado no interior da província canadense de Manitoba,
destaca essa perda do conhecimento dos agricultores: "Entender
porque as coisas acontecem como acontecem está escapando da
consciência coletiva dos agricultores – sendo substituído pelos sistemas de agricultura pré-montados e pelas soluções instantâneas".
Rance entrevistou um consultor de nutrição vegetal que descobriu
que o conhecimento da pecuária que utilizava um amplo leque de
práticas culturais e de gestão simplesmente desapareceu dos campos
canadenses. Ela observou: "Esse processo de descoberta de soluções
autossuficientes na fazenda é desencorajado ativamente pelas abordagens 'sistemáticas'. Há uma atitude negativa em relação às pessoas
que pensam".

A modernização da agricultura envolveu industrialização,
mecanização, monocultura, capitalização intensiva e especialização. No interesse dos lucros capitalistas, a produção dos
agricultores desaparece do cenário: é destruída e reconstituída pelas
indústrias alimentícias, reaparecendo nas prateleiras dos supermercados em pacotes brilhantes hermeticamente fechados com
rótulos que afirmam "pode conter...". Nessa agricultura moderna,
a natureza é alterada para caber melhor nas máquinas e o chamado
conhecimento "científico" substitui a prática local e o conhecimento pé no chão dos agricultores. A penetração e a concentração
dos interesses empresariais na agricultura significam que a autonomia dos agricultores – ou seja, sua capacidade de tomar decisões

sobre a produção – foi rompida na medida em que eles se tornaram cada vez mais dependentes dos insumos industriais e que a agricultura familiar tornou-se responsável apenas por aqueles estágios de produção mais próximos da natureza.

Uma das consequências mais visíveis da modernização da agricultura foi o declínio substancial do papel da produção primária – ou seja, a porção da agricultura que é "feita na roça" – acompanhada de um declínio vertiginoso da população rural. Por exemplo, em 1920, os Estados Unidos tinham 6,5 milhões de propriedades rurais; em 2002, o número havia caído para 2,3 milhões (USDA, 1998). Hoje, há mais presos nas penitenciárias dos EUA do que agricultores. No início dos anos 1940, o Canadá tinha 731 mil propriedades agrícolas familiares; em torno de 1966, somente 430.522. De 1996 até 2001, o número de propriedades agrícolas canadenses diminuiu mais ainda, de 276.548 para 246.923 (Statistics Canada, 2001).

Globalização da agricultura supermoderna

Esse modelo moderno de agricultura foi exportado para o mundo todo a título de "desenvolvimento" com o objetivo de erradicar a pobreza. Muitos críticos argumentam que o entendimento predominante da pobreza está enraizado no conceito de "subdesenvolvimento", o qual o presidente Harry Truman elaborou no quarto ponto do seu discurso de posse no dia 20 de janeiro de 1949. Truman definiu um mundo bipolar dividido entre os países "desenvolvidos", caracterizados por certo nível de riqueza e crescimento, e os "subdesenvolvidos", vistos como "atrasados" e "pobres", uma vez que ainda não tinham alcançado um padrão de vida "adequado" (Rist, 1997, p.76). Longe de explicar a pobreza como resultado de uma dinâmica histórica inerente a relações de poder altamente oblíquas e definidas amplamente por interesses econômicos particulares, esse pensamento vê o subdesenvolvimento simplesmente como "não ter" – o que significava a falta de renda, consumo e produção suficientes. Essa visão unidimensional da pobreza significava que existia apenas uma solução possível: a pobreza seria amenizada pelo crescimento econômico, pelo consumo e pela produção crescentes – com o crescimento econômico sendo medido pelo Produto Interno Bruto (PIB) – por meio da transferência de ciência e tecnologia ocidentais e a criação do desejo por bens de consumo ocidentais. Então, pelo desenvolvimento, o Sul "alcançaria" o Norte por meio de uma maior integração ao mercado. Além disso, porque os subdesenvolvidos e pobres eram vistos como incapazes de definir os seus próprios interesses, necessidades e soluções, havia (e ainda há) a suposição de que o progresso social e econômico poderia ser alcançado mais plenamente pela intervenção de "especialistas" em desenvolvimento – pessoas consideradas como possuindo a experiência e o conhecimento necessários e que estavam mais bem preparadas para identificar as necessidades das populações locais.

Esse objetivo de alcançar (visto como progresso material e econômico), por meio da criação, integração e expansão de mercados era usado para justificar políticas econômicas colonialistas e estava no centro dos processos históricos da modernização. Mais recentemente, o mesmo objetivo era o núcleo do argumento para o aumento da liberalização e da globalização (Rist, 1997, p.25). Embora tenham ocorrido leves mudanças nas estratégias de desenvolvimento rural durante os últimos cinquenta anos, a meta fundamental de modernização permanece constante. Ou seja, o desenvolvimento rural envolveu tentativas de reduzir a pobreza no campo estendendo os benefícios do desenvolvimento por meio de programas voltados para melhorias tecnológicas, o aumento da produtividade e da produção – elevando assim a renda da população rural – e aumentando o poder de consumo (Barraclough, Ghimire e Meliczek, 1997, p.10). Usando essa definição de pobreza, a política de desenvolvimento – preocupada em impulsionar economias "pobres" (logo, predominantemente rurais) a produzirem e a consumirem mais – enfocava em duas ideias vinculadas: a transferência do excesso de população das áreas rurais para as cidades e a indústria, e a modernização da agricultura.

Essas mesmas ideias estavam presentes em um *bestseller* que pretende traçar as raízes da prosperidade europeia. William Bernstein (2004, p.21) adverte: "aqueles que romantizam a vida camponesa deveriam ter em mente que, no mundo moderno, o percentual da população que se dedica à agricultura é um dos indicadores mais relevantes de pobreza". Com efeito, Bernstein argumenta que, quando a vasta maioria da população de um país está engajada na agricultura e quando o país não exporta uma quantidade substancial do que produz, essa sociedade vive em uma economia de subsistência equivalente a da Burquina Faso, um dos países mais pobres do mundo.

Alguns autores defendem que o desenvolvimento pode ser mais bem entendido como um exercício de dominação política, econômica e cultural no qual as culturas, o conhecimento e os sistemas sociais locais são completamente desvalorizados (Apffel-Marglin e Marglin, 1990, 1996). J.D. Satie, escrevendo há mais de quarenta anos, descrevia os pré-requisitos para o desenvolvimento:

> O desenvolvimento econômico de um povo subdesenvolvido não é compatível com a manutenção dos seus usos e costumes tradicionais. Uma ruptura com estes últimos é um pré-requisito para o progresso econômico. O que é necessário é uma revolução na totalidade dos hábitos e das instituições sociais, culturais e religiosas e, assim, na sua atitude psicológica, na sua filosofia e no seu modo de vida. Portanto, o que é requerido chega a ser desorganização social. Em algum momento, devem ser gerados descontentamento e infelicidade no sentido de querer mais do que pode ser obtido. O sofrimento e o incômodo que podem ser causados no processo podem ser criticáveis, mas parecem ser o preço que deve ser pago pelo desenvolvimento econômico: a condição do progresso econômico. (apud Berthoud, 1992, p.72-3)

A modernização da agricultura é um instrumento fundamental na criação do "sofrimento e incômodo" considerados necessários para que haja desenvolvimento. Isso é profundamente político e pode ser entendido como a imposição de um modelo ocidental de desenvolvimento agrícola sobre outras culturas – inclusive no próprio Ocidente. Como diz Lakshman Yapa (1996, p.80), trata-se de "um modo particular de ver o alimento, a tecnologia, a natureza, a cultura e a sociedade", no qual a agricultura preocupa-se quase exclusivamente em aumentar a produção para obter lucros. Essa visão de mundo foi exportada para outras culturas, mais notavelmente na forma de Revolução Verde e foi o marco da política externa americana por décadas. Ao redor do mundo, a Revolução Verde foi apresentada como uma solução moderna e científica para as práticas "retrógradas" e "primitivas" das comunidades camponesas (Yapa, 1996, p.80). Essa dita "revolução" foi em essência um pacote tecnológico que incluía variedades de sementes de alta produtividade e insumos industriais como fertilizantes, herbicidas, pesticidas, irrigação, mecanização e monocultura e era totalmente planejado para aumentar a produção e o consumo ao mesmo tempo.

A modernização da agricultura é uma "guerra contra a subsistência" que procura quebrar a autonomia desse tipo de agricultura (Robert, 1992, p.185). Ela desvaloriza completamente as práticas agrícolas tradicionais baseadas na cultura e no conhecimento locais e "ajuda" os camponeses a mudarem da agricultura de subsistência para a convencional, fazendo-os cada vez mais dependentes tanto do conhecimento e da tecnologia ocidentais como de bens e insumos industriais importados (Marglin, 1996, p.234). Assim, a Revolução Verde foi cultural, não apenas tecnológica.

A disseminação da agricultura supermoderna foi encorajada por Programas de Ajuste Estrutural (PAE) e novas regulamentações comerciais na agricultura. Durante os anos 1980, diante de crises de dívidas sem precedentes, governos de vários países em todo o mundo colocaram em prática os PAEs, visando gerar crescimento econômico e o imprescindível comércio exterior que capacitaria os países a quitarem as suas dívidas. Esses programas de austeridade foram baseados em políticas planejadas primordialmente pelo FMI e pelo Banco Mundial e que giravam em torno de princípios neoliberais de modernização, capitalização, desregulamentação e liberalização.

Quadro 1 – Os perigos do desenvolvimento estrutural

Os Programas de Ajuste Estrutural (PAE), muitas vezes acompanhados por planos econômicos de estabilização que visavam controlar a inflação, obrigaram os governos a reestruturar suas economias por meio de:

1) Reforma do setor público por meio de reduções no alcance do governo e limitações severas de seu envolvimento na economia também consistia na privatização de empresas estatais e cortes dos gastos públicos na saúde, educação e outros programas sociais;

2) Criação de uma economia voltada para o exterior por meio do foco no aumento da produção para exportação, liberalização do comércio e aumento do investimento estrangeiro;

3) Desregulamentação de aspectos-chave do setor financeiro, das leis trabalhistas e das leis de proteção ambiental. As nações industrializadas experimentaram semelhante processo por meio da reestruturação econômica.

Enquanto os PAEs, na maior parte, foram bem-sucedidos no controle da inflação, estudos demonstram que, em muitos países em desenvolvimento, os programas também contribuíram para o aumento da pobreza e das taxas de desemprego, e para um crescimento fenomenal do mercado informal (Mohan et al., 2000). Para pessoas comuns – e em especial setores marginalizados da população habitante do campo –, estas mudanças foram devastadoras.

Os PAEs e a reestruturação econômica no setor agrícola enfatizavam a diversificação das safras de exportação e a produção de produtos agrícolas não tradicionais para exportação à custa da produção para o consumo nacional. Outro ponto fundamental foi a criação de um ambiente favorável ao investimento estrangeiro. Eles também incluíam – e esse talvez seja o aspecto mais pernicioso do ajuste estrutural da agricultura – o desmantelamento sistemático da infraestrutura de apoio – mecanismos e programas estatais (como subsídios e controle de preços) voltados para sustentar e reforçar mercados agrícolas domésticos e a subsistência dos agricultores. Uma das consequências mais óbvias dos PAEs foi a integração das economias dos países endividados em uma economia global altamente competitiva.

Depois da Segunda Guerra Mundial, com o apoio do Banco Mundial, do FMI e do Gatt, muitos governos ao redor do mundo promoveram uma ideologia de mercado no contexto do "desenvolvimento". Mas a assinatura da Rodada do Uruguai do Gatt em 1984, junto com uma série de acordos regionais de comércio combinados com PAEs, representaram uma mudança significativa nas condições que as nações eram preparadas para colocar nas mãos das forças de mercado.[1]

Antes da Rodada do Uruguai, as regras do Gatt eram aplicadas predominantemente a bens manufaturados e industriais, com os governos expressando pouco interesse em liberalizar a agricultura e os alimentos. O protecionismo na agricultura era forte e os Estados-nação defendiam orgulhosamente programas nacionais de instituições estatais – como a reforma agrária, a gestão do abastecimento e sistemas de comercialização ordenados – que as organizações de agricultores haviam conquistado depois de muitos

---

1   Os maiores acordos comerciais estão na Comunidade Andina (antes conhecido como Pacto Andino), Cooperação Econômica da Ásia e do Pacífico, a União Europeia, o Mercado Comum do Sul (Mercosul), o Tratado Norte-americano de Livre Comércio, a Comunidade para o Desenvolvimento da África Austral, e a Associação Sul-asiática para a Cooperação Regional. O Tratado de Livre Comércio para as Américas (Alca) ainda está sendo negociado.

anos de luta. As políticas de desenvolvimento agrícola, incluindo as tecnologias da Revolução Verde, foram planejadas primariamente para fortalecer os setores agrícolas nacionais, aumentar a produção e garantir a autossuficiência nacional de alimentos. Assim, a agricultura recebia tratamento especial no Gatt por meio de isenções importantes (incluídas nos artigos XI e XVI) que permitiam que os países apoiassem e protegessem os setores agrícolas por meio de uma combinação de subsídios, quotas de importação e quotas tarifárias.

No final dos anos 1980, a Europa e os Estados Unidos, junto com uma série de outros países, haviam se tornado dependentes de exportações como resultado do aumento da produção, da elevação dos estoques e de interesses empresariais procurando expandir seus mercados. Consequentemente, quando foi aberta a Rodada do Uruguai em 1986, a liberalização do comércio agrícola era um apelo uníssono da União Europeia (UE), dos Estados Unidos (EUA) e do recém-formado Grupo Cairns.[2] Todavia, diferenças cruciais entre as posições desses países sobre o comércio agrícola contiveram as negociações por anos. Em novembro de 1992, eles resolveram as suas diferenças com a assinatura do Acordo Blair House, o qual rapidamente levou ao Tratado sobre a Agricultura.

As decisões tomadas na reunião do Gatt em Marrakesh em abril de 1994 tiveram um profundo impacto sobre o cotidiano da população mundial. Levando os oito anos de negociações da Rodada do Uruguai a uma conclusão efetiva, os chefes de Estado assinaram o Ato Final do Gatt e concordaram em estabelecer uma entidade legal independente e supraestatal, a Organização Mundial do Comércio (OMC), estabelecida em 1º de janeiro de 1995. Esta deveria ser responsável pela elaboração de 22 acordos que abrangiam a agricultura e serviços à propriedade intelectual e os recursos genéticos. As decisões de Marrakesh assinalavam a mudança notável de economias mais controladas para um patamar quase exclusivamente

---

2 O Grupo Cairns, que recebeu o nome da cidade onde foi feita sua primeira reunião, inclui Austrália, Nova Zelândia, Canadá, Argentina, Brasil, Paraguai, Uruguai, Chile, Colômbia, Costa Rica, Filipinas, Fiji, Guatemala, Indonésia, Malásia, África do Sul e Tailândia.

determinado pelo mercado. Com a criação da OMC, os líderes mundiais iniciaram uma missão global de abertura do mercado.

Os três pilares do Tratado sobre a Agricultura da OMC são o acesso ao mercado, a concorrência nas exportações e a redução do suporte doméstico. Os objetivos do acordo são triplos: aumentar o acesso ao mercado reduzindo as tarifas e impondo a exigência de importação de alimentos para consumo nacional; aumentar o acesso ao mercado reduzindo os subsídios à exportação; e reduzir os subsídios governamentais diretos e indiretos.

A inclusão da agricultura nos PAEs, em acordos de comércio regionais e a OMC, demonstra um claro movimento para tratar a agricultura e os alimentos como qualquer outro ramo de produção. David Goodman e Michael Watts (1997, p.1) enfatizam que os anos 1990 foram:

> Um momento sem precedentes de desregulamentação da agricultura (uma passagem da política de apoio à de mercantilização), da hegemonia de estratégias de desenvolvimento neoliberal voltadas para a exportação (o chamado "neorrealismo") e do reconhecimento de que a globalização (uma palavra que sequer fazia parte do léxico da cúpula anterior em Roma) da economia agroalimentar mundial estava progredindo rapidamente.

O movimento para promover soluções exclusivas de mercado para as questões de políticas públicas também foi facilitado pelo colapso do socialismo na Europa Oriental, um evento que apontou para uma "nova ordem mundial" e abriu as comportas para a expansão desenfreada do capitalismo, criando as condições nas quais era esperado que florescessem apenas democracias liberais. Nas palavras do acadêmico francês Gerald Berthoud (1992, p.73), o neoliberalismo marca uma mudança significativa para uma época em que o Estado não é mais visto como o regulador ou benfeitor; em vez disso, "o próprio mercado é cada vez mais visto como o único meio de promover o desenvolvimento".

Agricultura e biotecnologia

Apenas começamos, e acho que teremos muito sucesso no futuro [...]. É o começo de um tempo grandioso para ser agricultor – realmente é!

Dr. Fred Perlak, codiretor responsável por todos os projetos de cotonicultura da Monsanto[3]

Talvez os avanços na engenharia genética e na biotecnologia sejam os fatos mais importantes que afetam a agricultura atualmente. Eles oferecem uma excelente oportunidade para as corporações conquistarem mais controle sobre o sistema de alimentos e colherem lucros enormes. R. C. Lewontin (1998, p.79) mostra que, se as corporações quiserem ter sucesso na conquista de um controle maior da produção agrícola por meio da biotecnologia, elas devem satisfazer três condições: 1) a pesquisa e o desenvolvimento devem ter eficiência econômica; 2) os desenvolvimentos devem ser aceitáveis política e socialmente; e, talvez o mais importante, 3) *"a propriedade e o controle sobre o produto da biotecnologia não devem passar para as mãos dos agricultores, mas continuar com o fornecedor comercial do insumo"* (grifos do autor). As corporações transnacionais estão se empenhando para satisfazer essas condições, como é evidente na sua luta pela propriedade de sementes modificadas geneticamente por meio dos Aspectos dos Direitos de Propriedade Intelectual Relacionados ao Comércio (Trips) da OMC.

As sementes são os meios primários de produção na agricultura e, como diz o velho provérbio, "quem controla as sementes, controla o semeador". Não surpreendentemente, desde os anos 1990, ocorreu toda uma série de fusões e aquisições entre companhias químicas, de sementes e de biotecnologia vegetal. Um estudo preparado pela Conferência das Nações Unidas sobre o Comércio e o Desenvolvimento (Unctad) demonstra uma consolidação e

---

3 Retirado de uma entrevista com Dr. Fred Perlak em *Food? Health? Hope?* um documentário produzido e dirigido por Deepti Seshadri e Rajani Mani.

uma concentração sem precedentes na indústria agroquímica: três corporações (Bayer, Syngenta e a Basf) respondem por cerca de metade do mercado mundial; em 2004-2005, a indústria de sementes viveu outra sacudida quando as maiores companhias de pesticidas e de biotecnologia – Monsanto, DuPont e Syngenta – disputaram a compra de companhias de sementes. Somente um punhado de conglomerados – as três últimas empresas citadas mais a Dow e a Bayer – possui a vasta maioria das patentes agrícolas (Unctad, 2006, p.1, 9, 26).

A importância das sementes para a indústria também explica porque grande parte da pesquisa e do desenvolvimento na biotecnologia tem focado na engenharia genética de sementes desenhadas para encaixar em "pacotes tecnológicos" que efetivamente vinculam os agricultores diretamente às corporações – das sementes até o produto final. Por exemplo, a maior parte da pesquisa e do desenvolvimento na indústria agrobiotecnológica foi direcionada para o desenvolvimento de sementes resistentes a herbicidas, como o glifosato, comercializado pela Monsanto com o nome de Roundup Ready – para o algodão, a soja e a canola – ou plantas inseticidas como as batatas, o algodão e o milho *Bt*. Esse trabalho coloca as corporações transnacionais em uma posição muito privilegiada para oferecer aos agricultores um "pacote fechado de produtos de marca, uns ligados aos outros" (Unctad, 2006, p.7).

Os Direitos de Propriedade Intelectual (DPIs) são promovidos pelas instituições internacionais e pelos governos como o mecanismo mais efetivo para proteger e reforçar a conservação dos recursos biológicos e a diversidade genética. Se considerarmos o conhecimento como um "bem comum" e a diversidade genética como uma "herança comum", então o regime dos DPIs é essencialmente a privatização e a comoditização do que outrora eram recursos comuns. Podemos encontrar as raízes do pensamento econômico atual e das políticas para a proteção do ambiente e dos recursos culturais e sociais como uma propriedade comum no debate infelizmente fracassado de Garret Hardin, em 1968, sobre a "tragédia do bem comum". De fato, em círculos que adotam o desenvolvimento convencional, sistemas de propriedade comum baseados no local ainda são vistos como "retrógrados" e como "obstáculos ao desenvolvimento" (Vivian, 1992, p.60). No desenvolvimento dominante, os bens comuns continuam a ser mal-interpretados (de maneira semelhante à de Hardin) como de livre acesso ou "grátis para todos" e vistos como ineficientes, improdutivos e a principal causa da degradação ambiental. Consequentemente, a indústria do desenvolvimento enfoca no desmantelamento e na redefinição dos sistemas de propriedade local por meio da privatização e/ou da propriedade estatal. Mais recentemente, vimos um esforço concertado para promover a ideia de que os bens comuns locais são subsumidos pelos bens comuns globais, os quais podem ser mais bem geridos por gerentes globais e instituições globais como a OMC (Goldman, 1998). Essa posição leva à fragilização política do que é local e tem sérias implicações para o ambiente.

A utilização de mecanismos de mercado para a gestão de recursos genéticos vegetais está baseada nas mesmas concepções bastante duvidosas. Os críticos da abordagem de herança comum dos recursos genéticos argumentam, com Hardin, que, sem a propriedade e o controle privados (seja na forma de soberania ou de DPIs), a perda dos recursos biológicos é inevitável por causa do elemento inerente da exploração abusiva em um sistema "aberto e desregulado". Eles supõem que herança comum significa livre acesso, logo, a ausência completa de quaisquer normas, regras e regulamentações. Isso leva os críticos da abordagem de herança comum a apresentarem apenas duas maneiras nítidas de gerenciar recursos biológicos: o modelo de livre acesso e nenhum controle, ou a abordagem de soberania/mercado. Da mesma forma, os críticos supõem que comunidades pobres significam exploração abusiva dos recursos e a consequente perda de diversidade genética. Eles esperam que quando as patentes forem asseguradas por DPIs as comunidades serão compensadas adequadamente, levando à amenização da pobreza e ao fortalecimento da proteção e do cultivo dos recursos genéticos (Dove, 1996, p.46). Eles também supõem que os proprietários de direito dos recursos genéticos podem ser identificados facilmente (Brush, 1996b, p.145-7).

Essas suposições levantam todo um leque de questões. Em primeiro lugar, é altamente improvável que a legislação dos DPIs como é hoje irá beneficiar comunidades rurais e indígenas pobres e levar à conservação da diversidade genética. Michael Flitner (1998, p.155), um famoso pesquisador dessa questão, acredita que, pelo contrário, isso abre caminho para uma "expansão acelerada da comoditização da natureza" e levará à "expropriação dos meios essenciais de produção de milhões de agricultores". A solução dos DPIs, combinada com a Convenção sobre a Diversidade Biológica, apresentada na Conferência das Nações Unidas sobre Meio Ambiente e Desenvolvimento, realizada no Rio de Janeiro em 1992 (Eco-92), são baseadas no argumento de que a pobreza é a causa da perda da diversidade genética, assim como a pobreza foi erroneamente considerada como a maior ameaça ao meio ambiente tanto no Rio como no *Nosso Futuro Comum*, o relatório da Comissão Mundial sobre o Desenvolvimento e o Ambiente. Consequentemente, os defensores dessa abordagem argumentam que a compensação final e a integração das comunidades rurais e indígenas nos mercados nacionais e internacionais são as chaves para garantir a proteção e a conservação da biodiversidade (Brsuh, 1996b). Evidentemente, isso ignora que a perda desta é o resultado direto de um modelo de desenvolvimento culturalmente destrutivo, que se empenha persistentemente em controlar e manipular a natureza para facilitar a acumulação de lucros. Sob essa luz, talvez o objetivo real do mecanismo de DPIs seja facilitar o acesso e o controle da indústria (em vez das comunidades) sobre os recursos genéticos; os DPIs reforçam o controle do Estado enquanto determinam que estes precisam introduzir mecanismos legais para a exploração empresarial dos recursos genéticos. Enquanto a comunidade internacional disfarça essa aspiração em um discurso enfocado na proteção e no fortalecimento dos recursos genéticos, ela ainda não tratou do que talvez seja uma questão muito mais importante: como proteger e fortalecer o conhecimento e a diversidade cultural.

Em nenhum outro lugar os vínculos entre conhecimento local, diversidade cultural e sistemas tradicionais de gestão dos recursos são mais fortes do que no cultivo e na proteção dos recursos genéticos e biológicos. A diversidade biológica é completamente dependente da diversidade cultural e a diversidade cultural depende de sistemas de conhecimento local diversos. Muitas comunidades que dependem do meio ambiente para a sua sobrevivência e sustento desenvolveram arranjos institucionais locais altamente complexos voltados para assegurar o uso e a gestão sustentáveis de sistemas de propriedade comum (Baden e Noonan, 1998; Kothari e Parajuli, 1993). Sistemas de gestão de recursos tradicionais incluem um amplo leque de arranjos institucionais que, com frequência, abarcam práticas sociais e religiosas, sistemas de controle e regulação estritos que governam o acesso e o uso dos recursos e a transmissão do conhecimento local. Fikret Berkes e M. Taghi Farvar (1989, p.12) enfatizam que as maneiras que os bens comuns são geridos são tão diversas quanto são diversos os contextos culturais, sociais, políticos, econômicos e ecológicos nos quais se encontram. Os autores também enfatizam que o controle local é central para a gestão efetiva dos sistemas de propriedade comum:

> Os sistemas de propriedade comum são uma parte integral da cultura local... [Eles são] um modo de vida antes que meramente um meio de ganhar a vida [...] Os membros da comunidade compartilham uma cultura comum, o conhecimento do recurso e conhecimento das regras de uso do recurso, facilitado pela regra simples "você deve viver nessa comunidade para usar esse recurso".

O controle local é central para a gestão efetiva dos sistemas de propriedade comum. A gestão local sustentável da propriedade comum é baseada no conhecimento íntimo dos sistemas ecológicos locais pelas comunidades e também se sustenta na sua contínua capacidade de manter a autoridade sobre os seus territórios e os membros das comunidades. Essencialmente, a chave do sucesso dos regimes de propriedade comum depende amplamente da sua capacidade de limitar o poder da elite da comunidade e no permanente poder de barganha de qualquer pessoa na comunidade. É "a ruína de

uma comunidade, associada com o colapso dos conceitos de propriedade e responsabilidade conjuntas, que pode abrir o caminho para a
degradação dos recursos comuns" (Berkes e Feeny, apud *Ecologist*,
1992, p.129-30).

Há evidências crescentes de que, em vez de impedir a degradação ambiental, essa abordagem de desenvolvimento – preocupada
prioritariamente com o lucro empresarial crescente por meio de
uma extração extensiva e intensiva dos recursos – é, na verdade, um
dos elementos que mais contribuem para essa destruição (Vivian,
1992; Shiva 1997a, 1997b). O esgotamento dos recursos naturais e
a degradação ambiental não são causados primariamente pela má
gestão por parte das comunidades locais. Com frequência, o declínio
dos bens comuns ocorre como um resultado direto de pressões externas, da crescente intrusão de estranhos cujos interesses não são o
ambiente ou o bem-estar da comunidade em longo prazo, causando
o subsequente desmantelamento de relações sociais e estruturas
comunitárias culturalmente específicas e de base local (Vivian, 1992,
p.72; Gibbs e Bromley, 1989, p.30).

**Quadro 2 – Porcos e o desempoderamento local no
oeste canadense**

O caso da província de Alberta é um bom exemplo de
desempoderamento local sobre os bens comuns.

A indústria de suínos do Canadá está se expandindo
rapidamente, com um bom número de governos estaduais
apoiando plenamente a construção de criadouros industriais
de suínos. Como a indústria do frango nos EUA, as grandes
unidades de produção de suínos expulsam do mercado de
forma eficaz os criadouros de suínos de pequeno porte e a
indústria torna-se altamente concentrada.

Em 1996, por exemplo, 5% dos criadouros eram responsáveis por 64% da produção de carne suína no Canadá (Stirling,
1999, p.9). Em 2001, o governo do estado de Alberta retirou o órgão de tomada de decisão relacionado a operações

de pecuária intensiva dos municípios e colocou-o em suas próprias mãos. Essa medida foi justificada, em parte, com a justificativa de que ajudaria a resolver o crescente número de conflitos comunitários sobre a questão e também sob o argumento de que as comunidades locais simplesmente não tinham o conhecimento para tomar decisões sobre questões "altamente técnicas" que requeriam conhecimento sofisticado de engenharia e hidrologia (Duckworth, 2001, p.3). Aqueles que viviam no campo e que se opuseram à instalação de operações de pecuária intensiva em suas comunidades, no entanto, argumentaram que esta nova legislação efetivamente lhes retirou "o direito local de protestar ou de definir normas que protejam o ambiente da comunidade". Como Jack Hayden, presidente da Associação de Municípios de Alberta, declarou: "as decisões relacionadas ao uso da terra devem ser decididas em nível local e pelas comunidades que têm de viver com essas decisões" (citado em Duckworth, 2001, p.3).

As decisões sobre como serão feitas as operações de pecuária intensiva em Alberta serão feitas por pessoas que não vivem na comunidade, pessoas que não terão de lidar com as consequências ambientais devastadoras de operações de pecuária intensiva – a contaminação do solo e as águas, os gases nocivos à saúde e o cheiro forte – e que estão protegidas do impacto social e financeiro dessas unidades intensivas de produção sobre a comunidade rural. A resposta da indústria aos sérios problemas ambientais criados pela contaminação com fósforo pela criação intensiva de porcos foi o "EnviropigTM", desenvolvido por pesquisadores da Universidade de Guelph, do Canadá. Os porcos transgênicos são modificados geneticamente com um gene combinado de bactéria e rato para viabilizar um uso mais eficiente do fósforo, diminuindo os níveis de fósforo do esterco em cerca de 60% (Universidade de Guelph). O maior objetivo agora é tratar de convencer a população cética das vantagens e da segurança de se comer costeleta de carne de porco modificado geneticamente. Na essência, longe de enfocar o modelo de produção (a criação de animais de forma intensiva) como a causa principal, a indústria opta por dar soluções biotecnológicas para problemas ambientais que o próprio modelo cria.

O vínculo antigo e profundo da visão de desenvolvimento predominante do conceito de Hardin surge de uma predisposição básica bem estabelecida em relação a alguns dos valores refletidos em seus argumentos.[4] Por exemplo, a sua ideia do sujeito individualista que tirará vantagem dos bens naturais comuns, em detrimento da comunidade como um todo, ajusta-se bem a uma longa história literária, particularmente britânica, retornando a uma aplicação errônea da noção de competição de Darwin (explicada como uma luta pela "sobrevivência do mais ajustado") às esferas social e humana – bem como a Adam Smith, que destacava os méritos do egoísmo e do individualismo "racional", e Jeremy Bentham, que defendia a superioridade da propriedade privada. O pensamento desenvolvimentista atual também pode ser influenciado pela experiência histórica, ou ao menos pelas explicações predominantes da experiência histórica da Grã-Bretanha. De acordo com a interpretação convencional, a agricultura britânica modernizou-se e tornou-se dramaticamente mais eficiente com a privatização dos bens comuns por meio dos cercamentos dos séculos XVII e XIX. Esses cercamentos não apenas permitiram mais eficiência na agricultura, mas também garantiram o fornecimento de migrantes rurais que foram a base da industrialização inglesa. Com frequência essa história é contrastada com a da França, onde o apoio político crescente obtido pelos camponeses assegurou a continuidade da sua posse da terra e o acesso aos bens comuns, contribuindo, assim, para a continuidade da ineficiência e da pobreza da agricultura francesa (Aston e

---

4   De forma significativa, Hardin (1991, 1998) eventualmente alterou sua noção original de "tragédia dos bens comuns" para "tragédia dos bens comuns não gerenciados".

Philpin, 1985). Esse leque de ideias é central para os aspectos da modernidade ocidental e o papel do Estado que dirigiu o processo de desenvolvimento durante o último século.

Agentes e vencedores da globalização

> Por trás do sentido obscuro de termos com o "acesso ao mercado", "apoio doméstico", "medidas sanitárias e fitossanitárias", e "direitos de propriedade intelectual", no esboço final do acordo do Gatt está a pura reestruturação do poder em torno dos alimentos: tirando-o das pessoas e concentrando-o nas mãos de um punhado de interesses agroindustriais. O conflito não é entre os pequenos agricultores do Norte e os do Sul, mas entre pequenos agricultores de todo mundo e as multinacionais. (Shiva, 1993a, p.231)

É claro que, quando a Via Campesina entrou na cena mundial em 1993, o espaço internacional não estava vazio. Era dominado amplamente pelas empresas: as corporações transnacionais são a força-motriz da globalização. Ninguém pode negar o papel proeminente que a comunidade empresarial desempenhou para impulsionar a Rodada do Uruguai e, afinal, para dar uma forma nova ao regime de comércio internacional com a criação da OMC. Os interesses corporativos, amplamente representados pelas transnacionais, continuam sendo um agente ativo e dominante nas negociações comerciais contínuas.

Quadro 3 – Concentração no poder corporativo

Farmacêutica para animais. As dez maiores empresas controlam 55% do mercado mundial de medicamentos veterinários.

Biotecnologia. As dez maiores empresas de capital aberto de biotecnologia contam com quase três quartos do mercado mundial do setor.

Sementes. As dez maiores empresas de sementes controlam quase metade do mercado.

Sementes geneticamente modificadas. As sementes da Monsanto representaram 88% da área total do mundo cultivada com culturas geneticamente modificadas em 2004. A transnacional obteve um domínio de 91% da área semeada mundial com soja transgênica, 97% de milho transgênico, 63,5% dos cultivos de algodão geneticamente modificado e 59% da área plantada com canola.

Pesticidas. As dez maiores empresas controlam 84% do comércio global de pesticidas.

Varejo de alimentos. Em 2004, os dez maiores varejistas globais de alimentos respondem por 24% do mercado global, estimado em 3,5 trilhões de dólares.

Processamento de alimentos e de bebidas. As dez maiores empresas respondem por 24% do mercado global para alimentos embalados; eles também são responsáveis por 36% das receitas obtidas pelas cem maiores empresas do mundo de alimentos e bebidas.

Fontes: Grupo de Ação sobre Erosão, Tecnologia e Concentração (Grupo ETC), "Globalização, Inc: concentração no poder corporativo: a agenda não mencionada", Grupo ETC, Comunicado 71 (2001) e "Oligopólio, Inc. 2005: Concentração no poder corporativo", Grupo ETC, Comunicado 91 (novembro / dezembro de 2005).

As transnacionais influenciam as deliberações do comércio agrícola internacional de duas maneiras principais. Primeiro, são elas que comercializam, e não os governos. O fato de que uma seleção de poucas transnacionais controla a maior parte do comércio agrícola lhes dá um poder de mercado avassalador. Por exemplo, 90% do comércio mundial de trigo, milho, café e abacaxi e 70% do comércio mundial de banana e arroz são controlados por somente um punhado de transnacionais; cinco corporações do agronegócio controlam 75% do comércio mundial de grãos (Torres et al., 2000, p.14, 40). A pesquisa compilada pelo Grupo ETC (2001, 2005) demonstra claramente a natureza cada vez mais concentrada dos mercados agrícola e de alimentos hoje.

Os altos níveis de concentração verificados mundialmente também são encontrados em nível nacional. Por exemplo, Filemon Torres et al (2000, p.14-5) relatam que, na Costa Rica, uma empresa monopoliza mais de 50% do negócio de vegetais e, juntos, as três maiores empresas controlam 70%; Honduras segue o mesmo padrão, com uma empresa que controla 40% da produção, e as três maiores empresas controlando 80% do mercado. (Veja a Tabela 1, que indica claramente que existe uma situação semelhante nos Estados Unidos.)

Tabela 2 – Concentração nos mercados dos Estados Unidos

Os níveis de concentração são mais bem expressados pela Razão de Concentração (RC) relativa a 100% das maiores empresas. A razão de concentração das quatro maiores companhias é indicada por CR4; das cinco maiores, CR5 e assim por diante.

Processadores de carne bovina = 83,5%

Tyson, Cargill, Swift and Co., National Beef Packing Co.

Histórico CR4:

1990	1995	1998	2000
72%	76%	79%	81%

Processadores de carne suína: CR4 = 64%

Smithfield Foods, Tyson Food, Swift and Co., Hormel Foods

Histórico CR4:

1987	1989	1990	1992	2001
36%	34%	40%	44%	59%

Criação de frangos: CR4 = 56%

Tyson Foods, Pilgrim's Pride, Gold Kist, Perdue

Histório CR4:

1986	1990	1994	1998	2001
35%	44%	46%	49%	50%

Moagem de farinha de trigo: CR4 = 63%

Cargill/CHS, ADM, ConAgra, Cereal Food Processors

Histórico CR4:

1982	1987	1990
40%	44%	61%

Varejo de alimentos: CR5 = 46%

Wal-Mart, Kroger Co., Albertsons, Inc., Safeway, Inc., Ahold USA, Inc.

Histórico CR4:

1997	2001
24%	8%

Fonte: Mary Hendrickson e William Heffernan, "Concentration of Agricultural Markets" [Concentração dos mercados agrícolas], Departamento de Sociologia Rural, Universidade de Missouri, Columbia, Mo., 2005.

A liberalização do comércio agrícola combinada com o acordo dos DPIs disseminou ondas de fusões e aquisições durante toda a década de 1990 entre as empresas agroquímicas, de sementes e farmacêuticas, bem como entre as corporações agroalimentares e os varejistas de alimentos. Pat Mooney (1999, p.90), presidente do Grupo ETC, descobriu que das 180 maiores empresas de alimentos e bebidas atuando no mercado na década de 1980, vinte anos depois, restavam apenas 60. Para garantir lucros maiores, as corporações e os investidores empenham-se em possuir a maior quantidade possível de etapas da produção e de comercialização da cadeia dos alimentos. O poder de mercado é alcançado aumentando a participação no mercado por meio de uma combinação de estratégias empresariais, incluindo a integração horizontal e vertical, a consolidação e a concentração, contratos de produção e de comercialização e a globalização (Heffernan e Constance, 1994; Heffernan, 1998). Essas estratégias facilitam a globalização de um modelo industrializado de agricultura, com corporações de agronegócio "agregando valor" ao seu caminho para obter uma fatia maior de cada dólar gasto pelos consumidores com alimentos, e aumentando a posse e o controle sobre quase todos os estágios da cadeia dos alimentos – dos estoques aos insumos, do transporte e do processamento dos alimentos à comercialização.[5] Mesmo a revista *The Economist* (2000b, p.1, 6), uma firme apoiadora da globalização, admite que a integração, a consolidação e a concentração dos agronegócios estão efetivamente "transformando esse ramo da economia de uma cadeia em uma rede complexa" ou em "agregados de alimentos" que controlam "a passagem dos alimentos da terra até o prato". Em essência, a liberalização permitiu que um pequeno grupo de transnacionais estendesse o seu alcance ao redor do mundo; agora, elas estão mais bem posicionadas para determinar qual alimento é produzido, onde, por quem e por que preço. No processo, o poder de decisório ao nível dos agricultores caiu consideravelmente. Os sociólogos rurais na Universidade de Missouri assim o expressam:

> Na cadeia da produção de alimentos, o produto passa por vários estágios, mas a propriedade nunca muda, nem o lugar onde as decisões são tomadas. Começando com os direitos de propriedade intelectual que os governos dão às firmas de biotecnologia, o produto alimentar permanece na propriedade de uma firma ou de um

---

5 Veja NFU (2000a) para uma excelente descrição visual e análise dos grupos de jogadores corporativos altamente concentrados que dominam cada estágio da cadeia alimentar canadense.

grupo de firmas. O agricultor torna-se um assistente de cultivo, fornecendo a mão de obra e, com frequência, parte do capital, mas nunca possuindo o produto enquanto ele passa pelo sistema de alimentos, nem tomando as decisões principais de gestão. (Heffernan, Hendrickson e Gronski, 1999, p.3)

Os lucros dos agricultores também são cortados. Os avanços bem-sucedidos das transnacionais – que florescem em um ambiente liberalizado criado pelos governos através da OMC – também levaram a estruturas oligopolistas e ao que os economistas, em sua linguagem higiênica exclusiva, chamam de mercados "imperfeitos", que levam os agricultores a enfrentarem insucessos no mercado. Nesse cenário, as transnacionais consolidam um poder de mercado tremendo e recolhem lucros recordes, enquanto os agricultores no mundo todo enfrentam uma crise financeira severa. O NFU (2000a, p.iii-iv) comparava o retorno das taxas de lucro líquido obtidas por parte dos agricultores canadenses com aquelas obtidas pelas corporações e descobriu "um quadro alarmante de relativa lucratividade".

Enquanto os agricultores ganhavam um retorno de apenas 0,3% de lucro líquido em 1998, as corporações de agronegócios ganhavam 5%, 20%, 50% e até índices maiores que esses [...] Enquanto os agricultores que plantavam cereais – trigo, aveia, milho – obtêm retornos negativos e são levados quase à falência, as empresas que fabricam cereais matinais colhem lucros enormes. Em 1998, as empresas de cereais Kellogg's, Quaker Oat's e General Mills locupletaram-se com taxas de lucro líquido de 56%, 165% e 222% respectivamente. Enquanto um *bushel* de milho era vendido por menos de 4 dólares canadenses um *bushel* de flocos de milho era vendido por 133 dólares canadenses. Em 1998, as empresas de cereais eram de 186 a 740 vezes mais lucrativas que a agricultura. Talvez os agricultores estejam ganhando pouco porque outros estão ganhando demais.

O enorme poder de mercado das transnacionais foi acompanhado de um poder político considerável. O modelo convencional de agricultura foi uma obra de engenharia política; ele evoluiu como resultado de vínculos muito íntimos entre os interesses empresariais e o apoio estatal na forma de pesquisa e desenvolvimento extensivos e políticas favoráveis que facilitavam o crescimento e a expansão dos interesses corporativos (Goodman e Redclift, 1991). Esses vínculos eram claramente visíveis quando o modelo industrial de agricultura, em vez de uma abordagem ecológica, foi exportado para o mundo todo por meio da Revolução Verde, e conforme as instituições internacionais de desenvolvimento e os governos promoveram o modelo apaixonadamente. Também, a história das negociações comerciais internacionais demonstram claramente como os interesses de negócios influenciaram as políticas comerciais da França e dos EUA, por exemplo (Milner, 1998). Essas práticas continuam nos dias de hoje.

Nos Estados Unidos, um dos atores mais poderosos na OMC, a comunidade empresarial tem vínculos diretos com os negociadores comerciais do governo por meio de lobistas atuantes em Washington e uma representação relevante no Comitê Consultor para Política e Negociações de Comércio (Korten, 1995, p.177-81). Além disso, os interesses corporativos estão bem representados especialmente nas delegações comerciais oficiais. Por exemplo, um relatório mostrava que nas negociações finais dos DPIs, "Dos 111 membros da delegação dos EUA, 96 eram do setor privado" (Green, 2001, p.4). De modo semelhante, na delegação oficial canadense para a IV Conferência Ministerial da OMC em Doha, os interesses agroindustriais (carne e derivados, grãos e derivados) estavam representados de modo avassalador.

A multinacional agroalimentar Cargill fornece um exemplo nítido da grande influência empresarial que pode ser empregada nas negociações comerciais internacionais. William Pearce, um dos vice-presidentes da companhia, trabalhou como consultor comercial do Presidente Nixon. Daniel Amstutz, outro executivo da Cargill, escreveu a proposta da administração Reagan para o Gatt em 1987 e foi posteriormente contratado como principal negociador do governo americano para a agricultura. O presidente e o CEO da Cargill estavam no Comitê Consultor do Gatt pelo governo dos

EUA durante as administrações Reagan, Bush e Clinton (Kneen, 1995, p.69).

Quadro 4 – Delegados canadenses para a reunião da OMC

Na IV Conferência Ministerial da OMC, realizada em Doha, Catar, os membros não governamentais da delegação canadense oficial eram:

1. Liam McCreery, presidente da Aliança Comercial Agroalimentar Canadense (Cafta, sigla em inglês). De acordo com informações disponíveis na página na internet, o Cafta é "uma coalizão nacional de associações, organizações e companhias que advogam pela liberalização dos mercados agrícolas e de alimentos". O Cafta foi criado para assegurar que os interesses de seus membros sejam efetivamente representados nas negociações comerciais mundiais por meio da cooperação com os governos federais, estaduais e internacionais e com a indústria internacional. O conselho do Cafta inclui, entre outros, representantes da Cargill, Agricore, Canadian Meat Council [Conselho Canadense de Carne] (empacotadores e processadores), Canada Beef Export [Exportadores de Carne Bovina do Canadá], Canadian Cattlemen's Association [Associação dos Criadores de Gado do Canadá], Canadian Sugar Institute [Instituto de Açúcar do Canadá] (manufatureiros), Malting Industry Association of Canada [Associação de Indústrias de Malte do Canadá] e Canadian Oilseed Processors Association [Associação dos Processadores de Óleos de Sementes] (trituração e processadores). O Cafta é um importante defensor de um regime comercial totalmente liberalizado.

2. Don Knoerr, ex-presidente da Federação Canadense de Agricultura (CFA, sigla em inglês) e presidente da Agriculture, Food and Beverage Sectoral Advisory Group on International Trade [Grupo Consultivo em Comércio Internacional em Agricultura, Alimentos e Bebidas] (Sagit), um comitê consultivo do setor privado com representação de setores que produzem *commodities* e produtos com valor agregado. Fornece consultoria em comércio internacional e desenvolvimento de negócios para o ministro da agricultura e alimentação e ao ministro do comércio internacional.
3. William Dymond, diretor executivo do Centro de Política e Direito Comercial. Duas das importantes conquistas de Dymond são sua participação como assessor sênior do Escritório de Negociações Comerciais para o acordo de livre comércio entre Canadá e EUA e seu papel como negociador-chefe no Acordo Multilateral de Investimentos da OCDE (AMI).
4. Peter Clark, presidente da Grey Clark Shish and Associates, uma empresa de advocacia especializada em comércio internacional.
5. Brian Oleson, economista sênior da Canadian Wheat Board [Conselho de Trigo do Canadá], uma empresa estatal atuante na venda de cereais no mercado internacional em nome dos interesses dos empresários agrícolas.
6. Ann Weston, vice-presidente do Instituto Norte-Sul, um órgão de pesquisa independente (a voz da sociedade civil).

Nas duas primeiras conferências ministeriais da OMC, realizadas em Cingapura, 65% das organizações não governamentais que foram credenciadas representavam interesses empresariais (Scholte,

O'Brien e Williams, 1998, p.17). A presença significativa de interesses comerciais na OMC foi confirmada também pela presença de numerosos lobistas, Câmaras de Comércio, comitês técnicos de consultoria comercial e companhias de seguros e grupos industriais que estiveram presentes nas reuniões ministeriais do Gatt em Genebra, Seattle e Doha.

Todavia, o registro das presenças nessas reuniões fornece apenas uma visão superficial do papel e da enorme influência das transnacionais nas negociações comerciais. De muitas maneiras – e, com certeza, isso funciona em benefício delas –, as transnacionais ficam invisíveis no discurso sobre as negociações comerciais, cujo contexto é das nações negociando umas com as outras. As regras comerciais são direcionadas às políticas nacionais que têm impacto nos mercados internacionais. Porém, como mostra Sophia Murphy (2002, p.19), pesquisadora do Institute for Agriculture and Trade Policy [Instituto para a Agricultura e Políticas Comerciais] – com sede nos EUA, as nações individuais não estão concorrendo entre si por uma fatia maior do mercado mundial, ao contrário, os países estão concorrendo pelos investimentos das grandes transnacionais. Murphy argumenta que ao não reconhecer as transnacionais (e as estratégias delas) como o que realmente guia o comércio, as regras da OMC ignoram o problema real convenientemente: a tremenda concentração do poder nos mercados agrícolas.

Impacto da globalização na agricultura

> *Uma grande porcentagem da população mundial e especialmente os pobres do campo não tiveram benefícios com a globalização e, em muitos casos, foram afetados negativamente, conforme a especialização normalmente associada a ela debilita o controle da comunidade sobre a sua subsistência e reduz o leque de escolhas das maneiras que as pessoas podem viver.*
> (Torres et al., 2000, p.3)

Com a implementação de SAEs, de acordos comerciais regionais e bilaterais e do Acordo sobre Agricultura da OMC, as paisagens rurais dos hemisférios norte e sul estão passando por mudanças rápidas e profundas conforme os governos nacionais redefinem as políticas e a legislação agrícola para facilitar a integração em uma economia internacional dirigida pelo mercado. As estruturas agrícolas e de comercialização existentes estão sendo desmanteladas enquanto são promulgadas novas leis agrárias que visam reestruturar a propriedade da terra, o uso da terra e os sistemas de comercialização para aumentar a produção, especialmente para exportação e para industrializar e liberalizar ainda mais o setor agrícola.

Exemplos dessas leis na América Latina, para mencionar apenas algumas, são a Lei de Modernização e Desenvolvimento do Setor Agrícola em Honduras; mudanças no Artigo 27 da Constituição mexicana aprovadas em 1992 (programadas inicialmente para privatizar o *eijido*); e a Lei de Desenvolvimento Agrário do Equador de 1994. Exemplos na Índia incluem, nacionalmente, a Lei (Emenda) da Aquisição de Terras, aprovada em 1988, a qual facilita o acesso à terra para o setor corporativo (nacional e estrangeiro) para investimento e "desenvolvimento". Em nível estadual, a Land Amendment Act [Emenda Constitucional da Terra] promulgada em 1995 em Karnataka passa o uso da terra da agricultura para a indústria, eleva o limite de propriedade e permite a propriedade e arrendamento da terra por não agricultores. No Canadá, no verão de 2002, o governo provincial de Saskatchewan fez uma legislação nova, o Farm Security Amendment Act [Decreto de Segurança Agrícola], o qual efetivamente removeu as restrições para a propriedade de terras agrícolas por estrangeiros, pessoas não residentes e por empresas. Essas leis enfatizam a "modernização" e a criação de um setor agrícola mais "amigável aos investidores", mais "afinado com o mercado" e mais "dinâmico".

Os acordos de livre comércio regionais e a OMC prometiam crescimento econômico e prosperidade para todos – incluindo aqueles que vivem no campo. Os três pilares do Acordo sobre a Agricultura da OMC – acesso ao mercado, suporte doméstico e subsídios para exportação – buscavam fomentar o comércio e nivelar a concorrência de modo a que todos os produtores do mundo pudessem competir mais efetivamente no mercado internacional. Pelo menos, essa era a teoria. A liberalização e a criação de uma economia agrícola mundial competitiva foi promovida como *a* solução para os grandes níveis de pobreza e a insegurança alimentar, que penalizavam as zonas rurais há décadas. Todavia, um número cada vez maior de estudos indica que a pobreza no campo está aumentando.

Por exemplo, um estudo em 113 países conduzido pelo Fundo Internacional para o Desenvolvimento Agrícola (Ifad) descobriu que entre 1965 e 1968 – período no qual muitos países iniciaram PAEs e pressionaram para a modernização da agricultura – o "nível de pobreza no campo (tanto em termos relativos quanto absolutos da população) aumentou significativamente" (Jazairy, Alamgir e Panuccio 1992, p.2-3). O estudo afirmava que 97% da população rural da Bolívia vivia na extrema pobreza, enquanto em Honduras a cifra era de 93,4% (ibid., p.17). No Brasil, durante o período de 1960 a 1980, momento de modernização intensa na área rural, 29 milhões de pessoas migraram para as cidades em busca de trabalho (ibid., p.72).

Descobertas mais recentes contradizem a previsão de que aumentar a liberalização trará prosperidade para a zona rural. Um estudo abrangente sobre a pobreza no campo afirmava: "Desde o final dos anos 1970, não há uma correção mundial das tendências urbanas que sentenciam as pessoas do campo a uma pobreza mais profunda e generalizada, ao analfabetismo e à doença" (Ifad, 2001, p.3). As evidências também mostram que, desde os anos 1980, uma série de países em transição tem vivido um agudo crescimento da pobreza no campo e que, na virada do século, 1,2 bilhões de pessoas estavam vivendo em pobreza extrema – com 75% dessas vivendo e trabalhando em áreas rurais (Jazairy, Alamgir e Panuccion, 1992, p.3, 15-6). Durante os anos 1990, o auxílio à agricultura caiu dois terços e, durante o final dessa mesma década, a pobreza no campo aumentou de 10% a 20% em uma série de países latino-americanos (Gonzalés, 2000, p.2). Em todos os lugares, a pobreza no campo tem persistido e, com frequência, inclui mais de 50% da população (Torres et al., 2000, p.12). O relatório da FAO, *O estado da insegurança alimentar no mundo 2004*, indica que em 2000-2002 a cifra escandalosa de 852 milhões de pessoas ao redor do mundo estavam subnutridas – um aumento de 10 milhões sobre o ano anterior.

A globalização da agricultura também teve o efeito perverso de globalizar a obesidade. O número de pessoas obesas no mundo é igual àquele das pessoas subnutridas e o recente aumento mundial da obesidade esteve diretamente ligado às mudanças na agricultura e à maior disponibilidade e consumo de alimentos industrializados (Picard, 2002, p.A12). Estudos conduzidos em 2002 pela Organização Panamericana de Saúde (APS) descobriram uma tendência crescente para a obesidade em áreas de baixa renda do Brasil e da Argentina. Citando um representante do Ministério da Saúde e da Ação Social da Argentina, uma nota da APS (2002) para a imprensa afirmava:

> [...] os pobres não comem o que querem, nem o que sabem que deveriam comer, apenas comem o que conseguem [...]. A indústria de alimentos favorece esses padrões de consumo segmentando e comercializando em massa produtos de baixa qualidade que contém enormes quantidades de gordura e açúcar para setores de poder aquisitivo menor.

Em outro estudo, que examina as ligações entre o Acordo sobre a Agricultura e a segurança alimentar em quatorze países em desenvolvimento, a FAO (2000, p.13) observou "uma tendência geral rumo à unificação dos estabelecimentos agropecuários conforme a pressão competitiva começou a aumentar, acompanhando a liberalização do comércio". Em um contexto de redes de segurança precárias ou inexistentes, essa tendência levou à expulsão e à marginalização de famílias agricultoras (ibid., p.14). Dos países estudados pela FAO, poucos apresentaram um aumento da exportação de alimentos, enquanto a maioria vivenciou aumentos drásticos da importação de alimentos. Por exemplo, em uma comparação do valor da importação de alimentos entre 1990-1994 e 1995-1998, as importações da

Índia cresceram em 168,4%, as do Brasil em 106,7% e as do Peru em 57,3%. Esse influxo de importados mais baratos minou a capacidade competitiva dos pequenos produtores. Em um país como a Índia, onde mais de 70% do sustento da população depende da agricultura, essa foi a receita para um desastre. Embora a Índia vivenciasse crescimento econômico depois de adentrar o caminho da liberalização em 1991, a pobreza não declinou (FAO, 2000). Outros estudos também vinculam claramente a liberalização comercial da agricultura ao aumento da insegurança alimentar (Murphy, 1999; Madeley, 2000).

Talvez o México seja um dos melhores exemplos de liberalização econômica clássica: atualmente, gaba-se de oito acordos de livre comércio que abrangem 22 países em três continentes (*El Financiero*, 2000). O mais devastador para os camponeses mexicanos são as cláusulas agrícolas do Acordo de Livre Comércio da América do Norte (Nafta), que entraram em vigor em janeiro de 1994. O México, que fora autossuficiente em grãos, tornou-se cada vez mais dependente de importações. Entre 1992 e 1995, as importações de alimentos subiram de 20% para 43% do total do consumo interno; as importações de arroz, um dos alimentos básicos no México, foram de meio milhão de toneladas para sete milhões de toneladas (*Third World Resurgence*, 1996b, p.29-30). Em 1999, 25% do feijão e 97% da soja eram importados (Comisión de Agricultura, 2000, p.29-30). A liberalização incluiu o abandono dos preços mínimos para os produtores e uma redução substancial dos insumos subsidiados. O alto nível de importação de milho levou a uma queda de 45% no preço pago aos agricultores (Nadal, 2000, p.36); entre 1993 e 1998, os preços do trigo pagos aos agricultores caíram 32% e os preços do feijão, 51% (Public Citizen's Global Trade Watch, 2001, p.15). O aumento da importação de alimentos por preços que os camponeses, debatendo-se contra o colapso dos programas de auxílio, não podiam acompanhar, levou os agricultores a saírem da terra e ao aumento da pobreza. O agravamento do nível de pobreza e o abandono dos subsídios básicos aos alimentos levaram à diminuição do consumo destes. Enquanto os preços do milho caíram, o preço das tortilhas aumentou em 179% (Nadal, 2000, p.36).

Em 1996, Víctor Suárez, então coordenador da Asociación Nacional de Empresas Comercializadoras de Productores del Campo (Anec), uma organização que faz parte da Via Campesina, disse:

> comer mais barato por meio de importações é não comer nada para os pobres do México [...]. Um de cada dois camponeses não está conseguindo o suficiente para comer. Nos dezoito meses desde o Nafta, o consumo de comida caiu 29%. (apud *Third World Resurgence*, 1996b, p.30)

Não foram apenas os agricultores do hemisfério sul que sentiram o impacto da liberalização comercial da agricultura. Em 1995, a Coordenação Camponesa Europeia relatou que a cada dois minutos "desaparece" um estabelecimento agropecuário na União Europeia (CPE, 1995). Desde 1978, metade dos agricultores da França e da Alemanha abandonou o campo. Em 2000, nos países da OCDE, o número de propriedades agrícolas estava caindo 1,5% ao ano e somente 8% da força de trabalho ainda está na agricultura atualmente (*The Economist*, 2000b, p.6). A organização Food First relatou que, em apenas dois anos, entre 1994 e 1996, nos Estados Unidos, cerca de "25% dos produtores de suínos, 10% dos plantadores de grãos e 10% dos produtores de leite abandonaram seus negócios" (Mittal e Kawaai, 2001, p.4). O Departamento do Trabalho dos EUA previu um declínio contínuo da América rural – que, durante os próximos dez anos, mais de 270 mil agricultores perderiam o seu trabalho (NFU-USA, 2002). Enquanto os agricultores dos EUA esperavam uma queda de 20% da sua renda líquida em 2002, a Cargill vivenciava um aumento de 51% dos lucros e a ConAgra Foods relatava um aumento de 48% nos ganhos líquidos (NFU-USA, 2002; Reuters, 2002).

Os agricultores canadenses – mesmo considerados como estando entre os produtores mais "competitivos" e "eficientes" do mundo – também foram expulsos da terra em números consideráveis porque a agricultura não é mais viável economicamente. Darrin Qualman (2002, p.1-3), secretário executivo do NFU, argumenta:

Desde 1998 – o ano em que o Canadá assinou o Acordo de Comércio Canadá-EUA –, as exportações agrícolas e de alimentos canadenses quase triplicaram. Os agricultores e os exportadores canadenses tiveram grande êxito no aumento das exportações, em ganhar "acesso ao mercado". Todavia, o resultado não foi a prosperidade dos estabelecimentos agropecuários como previam os políticos, economistas e grandes comerciantes. Desde 1998, a renda líquida das propriedades agrícolas permaneceu estagnada – ou caiu dramaticamente, se levarmos em conta a inflação.

Claramente, elevar as exportações não se traduziu em benefícios econômicos para os agricultores canadenses (veja Gráfico 1). As estatísticas da província de Saskatchewan, cuja economia é baseada na agricultura, ilustram como é aguda a crise na agricultura: os lucros líquidos realizados em 2006 foram piores que os níveis que os agricultores viveram nos anos 1930 (veja Gráfico 2).

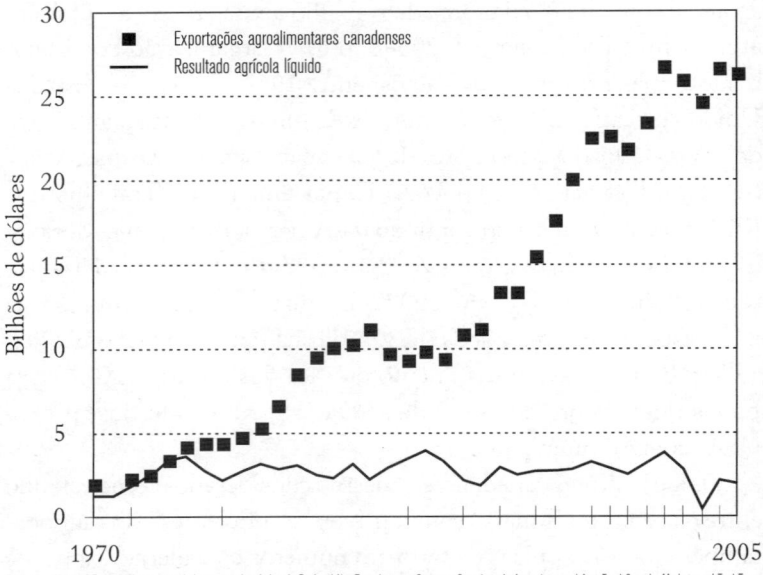

Fontes: National Farmers Union, compilado a partir dos dados de Realized Net Farm Income: Statistics Canada e de Agriculture and Agri-Food Canada, Markets and Trad Team.

Gráfico 1 – Exportações canadenses de gêneros agroalimentícios

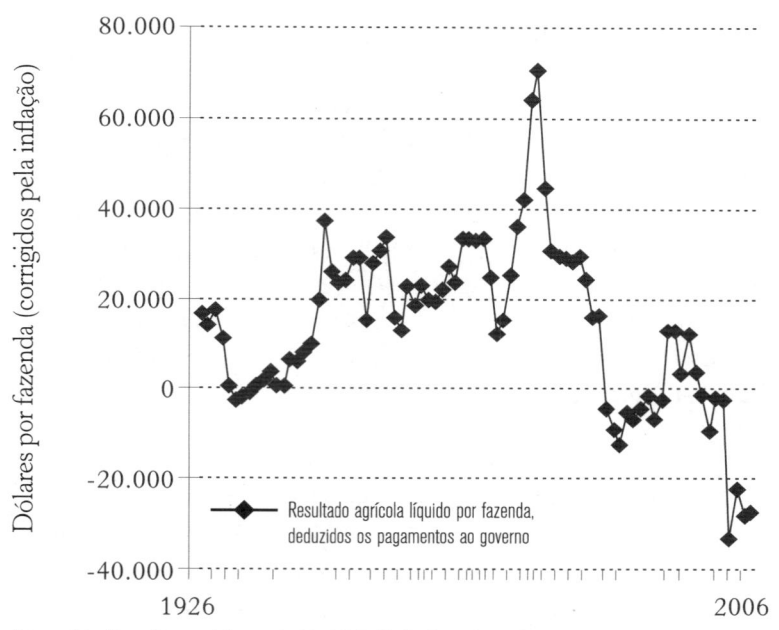

Fontes: National Farmers Union, compilado a partir dos dados de Realized Net Farm Income: Statistics Canada.

Gráfico 2 – Balanço de Saskatchewan

Os agricultores foram apanhados em uma armadilha de custos e preços na qual as margens de lucro encolhem na medida em que os custos dos insumos aumentam e os preços dos produtos caem vertiginosamente. De acordo com o mais recente Censo Agrícola do Canadá, entre 1996 e 2001, os preços dos produtos agrícolas caíram em 27% enquanto os custos dos insumos aumentaram em 8,5% (Lang, 2002). Durante os anos 1990, a dívida agrícola cresceu substancialmente de 23,5 bilhões de dólares canadenses para um recorde de 38 bilhões, em 2000 (Wilson, 2001, p.5).

A renda agrícola em queda leva ao êxodo rural e ao abandono de comunidades inteiras. Entre 1971 e 1996, o número de propriedades agrícolas canadenses caiu em 25% (Stirling, 1999, p.8), e de 1996 a 2001, esse número caiu outros 10,7%. O número de canadenses trabalhando na agricultura também caiu em índices sem precedentes. De acordo com o Departamento de Estatísticas do Canadá, de

1996 a 2001, houve uma queda de 26,4% no Canadá como um todo, enquanto em algumas províncias a cifra foi muito maior: Alberta assistiu a um declínio de 37,6%; Saskatchewan, 36,2%; e Ontário, 31,5% (Lang, 2002, p.3). Conforme o número de agricultores diminuiu, o tamanho das propriedades remanescentes aumentou.

Os proponentes do livre comércio argumentam que os agricultores beneficiam-se do aumento da produção para exportação e do aumento do nível de comércio agrícola. Contudo, como os números indicam, esse claramente não é o caso. Pelo contrário, as políticas agrícolas neoliberais beneficiam as transnacionais do agronegócio. Como argumenta o NFU (2002, p.4):

> Para os agricultores, os chamados acordos de "livre comércio" fazem duas coisas simultaneamente:
> * Ao remover tarifas, quotas e impostos, esses acordos apagam as fronteiras econômicas entre as nações e forçam um bilhão de agricultores do mundo ao mesmo mercado único e hiper-competitivo.
> * Ao mesmo tempo, esses acordos facilitam ondas de fusões do agronegócio que quase eliminam a competição para essas corporações.
>
> Os acordos de livre comércio podem aumentar o comércio, mas, muito mais importante, *eles alteram dramaticamente o tamanho relativo e o poder de mercado dos atores na cadeia de produção agroalimentar*. Para os agricultores e a renda líquida deles, o aumento das exportações pode ser um dos efeitos menos significativos dos acordos comerciais e da globalização. Muito mais significativo – talvez arrasando totalmente qualquer benefício potencial do aumento das exportações – pode ser o efeito que esses acordos têm sobre o equilíbrio do poder de mercado entre agricultores e corporações do agronegócio, *porque esse equilíbrio determina a distribuição de lucros dentro da cadeia de produção agroalimentar*. (grifos do original)

As políticas agrícolas ignoram amplamente as relações de poder altamente oblíquas no sistema de alimentos moderno em detrimento dos agricultores ao redor do mundo. Como disse em uma entrevista, Nettie Wiebe, do NFU:

Vale a pena notar que o governo canadense aderiu diligentemente às regras da OMC retirando o apoio à agricultura, desregulamentando e privatizando a infraestrutura, como o transporte e a inspeção. Os agricultores canadenses são os "meninos propaganda" da OMC, seguindo rigorosamente as prescrições para investir, industrializar, diversificar, maximizar a produção e focar nas exportações. Por isso, eles são recompensados com perdas recorde de renda, de população e de comunidades. Se somos os "vencedores" no jogo da OMC, o que devem estar vivendo os perdedores?

A extensão da crise agrícola em outros lugares ficou expressa inicialmente no suicídio trágico de quatrocentos agricultores durante a safra agrícola de 1997-1998 nos distritos em torno de Andhra Pradesh, Karnataka e Maharashtra na Índia (Shameem, 1998; Vasavi, 1999). Esses suicídios demonstram claramente as dificuldades extremas enfrentadas pelos agricultores conforme eles migram de plantios de baixo custo e baixo risco para um modelo de produção de alto custo e alto risco voltado para um mercado onde há pouco (quando há) apoio institucional. A maioria dos agricultores que cometeu suicídio estava envolvida na agricultura orientada para o mercado, fazendo exatamente o que defendia a política agrícola atual: adotando o caminho prescrito da modernização e da liberalização. Contudo, suas vidas acabaram em desespero e tragédia. Para tornar essa ligação ainda mais expressiva, para se matarem, esses agricultores empregaram uma das ferramentas da modernização agrícola: pesticidas químicos.

Em anos recentes, o "suicídio com pesticidas" tornou-se epidêmico na Índia, uma colheita de morte.[6] Desde 1997, mais de 27

---

6 Alguns relatórios sublinham o aumento dos suicídios de agricultores em vários estados. Veja Dandekar et al. (2005), Governo de Andhra Pradesh (2004), Mohanty (2005), e Mohan Rao (2004).

mil agricultores indianos cometeram suicídio bebendo agrotóxicos desenvolvidos para "melhorar" a produção agrícola (Frontline/ World, 2005). Durante o verão de 2004, somente no estado de Andhra Pradesh, sete agricultores cometeram suicídio a cada dia. Para Chad Heeter, um cinegrafista independente que produziu o documentário *Seeds of Suicide* [Sementes de Suicídio] sobre o tema: "Esse é o outro lado da globalização". Embora o primeiro ministro da Índia, Manmohan Singh, tenha viajado para a região durante a epidemia e anunciado um programa de apoio para as famílias daqueles que haviam cometido suicídio, a tragédia persiste (BBC News, 2004). Será necessário mais que um pacote de ajuda para reverter anos de políticas tão devastadoras para as vidas de camponeses e pequenos agricultores.

A implementação de PAEs nos hemisférios norte e sul, a assinatura desse acordo particular do Gatt e a mais recente rodada de negociações comerciais da OMC refletem claramente a globalização de uma visão de mundo que vê as forças de mercado como determinantes fundamentais dos aspectos econômicos, políticos e sociais das nossas sociedades. Jerry Mander (1996, p.5), um dos membros fundadores do Fórum Internacional sobre a Globalização, enfatiza que os princípios dessa economia globalizada enfocam exclusivamente a

primazia do crescimento econômico; a necessidade do livre comércio para estimular o crescimento; o "livre mercado" sem restrições; a ausência de regulação governamental; e um consumismo voraz combinado com a defesa impositiva de um modelo mundial e uniforme de desenvolvimento. (Mander, 1996, p.5)

Alguns críticos sugerem que esse modelo de desenvolvimento deveria ser visto como um "encerramento das propriedades comuns" pelo qual todos os recursos necessários para o sustento são aprisionados pelo mercado (Shiva, 1997b). Ao dizê-lo, eles estão ampliando o conceito de propriedades comuns para além da noção de propriedade para incluir os recursos necessários para o sustento e o bem-estar como – entre outros – a saúde, o ar, a comida, um espaço vital defensável e a comunidade (Ecologist, 1992, p.123-4).

Em busca de um desenvolvimento alternativo

Os níveis crescentes de pobreza – acompanhados pela degradação ambiental –, diante da modernização e da globalização, levaram a questões sobre os laços entre o "desenvolvimento" e a redução da pobreza. O acadêmico indiano Rajni Kothari (1995, p.2) vê a pobreza como uma "consequência do 'desenvolvimento'" e argumenta que "as sociedades que adotaram o caminho do desenvolvimento capitalista 'cresceram para a pobreza'" e agora estão desesperadamente tentando "crescer para fora" dessa pobreza expandindo suas economias. A ativista e escritora indiana Vandana Shiva (1993c, p.71-3) argumenta que, com muita frequência, o que é percebido como pobreza por observadores externos é simplesmente uma preferência pela utilização de recursos locais para satisfazer as "necessidades" vistas localmente de uma maneira não mercantil e não ocidental. Outros enfatizam que as percepções das próprias pessoas pobres sobre a pobreza e a carência são frequentemente não econômicas – enfocando, ao contrário, talvez, questões relacionadas ao bem-estar, à vulnerabilidade, à estabilidade, à insegurança, à fragilidade social e à exposição a riscos. Às vezes, elas veem a pobreza como um problema de exclusão social. Essas abordagens tendem a destacar a natureza multidimensional da pobreza – os aspectos sociais e políticos bem como os econômicos. Talvez elas enfoquem, sobretudo, os processos, incluindo os mecanismos, instituições e atores que levam à exclusão social.

Definições alternativas de pobreza levam inevitavelmente a visões alternativas de desenvolvimento. O objetivo dessas novas abordagens – sejam elas chamadas de desenvolvimento centrado nas pessoas, alternativo, diferente ou autônomo, ou, de modo mais radical, antidesenvolvimento ou pós-desenvolvimento – é o desenvolvimento igualitário, sustentável e participativo. Todos rejeitam a simples transferência vertical de tecnologia ocidental e, para a maioria, estão voltadas para a transformação estrutural. Eles defendem, em graus variados, princípios de autodeterminação, autossustentabilidade e sustentabilidade ambiental e ecológica – estratégias endógenas baseadas nas comunidades. Elas destacam a necessidades de métodos e processos guiados pelas pessoas, de baixo para cima, participativos e igualitários. Embora sejam variados, eles compartilham conceitos fundamentais: respeito ao ambiente local e o valor do empoderamento – especialmente no contexto de valorizar o conhecimento e os costumes locais e de permitir que as pessoas marginalizadas definam as suas próprias necessidades.

John Friedmann (1992, p.68) argumenta que, entre as pessoas marginalizadas com que ele trabalhou em comunidades latino-americanas, a necessidade mais preciosa é um "espaço vital defensável" que inclui "uma comunidade ou vizinhança solidária". Ele diz que essa condição representa "a capacidade social mais valorizada de todas e as famílias estão preparadas para fazer quase qualquer tipo de sacrifício para conseguir isso". Ao adotarem essa visão alternativa de pobreza, as políticas alternativas de desenvolvimento rural enfocariam muito menos a produção e o consumo e muito mais a necessidade de cultivar ou proteger um espaço social definido como um lar ou uma comunidade moral compartilhada.

Essas duas condições – aumento da modernização, da produção e do consumo, por um lado, e uma comunidade moral, pelo outro – são fundamentalmente opostas. Por exemplo, em seu estudo das lutas ecológicas na Índia, Pramod Parajuli (1996) afirma que a extinção da comunidade é parte integral da expansão do capitalismo. Consequentemente, no caso da Índia, a história do Estado desenvolvimentista envolveu tentativas persistentes de desmantelar comunidades autossustentáveis e autogeridas. As lutas seguintes tornam-se conflitos entre a "economia política do lucro" e a "economia moral da provisão", e a resistência centra-se em defender e reforçar a comunidade (Parajuli, 1996, p.39). A resistência também inclui pleitos de autonomia, governança, modelos alternativos de desenvolvimento, reforço das identidades étnicas e a construção do que Parajuli chama "etnicidades ecológicas".

Definir a pobreza como exclusão social e desempoderamento, e os processos que disso resultam, leva a políticas e programas alternativos de desenvolvimento voltados para a participação e o empoderamento. No contexto do desenvolvimento rural, a resistência à moderna agricultura industrial é referida com frequência como agricultura *alternativa* ou *tradicional versus* agricultura *convencional*. Esses termos não estão isentos de problemas, porque agricultura "alternativa" com frequência refere-se a práticas agrícolas de pequena escala ou de base camponesa no contexto de relações culturais e sociais complexas e muitas vezes integrando novas ideias e cultivos com conhecimentos e práticas tradicionais muito antigas, e essa combinação continua sendo a forma de agricultura mais comum ao redor do mundo. Com frequência, a agricultura convencional só é "convencional" para um pequeno grupo de agricultores industriais.[7]

Embora a agricultura moderna/convencional domine a paisagem na maioria dos países industrializados, esse não é necessariamente o caso em muitos países em desenvolvimento. A agricultura moderna admitidamente tem feito incursões nos campos do hemisfério sul, mas como afirma *The Economist* (2000b, p.11), em muitas partes do mundo a agricultura convencional "posiciona-se de modo incômodo paralelamente a práticas agrícolas tradicionais". Mesmo em países desenvolvidos há cada vez mais resistência à agricultura convencional e uma passagem organizada para a agricultura de base ecológica, como fica evidente no crescimento exponencial da produção orgânica e da comercialização de produtos orgânicos (ibid., p.8).

Nas práticas agrícolas alternativas, a policultura substitui a monocultura e a diversidade supera a uniformidade. Os fertilizantes naturais e o controle biológico de pragas dão aos agricultores mais independência e autonomia. Os agricultores interagem com a natureza em vez de dominá-la e controlá-la e a comunidade vence a competição.

---

7 Obrigada a Nico Verhagen, assistente técnico do Secretariado Operacional da Via Campesina, por me apontar isso.

Tabela 3 – Comparação entre agricultura convencional e alternativa

Paradigma dominante/ convencional	Paradigma alternativo
Centralização - Controle centralizado sobre a produção, processamento e comércio; - Produção concentrada, poucas propriedades rurais e, portanto, poucos agricultores e comunidades rurais.	Decentralização - Produção, processamento e mercado mais local/regional; - Produção dispersa (mais fazendas e agricultores), controle da terra, recursos e capital.
Dependência - A abordagem científica e tecnológica para a produção depende de especialistas; - Dependência de fontes externas de energia, insumos e crédito; - Dependência predominante de mercados de longa distância.	Independência - Unidades menores de produção, mais valores de investimento mais baixo, menor dependência de fontes externas de conhecimento, energia, crédito; - Autossuficiência mais pessoal e comunitária; - Ênfase principal em valores pessoais, conhecimentos e habilidades.
Competitividade - Competitividade por interesse próprio; - Agricultura como negócio; - Ênfase na eficiência, flexibilidade e quantidade e em margens de lucro amplas; - Ênfase no uso das tecnologias de ponta e aumento da produção. - não há comprometimento com as comunidades rurais e familiares como um importante estilo de vida.	Comunidade - Aumento da cooperação; - A agricultura é um estilo de vida e de sobrevivência; - Ênfase em uma abordagem produtiva holística, otimizando todas as partes do ecossistema agrário. - Ênfase em um uso apropriado da tecnologia e da escala de produção; - comprometimento com a agricultura familiar tradicional e com a comunidade rural como um importante estilo de vida.
Dominação da natureza - Os seres humanos estão separados e são superiores à natureza	Harmonia com a natureza - Os seres humanos são parte e dependentes da natureza.

- A natureza consiste principalmente de recursos naturais usados para o crescimento econômico;
- Imposição dos prazos estipulados pelos humanos nos sistemas e ciclos naturais;
- Maximização da produtividade por meio de modificações científicas e agregados industriais;
- Apropriação e substituição de processos naturais por processos científicos e industriais.

- A natureza provê recursos, mas também é valorizada para a sua preservação;
- Uso de nutrientes naturais e de ciclos de energia;
- Uso de uma abordagem de sistema ecológico fechado;
- Desenvolvimento de um sistema diversificado e equilibrado;
- Incorporação de produtos e processos mais naturais;
- Uso de métodos culturais para garantir a saúde do solo.

Especialização
- Base genética limitada utilizada na produção;
- Predominância das monoculturas;
- Separação entre agricultura e pecuária;
- Sistemas de produção padronizados;
- Predominância de uma abordagem científica especializada.

Diversidade
- Ampla base genética;
- Incorporação de policultivos e rotações;
- Integração dos cultivos e da criação de gado;
- Heterogeneidade dos sistemas de produção;
- Interdisciplinar (ciências naturais e sociais), inclusão participativa dos agricultores.

Exploração
- Custos externos (ambiental, social) muitas vezes ignorado já que os benefícios a curto prazo superam as consequências a longo prazo;
- Dependência de recursos não renováveis;
- Consumo como impulsionador do crescimento econômico;
- Hegemonia do conhecimento científico e industrial em detrimento do conhecimento local e indígena.

Limitação
- Custos integrais;
- Resultados a curto e longo prazo, igualmente importantes;
- Maior uso de recursos renováveis e de conservação de recursos não renováveis;
- Consumo sustentável; estilos de vida mais simples;
- Acesso equitativo às necessidades básicas;
- Reconhecimento e incorporação de outros conhecimentos e modos de fazer, permitindo uma base de conhecimento mais heterogênea.

Quadro 5 – A fazenda familiar duradoura

De acordo com estatísticas recolhidas pelo governo dos EUA em 1992, mais de 85% das fazendas estão organizadas como familiares, enquanto as corporativas respondem por apenas 0,4% de todas as propriedades rurais e 6% de todas as vendas e cobrem apenas 1,3% da área cultivada (Allen e Lueck, 1998, p.344). A situação é semelhante no Canadá, onde 63,5% das fazendas são de propriedade familiar e as empresariais somam 1,4% de todas as fazendas (ibid., p.3). O mesmo padrão é visto em muitas partes do mundo, e, especialmente, nos países em desenvolvimento, onde o camponês ou o pequeno proprietário persiste (Netting, 1993; Rosset, 1999). Conforme Cristobal Kay, um pesquisador do Instituto de Estudos Sociais, em Haia, a agricultura camponesa permanece significativa em toda a América Latina (Kay, 1995, p.35-6). A pesquisa demonstra que durante a década de 1980 a agricultura camponesa:

> Compreendia quatro quintos de todas as unidades agrícolas [...] e responsáveis por um quinto das terras agrícolas total [...]. A economia camponesa é responsável por quase dois terços da força de trabalho agrícola total [...]. A economia camponesa fez uma contribuição particularmente grande para produção agrícola na Bolívia (80%), Peru (55%), México (47%), Colômbia (44%), Brasil (40%) e Chile (38%).

A reestruturação da economia dos alimentos envolve necessariamente mudanças no consumo, na produção e na distribuição. Alguns críticos argumentam que a maior consolidação do modelo industrial de agricultura pela globalização e pela liberalização levará à extinção da pequena produção em todos os lugares (Lappé, Collins e Rosset, 1998). Contudo, a agricultura familiar permanece uma estrutura proeminente na produção agrícola ao redor do mundo.

Mas por que a agricultura familiar continua sendo uma parte tão significativa da agricultura apesar da crise aguda no campo? Um dos principais argumentos para a persistência da agricultura familiar é que ela não é como as outras indústrias e nela o agronegócio é fortemente limitado pelos processos biológicos naturais inerentes à produção de alimentos (Allen e Lueck, 1998). Também há evidências crescentes de que as pequenas propriedades são mais "eficientes" do que os grandes estabelecimentos agropecuários empresariais (Rosset, 1999, p.8). Outros argumentam que o número de pequenas propriedades agrícolas familiares continua estável porque elas são mais sustentáveis (Ahearn, Korb e Banker, 2005). Finalmente, a explicação para a persistência das propriedades familiares pode residir fora do campo da economia e compreender uma série de objetivos sociais. Ou seja, para muitas famílias agricultoras, o compromisso com a agricultura pode refletir um desejo de bem-estar comunitário e social tanto quanto a necessidade de ganhar uma compensação justa pelo trabalho e investimento. Por exemplo, em um estudo enfocado nos Estados Unidos, as pesquisadoras Nola Reinhardt e Peggy Barlett (1989, p.216-21) descobriram que a agricultura pode representar um forte vínculo com a terra e os lugares habitados pelos ancestrais e estar enraizada em ideias de identidade étnica, vida moral e religião. Elas enfatizaram que muitos dos objetivos dos agricultores familiares poderiam ser mais bem expressos como "dimensões de riqueza intangível" que incluem, entre outras coisas, "orgulho da propriedade, continuidade da família, liberdade de escolha do tempo e do ritmo de trabalho, capacidade de identificar o esforço e a recompensa". Enquanto o objetivo pode ser ganhar a vida, esse objetivo não necessariamente significa a necessidade de "obter o mais alto índice de retorno pelos seus recursos".

Ao serem perguntadas: "o que mantém você ligada na agricultura?" em uma série de oficinas em todo o país, mulheres camponesas canadenses classificaram nas primeiras posições uma relação com a beleza e a natureza. O relatório das oficinas:

Há um sentido de enraizamento – uma conexão profunda e uma paixão pela terra – que as mulheres valorizam, tanto para si mesmas como para seus filhos. A agricultura está no fundo dos seus espíritos, corações e sangue e, para muitas delas, a agricultura é tudo o que elas sempre desejaram fazer.

O cheiro da terra na primavera, a quietude e a paz de viver em uma paisagem de serena beleza intocada pelos ruídos do tráfego e das sirenes são conexões poderosas, assim como o espaço aberto e os lugares remotos, e a oportunidade de ter tempo para pensar. Há beleza na escuridão e no luar sobre seus campos, e as mulheres retiram um grande prazer de fitar as estrelas no céu límpido e livre da iluminação artificial. As mulheres do campo são ligadas aos atos da agricultura, obtendo uma satisfação profunda por plantarem, cuidarem e colherem lavouras e hortas, por ficarem junto à natureza e vivenciarem todas as estações. Cuidar dos animais mantém as mulheres conectadas com a agricultura, o prazer e a satisfação de vê-los nascer e crescer. Há um compromisso apaixonado com a agricultura e com a natureza que é intensamente espiritual. (Roppel, Desmarais e Martz, 2006, p.32-3)

Embora essas imagens refiram-se a famílias de agricultores da América do Norte, as famílias camponesas de muitas partes do mundo compartilham um compromisso igualmente forte, se não ainda mais forte, para manterem sua conexão com a terra como um componente necessário para fazer parte de uma comunidade rural (Racine, 1997; Handy, 1994). Essa condição é exatamente o que Friedmann quer dizer com um "espaço vital defensável".

A ideia de que a agricultura, especialmente no contexto das pequenas propriedades, não significa apenas produção e maximização de lucros está ganhando legitimidade na comunidade internacional. A FAO (1999) está explorando a "multifuncionalidade" da agricultura e alguns países estão cada vez mais utilizando o conceito em tentativas de mudar o Acordo sobre a Agricultura da OMC. O Departamento de Agricultura dos Estados Unidos (USDA, 1998), o bastião da agricultura industrializada, enfatizou o "valor público" das pequenas propriedades rurais por incluírem diversidade, benefícios ambientais, empoderamento e responsabilidade comunitária. Ele afirma que essas fazendas são lugares para as nossas famílias, fornecendo uma conexão pessoal com os alimentos e fundações econômicas sólidas. Talvez seja idealismo e ingenuidade sugerir que essa maneira de pensar represente uma transição significativa do modelo mais exclusivo, orientado para a produção, para uma visão inclusiva do papel e do propósito da agricultura. Mas ela sugere a existência de dois modelos de agricultura concorrentes e altamente contestados: por um lado, o modelo alternativo que se centra no local, dirigido para os agricultores e, de outro, o modelo industrial empresarial dirigido para a globalização.

Ao rejeitar a ideia da globalização como universal e inevitável, precisamos reconceituar a reestruturação da agricultura como um processo "altamente contestado". Precisamos reconhecer que a produção de alimentos continua tendo uma base local e que a atuação social desempenha um papel crucial na configuração da natureza dessa produção (Whatmore e Thorne, 1997). Como Sarah Whatmore (1995, p.45) argumenta, a produção acontece em um lugar particular com pessoas particulares envolvidas historicamente em "culturas, identidades políticas, estratégias econômicas e relações sociais locais e práticas de uso da terra também locais". Esse tipo de análise aponta para os numerosos "espaços" e formas de resistência ao modelo industrial que estão sendo criados em nível local, nacional e internacional. Talvez o mais importante seja o reconhecimento de que a atuação e a resistência social também envolvem uma construção ou defesa ativa de modelos alternativos de agricultura nos quais a produção primária e as tomadas de decisão sobre as relações sociais daquela produção permanecem nas mãos das famílias agricultoras.

É nesse contexto e com esses fins que o movimento internacional de agricultores e camponeses, a Via Campesina, surgiu e entrou em ação.

3
A GLOBALIZAÇÃO DOS CAMPONESES E AGRICULTORES

A Via Campesina está comprometida a mudar modelos de produção e comércio injustos e insustentáveis. Nos hemisférios norte e sul, camponeses e agricultores estão sofrendo uma crise financeira, social e cultural. No mundo todo, nós nos comprometemos a trabalhar solidariamente para construir sociedades camponesas mais justas e sustentáveis. Nós, as comunidades camponesas e de pequenos agricultores, não estamos derrotadas. Somos fortes e determinadas e somos a maioria no mundo. Temos orgulho do nosso trabalho, que é produzir alimentos seguros para as nossas famílias e para a humanidade. Celebramos a nossa diversidade, tanto biológica como cultural. O futuro nos pertence.

Declaração de Bangalore, Via Campesina,
3 de outubro de 2000

Conforme se aproximava do fim a Rodada do Uruguai do Gatt em 1994, organizações de camponeses e agricultores entendiam com clareza que os acordos internacionais de comércio resultariam em mudanças profundas para a estrutura das economias agrícolas e o tecido social das comunidades rurais. De modo mais impactante ainda, a criação da OMC viria a alterar substancialmente a relação entre as organizações de agricultores e os Estados. O poder da OMC avançaria profundamente sobre o que até então era pertinente aos governos nacionais: a formulação de políticas agrícolas nacionais. Ao assinarem acordos internacionais, os políticos e os governos nacionais poderiam abandonar os programas domésticos, assegurando que tudo isso ficasse fora do seu alcance. As suas mãos estavam atadas – todas as políticas e programas deveriam estar de acordo com as decisões da OMC.

Contudo, as famílias camponesas e agricultoras não seriam cúmplices acomodadas desse processo de reestruturação econômica, nem se mostrariam vítimas passivas diante da pobreza e marginalização crescentes. A liberalização econômica e a globalização de um modelo de agricultura industrial impeliram os líderes camponeses e dos pequenos agricultores do Norte e do Sul a mobilizarem-se muito além das fronteiras nacionais, abrangendo continentes inteiros. Como explicou João Pedro Stedile, do MST:

> É impressionante que somente agora, depois de cinco séculos de desenvolvimento capitalista, os agricultores estejam começando a conquistar algum grau de coordenação mundial. Há mais de um século os trabalhadores têm um dia internacional; as mulheres, há pouco menos de um século; mas os agricultores há muito pouco tempo concordaram em marcar um dia – o 17 de abril – que é motivo de orgulho para nós: um tributo a Eldorado de Carajás. Enquanto o capitalismo significava apenas industrialização, os que trabalhavam na terra limitaram as suas lutas ao nível local. Mas, conforme as realidades da internacionalização neoliberal passaram a nos ser impostas, começamos a ouvir histórias de agricultores nas Filipinas, Malásia, África do Sul, México, França, todos enfrentando os mesmos problemas – os mesmos exploradores. Os indianos lutam contra a Monsanto, assim como nós no Brasil, no México e na França. É o mesmo punhado de companhias que monopoliza o comércio agrícola – sete grupos

mundiais no total – controlam a pesquisa e a biotecnologia, e estão intensificando o seu controle sobre as sementes do planeta. Foi a própria nova fase do capitalismo que criou as condições para os agricultores se unirem contra o modelo neoliberal. (apud *New Left Review*, 2002, p.99)

A Via Campesina surgiu como um movimento internacional camponês anticorporativo guiado pelos próprios agricultores, fruto de uma longa história de trocas entre os agricultores do hemisfério norte e as organizações camponesas do hemisfério sul. No contexto de uma economia agrícola cada vez mais globalizada pelos mecanismos do Gatt/OMC, as organizações camponesas estabeleceram uma base ainda mais comum, ao identificar interesses compartilhados, consolidando, assim, uma identidade coletiva como "gente do campo". Desenvolveram também uma análise coletiva que identificou as corporações transnacionais como seu inimigo. A identidade, a visão de mudança – bem expressa no conceito de soberania alimentar – e a vontade coletiva da Via Campesina foram bastante elaboradas e fortalecidas como resultado de interações com dois outros elementos cruciais da sociedade civil na arena internacional: a International Federation of Agricultural Producers e as organizações não governamentais.

Estabelecendo uma base comum como "povo do campo"

As raízes mais imediatas da Via Campesina podem ser traçadas nas discussões entre os representantes de oito organizações da América Central, Caribe, Europa, Canadá e Estados Unidos que se reuniram para participar do 2º Congresso da Unión Nacional de Agricultores y Ganaderos, realizada em Manágua, na Nicarágua, em maio de 1992. Na conferência, camponeses e agricultores estabeleceram uma base comum compartilhada pelas famílias de agricultores dos hemisférios sul e norte.

Os líderes dos agricultores também se comprometeram a firmar laços entre as suas organizações e a forjarem vínculos internacionais com as organizações de agricultores de todo o mundo. A Declaração de Manágua expressava claramente esse desejo de se somar a um esforço coletivo para desenvolver alternativas ao neoliberalismo. Trabalhar juntos era um apelo claro e imperativo para os agricultores e camponeses de todo o mundo. Como afirmava a Declaração: "Pela nossa unidade, encontraremos os meios para que a nossa voz e as nossas proposições sejam ouvidas por aqueles que usurpam o nosso direito de cultivarmos a terra e assegurarmos a 'dignidade' de nossas famílias".

Quadro 1 – Trechos da Declaração de Manágua

As políticas neoliberais representam uma restrição dramática para os agricultores em todo o mundo, trazendo-nos à beira da extinção irremediável e agravando o dano irreparável que foi causado nos nossos arredores rurais [...]

Notamos que o Gatt afeta agricultores em países pobres e também empobrece os agricultores dos países ricos para beneficiar os monopólios e as corporações transnacionais.

O comércio e o intercâmbio internacional devem ter como objetivo fundamental a justiça e a cooperação em vez da competição e sobrevivência do mais forte.

Nós, como produtores, precisamos da garantia de um rendimento suficiente para cobrir, no mínimo, os nossos custos de produção. Isso, até a data, não tem sido uma preocupação dos negociadores do Gatt. Nós rejeitamos as políticas que promovem baixos preços, mercados liberalizados, exportação de excedentes, dumping e subsídios de exportação.

A produção agrícola sustentável é fundamental e estratégica para a vida social e não pode ser reduzida a uma simples questão de comércio. Agricultores exigem uma participação direta nas negociações do Gatt.[1]

Fonte: Declaração de Manágua de 1992, p.1-2.

Como uma continuidade do encontro de Manágua, apenas um ano depois, em 15 e 16 de maio de 1993, 46 líderes de agricultores de todo o mundo (dos quais 20% eram mulheres) – incluindo representantes da maioria das organizações que tinham assinado a Declaração de Manágua – reuniram-se em Mons, na Bélgica, e constituíram formalmente a Via Campesina. Esses líderes haviam se reunido sob os auspícios de uma organização não governamental holandesa, a PFS (Paulo Freire Stichting), a qual visava principalmente estabelecer um projeto internacional de pesquisa sobre políticas agrícolas alternativas que fosse guiado pelos agricultores. As lideranças chegaram a Mons com uma agenda mais ampla e mais premente. Eles buscavam, sobretudo, agrupar organizações progressistas em um movimento internacional de camponeses e agricultores.

Os líderes agrícolas definiram cinco regiões e elegeram uma Comissão Coordenadora de cinco pessoas composta de representantes de cinco regiões: o MST, pela América do Sul; a Asocode, pela América Central, Caribe e América do Norte; a Solidariedade Camponesa da Polônia, pela Europa Oriental; o Movimento Camponês das Filipinas (Kilusang Magbubukid ng Pilipinas – KMP), pela Ásia; e a CPE, pela Europa Ocidental. A Via Campesina também ampliou os acordos alcançados em Manágua, definindo melhor os elementos básicos de uma política agrícola progressista. Todos os pontos principais de acordo foram refletidos em

---

1 A Declaração de Manágua foi assinada por Asocode, Windward Islands Agricultores Association (Winfa), Canadian National Farmers Union (NFU), National Farmers Union (NFU-EUA), Coordination Paysanne Européenne (CPE), Coordenadoria de Organizaciones de Agricultores y Ganaderos (COAG-Espanha), União Nacional de Agricultores (Noruega), e da Delegação Farm holandês (Holanda).

uma declaração formal que encerrou a conferência em 16 de maio. A Declaração de Mons enfatizava:

> Como uma resposta à lógica irracional e irresponsável de produção atual e às decisões políticas que a apoiam, propormos as seguintes condições básicas para promover um desenvolvimento agrícola que seja ecologicamente sustentável, socialmente justo e que permita ao(à) produtor(a) ter acesso real à riqueza que ele(a) gera dia após dia.
>
> 1. O direito dos pequenos agricultores a um campo vivo e a viver no campo; isso implica o pleno direito dos agricultores às suas próprias organizações autônomas e ao reconhecimento da sua importância social na definição e implementação do desenvolvimento em geral e do desenvolvimento rural em particular.
> 2. O direito a uma agricultura diversificada que garanta, como um aspecto prioritário, o fornecimento de alimentos saudáveis e de ótima qualidade para todas as pessoas do mundo, com base em um respeito profundo pelo ambiente, por uma sociedade equilibrada e pelo efetivo acesso à terra.
> 3. O direito de todos os países de definirem a sua própria política agrícola de acordo com o interesse da nação e em *concertação* com as organizações camponesas e indígenas, garantindo a sua real participação. (Via Campesina, 1993a, p.2)

A Via Campesina surgiu rejeitando explicitamente as políticas agrícolas neoliberais e, como uma resposta direta à exclusão, nas negociações do Gatt, das preocupações, necessidades e interesses das pessoas que efetivamente trabalham na terra e produzem o alimento do mundo. Os camponeses e os pequenos agricultores do norte e do sul estavam determinados a trabalharem juntos em torno da tarefa urgente de desenvolverem alternativas ao neoliberalismo e a fazerem que as suas vozes fossem ouvidas nas futuras deliberações sobre agricultura e alimentos. Como Paul Nicholson explicou na 2ª Conferência Internacional da Via Campesina, em 1996:

Até hoje, em todos os debates mundiais sobre política agrícola, o movimento camponês esteve ausente; não tínhamos voz. A principal razão da própria existência da Via Campesina é ser essa voz e clamar pela criação de uma sociedade mais justa [...] O que está em jogo aqui é [uma ameaça à] nossa identidade regional, às nossas tradições a respeito dos alimentos e à nossa própria economia regional [...] Como nós somos responsáveis por tomar conta da natureza e da vida, temos um papel crucial a desempenhar [...] A Via Campesina deve defender o "modo camponês" dos povos rurais. (Via Campesina, 1996a, p.10-1)

Certamente, chegar a esse "nós" coletivo não foi fácil. Conforme a política agrícola era cada vez mais transferida da esfera nacional à regional e mundial, as organizações agrícolas buscavam formar laços e alianças internacionais com organizações progressistas de mentalidade semelhante. De meados dos anos 1980 a meados dos anos 1990, muitas das organizações que participaram nas reuniões de Manágua e Mons – a maior parte delas membros fundadores da Via Campesina – estavam engajadas em intercâmbios e diálogos com parceiros no Norte e no Sul. Essas atividades haviam permitido que os líderes camponeses vislumbrassem juntos o seu lugar em um mundo cada vez mais globalizado. Eles foram capazes de desenvolver uma análise coletiva das mudanças em curso no campo em todos os países, compartilhar experiências e estratégias de organização no meio rural e discutir respostas e ações coletivas possíveis.

As organizações agrícolas criam laços internacionais

O National Farmers Union do Canadá (NFU) [Sindicato Nacional dos Agricultores do Canadá] estava entre essas organizações que trabalhavam para criar esses laços internacionais. Durante os anos 1970, o NFU havia realizado uma série de viagens de estudo voltadas para construir um melhor entendimento de como países diferentes estavam lidando com os problemas da produção rural e da vida no campo. Delegações do NFU viajaram para a China, Moçambique e Cuba. Nos anos 1980, membros do NFU participaram das Brigadas de Agricultores da Oxfam e de viagens de estudos agrícolas à Nicarágua, que visavam fornecer aos agricultores nicaraguenses organizados na Unión Nacional de Agricultores y Ganaderos (Unag) [União Nacional de Agricultores e Criadores de Gado] ferramentas agrícolas e peças de máquinas extremamente necessárias. Eles trabalharam no conserto de maquinário agrícola, ensinando manutenção preventiva e conscientizando as suas bases no Canadá sobre o esforço revolucionário nicaraguense, bem como estabelecendo laços de solidariedade com as organizações populares da Nicarágua.

Em dezembro de 1988, somente dois anos depois do começo da Rodada do Uruguai, o NFU encontrou-se com outros líderes agricultores progressistas na Conferência do Gatt e Comércio Internacional realizada em Montreal. Nesse evento, o NFU estabeleceu contato com o KMP das Filipinas, entre outros, cujo líder Jaime Tadeo expressava muitas das mesmas preocupações que o NFU tinha. Ambas as organizações acreditavam que a ideologia exclusiva de livre mercado defendida pelo Caims Group nas negociações do Gatt levariam a uma marginalização ainda maior dos povos rurais nos hemisférios norte e sul (KMP, 1988). Como o NFU, o KMP pleiteava um acordo de comércio agrícola justo que respeitasse plenamente o direito à autodeterminação de cada nação – ou seja, o direito da nação de definir políticas, programas e mecanismos para assegurar o bem-estar da sua população conquanto não prejudicassem a segurança alimentar de outros países. "Que esse possa ser o começo de uma amizade e da unidade duradoura entre nós na nossa luta comum para construir um mundo melhor para os pequenos agricultores, os trabalhadores rurais e os pobres de todo mundo."

Por meio dessas experiências internacionais, o NFU enfocou a definição de objetivos mais concretos para o seu trabalho internacional, os quais incluíam um compromisso com a formação de laços institucionais com organizações similares nos países em desenvolvimento. Primeiramente, essa abordagem era guiada pelos jovens e mulheres no interior do NFU, que viam os laços internacionais como uma maneira efetiva de construírem capacidade de liderança dentro da organização. Por exemplo, em meados dos anos 1980, o NFU e a Windwards Islands Farmers' Association [Associação de Agricultores da Ilha Windwards] (Winfa), com o apoio de duas ONGs de desenvolvimento canadenses, a Interpares e a Crossroads – estabeleceram o Programa de Intercâmbio Agrícola Canadense--Caribenho, envolvendo jornadas de trabalho agrícola e capacitações de lideranças com seis semanas de duração para jovens agricultores canadenses e caribenhos ligados a ambas as organizações.

As mulheres do NFU também começaram a trabalhar em articulações internacionais. Em março de 1989, várias delas participaram de uma Viagem de Estudos sobre Mulheres na Agricultura para a Nicarágua, com duas semanas de duração, organizada pela Brigada de Agricultores da Oxfam, sendo acolhidas pela Seção de Mulheres da Unag. As participantes da viagem aprenderam que se engajar em um movimento de solidariedade significava entender as realidades dos outros.

> **Quadro 2 – Mulheres do NFU: definindo solidariedade e parceria**
>
> A verdadeira solidariedade é uma relação de duas vias entre partes que compartilham um compromisso em relação a objetivos comuns. A solidariedade, ao contrário da caridade, só é possível se ambas as partes estão trabalhando de maneiras mutuamente reconhecidas como essenciais para uma agenda comum. Isso vai além do às vezes romântico e semicondescendente "acabamos por receber mais do que demos" para algo mais como "nós apoiamos uns aos outros ao longo do caminho que nós estamos traçando".
>
> A solidariedade com os produtores agrícolas da Nicarágua [...] significa que os canadenses devem identificar, em termos concretos, não só como podemos apoiá-los

na busca de uma agenda revolucionária por justiça social, mas igualmente importante é como essa agenda pode ser reivindicada pelos agricultores aqui no Canadá e como os nicaraguenses podem nos apoiar também. Isto é, a solidariedade exige que os canadenses que queiram apoiar o processo de mudança social lá devam ser igualmente capazes e dispostos a apoiar e promover esses objetivos aqui no Canadá. Isso envolve o trabalho de forma organizada para mudar as estruturas injustas com o mesmo compromisso e coragem verificados no apoio a esse mesmo objetivo na Nicarágua. A solidariedade é uma rua de duas mãos. Ela exige que ambas as partes cheguem a um entendimento e respeitem as lutas e alternativas de cada um.

O conceito de solidariedade está intimamente ligado ao de parceria. Não pode haver uma parceria entre desiguais. Verdadeiros parceiros em projetos mútuos farão uma igual contribuição em termos de "doar-se", evitando o esquema modelo da caridade de doador/receptor. A parceria é uma troca mútua de experiências, habilidades e recursos para um benefício recíproco. A igualdade nessa relação exige que o projeto, as metas e a implementação de projetos conjuntos devam ser elaborados e avaliados conjuntamente.

Fonte: Trechos do Projeto de Articulação do Comitê de Mulheres do NFU-Unag, 1990, p.1.

Depois do seu retorno ao Canadá, as participantes da viagem do NFU começaram a trabalhar na construção de uma articulação institucional entre as mulheres dessa organização na Região Seis (Saskatchewan) e a Seção de Mulheres da Região Seis da Unag (Matagalpa). Os membros do NFU acreditavam que a solidariedade e a parceria eram os elementos fundamentais da articulação. O trabalho subsequente do NFU na Via Campesina foi largamente configurado pelos conceitos de solidariedade e parceria que haviam sido definidos pelas mulheres do NFU.

O Projeto de Articulação das Mulheres NFU-Unag envolvia a capacitação de lideranças e ajudava a consolidar os laços de solidariedade e de parceria entre as duas organizações por meio de visitas bianuais de delegações entre o Canadá e a Nicarágua. Também envolvia a comunicação e a troca regular de informação, ideias e experiências sobre organização no campo. Quando as delegações da Unag chegavam ao Canadá, a maior parte do seu tempo era utilizado em comunidades rurais, em reuniões nos porões de igrejas, em prefeituras e nas cozinhas das famílias de agricultores quando ficavam nas casas de membros do NFU. Esses encontros cara a cara ajudaram a ampliar a visão do NFU, que ganhou uma perspectiva mais internacional, para além dos membros de sua liderança nacional, incluindo integrantes de base. Conforme as mulheres do NFU e da Unag aprendiam mais sobre as realidades diárias umas das outras, elas aprofundavam a análise do que tinham em comum e das diferenças que haviam sido observadas pelas participantes da Viagem de Estudos das Mulheres anterior. Nesse processo, essas mulheres iam além de entenderem as diferenças e reconhecerem bases comuns, e conseguiam identificar uma "luta de gênero compartilhada" (NFU-Unag Women's Linkage, s.d.).

A experiência das mulheres na articulação das Mulheres do NFU--Unag influenciou enormemente a futura abordagem da organização sobre o trabalho internacional. Como explica Shannon Storey (1997, p.56-7), Presidente das Mulheres do NFU (1999-2002):

> O NFU vê as organizações agrícolas nos países em desenvolvimento menos como pessoas que precisam de ajuda do que como parceiros na luta para empoderar os agricultores em uma arena internacional dominada por companhias multinacionais e ideias neoliberais. Sem o envolvimento [...] das mulheres internacionalmente, o NFU ainda poderia ter se envolvido na Via Campesina, mas talvez não com a mesma noção clara de que essa é uma parceria internacional entre agricultores com necessidades, problemas e objetivos comuns.

> **Quadro 3 – Mulheres no NFU canadense**
>
> Os intercâmbios internacionais do NFU – entre outras coisas – contribuíram significativamente para o desenvolvimento da capacidade de liderança entre as mulheres dessa organização, como ficou evidente, em 1996, quando quatro dos seis principais cargos de liderança nacional do NFU foram ocupados por mulheres que tinham todas estado envolvidas no Programa de Intercâmbio Agrícola Canadense-Caribenho como jovens ou através da Articulação das Mulheres do NFU-Unag.

No início dos anos 1990, antes da formação da Via Campesina, na luta comum em oposição ao Nafta, o NFU também fortaleceu laços com a National Family Farm Coalition [Coalizão Nacional de Agricultores Familiares] (NFFC), dos Estados Unidos, e organizações agrícolas no México – como a Unión Nacional de Organizaciones Regionales Campesinas Autónomas [União Nacional de Organizações Regionais Camponesas Autônomas] e a Asociación Nacional de Empresas Comercializadoras de Productores del Campo [Associação Nacional de Empresas Comercializadoras de Produtores do Campo] – em uma luta comum contra o Nafta. Por exemplo, em novembro de 1991, o NFU participou de uma Conferência Trinacional sobre Agricultura, Ambiente e o Acordo de Livre-Comércio realizado na Cidade do México durante três dias. Essa conferência extremamente importante marcou a primeira vez na história em que participantes de todos os três países, predominantemente agricultores, reuniram-se para compartilhar informações e experiências sobre a estrutura e a operação do setor agrícola em cada país e sobre quem ganhava e quem perdia com as políticas agrícolas nacionais. Agricultores e camponeses do México, Canadá e dos Estados Unidos identificaram problemas comuns que enfrentavam como produtores e começaram a procurar maneiras de resolver esses problemas juntos.

Durante o mesmo período, na França, a Confédération Nationale des Syndicats de Travailleurs Paysans [Confederação Nacional de Sindicatos de Trabalhadores Camponeses] (CNSTP), hoje conhecida como Confédération Paysanne [Confederação Camponesa], estabeleceu relações bilaterais com organizações nas Américas, incluindo a NFFC, a Unorca, Confederación Campesina del Perú [Confederação Camponesa do Peru] e a Unag da Nicarágua. De acordo com Gérard Choplin, coordenador da CPE, esses laços permitiram à CNSTP explorar mais a fundo os efeitos prejudiciais da Política Agrícola Comum sobre as comunidades agrícolas em diferentes países. Posteriormente, as várias organizações formaram uma comissão especial, a Solidarité et Luttes Paysannes Internationales [Solidariedade e Lutas Camponesas Internacionais] para consolidar seus laços com outras organizações camponesas. As organizações agrícolas europeias começaram a estabelecer laços com organizações similares na América do Sul, Ásia e África.

Muitos movimentos sociais rurais em toda a América do Sul também se engajaram em um processo semelhante de intercâmbios organizacionais nas suas próprias regiões e fora delas, os quais, sem exceção, contribuíram para a formação da Coordinadora Latinoamericana de Organizaciones del Campo [Coordenadora Latino-Americana do Campo] (Cloc), que realizou o seu primeiro congresso em fevereiro de 1994, nove meses depois da formação da Via Campesina. Os intercâmbios focados na troca de conhecimento de práticas sustentáveis – como o projeto Camponês a Camponês – também foram cruciais para unir organizações camponesas centro-americanas e mexicanas (Holt-Giménez, 2006). No seu trabalho sobre a transnacionalização dos camponeses centro-americanos, Edelman descobriu que outros fatores, como a expansão do movimento de comércio justo, combinado com o envolvimento das organizações de camponeses e agricultores na agregação de valor, proporcionava oportunidades novas para o engajamento internacional e contribuía para expandir as perspectivas dos camponeses para além dos níveis local e nacional.

Por meio dessas trocas – que duravam de uma a seis semanas e às vezes mais –, os líderes agricultores passariam temporadas nos países um dos outros, aprendendo sobre as mudanças em curso no setor agrícola, analisando as respostas das organizações camponesas, examinando várias estratégias de resistência e observando atentamente as alternativas que as organizações estavam colocando em prática. As trocas foram instrumentais para capacitar camponeses e agricultores para dissolverem a divisão entre Norte e Sul e estabelecerem uma base comum. Pedro Magaña, um líder na Unorca, explica a importância das visitas a agricultores canadenses e americanos:

Bem, uma conclusão importante para mim foi que o modelo e as condições em que as famílias agricultoras dos Estados Unidos se acham não é o futuro que nós mesmos desejamos. Então, nos viramos e vemos a nossa própria situação e não a desejamos também. Isso realmente teve um impacto em mim. Eu acreditava que os agricultores americanos eram superprodutores, que estavam se saindo muito bem, que tinham o melhor, um desenvolvimento organizado superior ao nosso. Agora, sei que não é o caso [...] Eles perderam a qualidade de vida. Hoje, um agricultor tem de trabalhar 14-15 horas por dia [...] estão vivendo dependentes de crédito. Com frequência, perdem as terras. Os seus filhos não trabalham na terra – têm de ir embora. Eles perderam a vida comunitária. A qualidade dos alimentos é questionada seriamente por causa da enorme quantidade de hormônios e agroquímicos utilizada. Os suicídios dos agricultores europeus e americanos é um fato diário. Nós não queremos chegar lá. Essa foi uma das minhas primeiras grandes lições e experiências com a visita aos EUA.

Também tivemos a oportunidade de receber agricultores canadenses. Eles foram para Guanajuato e ficaram chocados por verem como são pequenas as nossas terras, como a nossa tecnologia é atrasada, as diferenças nos custos de produção e como são altos os juros aqui... Mas no final [...] estamos diante da mesma estratégia transnacional, uma estratégia de acumulação de capital com uma consequência devastadora para a economia popular. O nosso inimigo é o mesmo. As estratégias podem ser diferentes. Mas, como agricultores, o nosso objetivo é o mesmo: dar à sociedade alimentos adequados e saudáveis. Mas os governos não reconhecem a função social da produção de alimentos. E esse é o objetivo comum da luta mundial, que a função social da agricultura seja reconhecida, que os direitos dos agricultores produzirem [...] sejam reconhecidos.

Stuart Thiesson, tesoureiro da Farmers Union de Saskatchewan [Sindicato de Agricultores de Saskatchewan] (1951-1968) e secretá-rio-executivo do NFU (1969-1992), comentava:

A coisa que pode ter entrelaçado vocês, ou aquilo que lhes deu uma base comum, foi o papel das corporações multinacionais em todas essas áreas... Ser capaz de trazer de volta [as experiências] e conseguir que as pessoas entendam o papel das multinacionais foi um aspecto importante desses intercâmbios, porque não importava se você era um camponês ou se tinha uma fazenda de 1600 acres, as multinacionais influenciavam o seu negócio. E agora, é claro, as multinacionais estão cada vez mais usurpando o próprio espaço das casas.

Simon Alexander, líder agrícola caribenho, passou seis semanas com membros do NFU em Saskatchewan como parte do Projeto de Intercâmbio Agrícola Canadense-Caribenho. Ele encontrou mais semelhanças que diferenças entre os agricultores dessas duas regiões.

Nem tudo é cor de rosa aqui [...]. Quando cheguei aqui, vi todo aquele maquinário enorme e pensei que os agricultores eram muito ricos. Mas não é o caso. Há muitos agricultores pobres no Canadá [...]. Em todos os lugares é a mesma coisa [...]. É uma luta apenas para sobreviver. Os grandes compradores ficam com todo o dinheiro e deixam as migalhas. (apud Pugh, 1990, p.3)

Mediante essas trocas e o diálogo entre os líderes agricultores, passamos a entender as realidades uns dos outros e a definir a natureza da solidariedade. Lisa Chemerika, membro do NFU, participou de um intercâmbio com a Windwards Islands Farmers' Association:

> É surpreendente como essas experiências tornaram-se parte da nossa vida diária. Eu ainda mantenho contato com algumas das pessoas que encontrei no meu primeiro intercâmbio. Ainda penso em quem encontrei, penso no Caribe e imagino como estão sobrevivendo. Você está tão longe de casa e tudo é tão estranho, mas é incrível ir a um país onde as coisas são tão diferentes e, contudo, há tantas semelhanças, porque o Canadá e o Caribe são economias baseadas na exportação [...]. Essas trocas foram muito políticas. Podíamos passar horas e horas discutindo a história da agricultura, a economia internacional, analisando a situação atual, o papel das organizações camponesas e como são estruturadas [...]. Isso nos forçou a pensar e entender melhor o que estava acontecendo nos nossos próprios países. Essas trocas foram sobre aprender uns sobre os outros e construir relações de confiança e respeito.

O conhecimento, a experiência e o contato pessoal anteriores com o trabalho e as realidades uns dos outros contribuíram significativamente para o sucesso das organizações agrícolas em alcançarem um alto nível de consenso refletido nas declarações de Manágua e de Mons. Munidos com esse tipo de capital social, uma análise coletiva sofisticada das realidades cotidianas, um coletivo não poderia "desaparecer", e no compromisso com construir alternativas ao neoliberalismo, muitos dos líderes agrícolas que participaram dos intercâmbios dentro e fora das suas regiões se inspiraram a dar vida à Via Campesina.

Então, as raízes da Via refletem uma longa história de movimentos agrários engajados ativamente na luta por mudanças sociais. A maior parte das organizações existia inicialmente em nível local ou estadual, posteriormente ampliadas em organizações nacionais, conforme as políticas agrícolas ou rurais passaram cada vez mais a ser submetidas a uma jurisdição nacional. Em alguns casos, quando a política agrícola estava sendo definida regionalmente, as organizações agrícolas reposicionavam-se, criando novas organizações guarda-chuva como a CPE ou a Asocode para articular posições coesivas e mobilizar ações efetivas. Entretanto, a CPE e a Asocode também buscavam trabalhar além do nível regional.

Na sua apresentação para o congresso da Unag, Paul Nicholson, representando a CPE, resgatou os passos que haviam reunido oito organizações camponesas e agrícolas em Manágua. Ele explicou que depois de um intercâmbio muito produtivo com representantes da Unag envolvidos no programa Camponês a Camponês, que haviam passado algum tempo no País Basco, a Assembleia Geral da CPE havia entrado em contato com a Unag e outras organizações-chave na Europa e nas Américas com a ideia de reunirem-se no congresso da Unag em Manágua para desenvolverem uma declaração conjunta para informar o público geral sobre o impacto destrutivo do neoliberalismo e identificarem alternativas no setor agrícola. Essas alternativas incluíam a formação de um movimento camponês internacional. Como Nicholson (1992, p.1-2) explicou no congresso da Unag:

> Reunimo-nos numa atitude de apoio e solidariedade, mas vamos deixar claro que temos de fazer mais, precisamos de mais; a crise econômica e social da sociedade camponesa requer que façamos mais. A nossa estratégia é nos abrirmos para a sociedade, para os consumidores, para os ambientalistas [...], mas principalmente para as organizações agrárias que defendem os pequenos e médios agricultores. Se temos problemas semelhantes, precisamos encontrar juntos as soluções.
>
> Precisamos apresentar as nossas propostas de maneira conjunta para os fóruns internacionais. Não há dúvida de que agora é o momento histórico oportuno. Não vamos nos enganar, esse processo demanda trocas de informação, debates internos, elaborações e

processos de trabalho e reconciliação. Precisamos de uma perspectiva de relações distintas, de maior aproximação [...].

Os nossos interesses são debatidos em Bruxelas, Genebra e Washington e também deveríamos estar lá. Companheiros, haverá situações difíceis e, logicamente, não concordaremos em tudo. Mas avançaremos naquilo que nos é comum. O nosso inimigo não é o camponês norte-americano ou europeu, a guerra não é entre nós camponeses, mas entre modelos de desenvolvimento. O desafio para nós é criarmos esse espaço comum e torná-lo público para o mundo.

Ao formarem a Via Campesina essas mesmas organizações agrícolas, que tinham experiência nos níveis local, nacional e/ou regional, estavam alargando fronteiras. Conforme as decisões sobre alimentos e agricultura passaram a ser cada vez mais transferidas para instituições globais ligadas ao mercado global, elas estavam elaborando ativamente laços internacionais mais amplos. Entrando na arena internacional, a Via Campesina criou efetivamente uma alternativa muito necessária e progressista à International Federation of Agricultural Producers.

Mais do que a voz de um agricultor – empoderando uma voz camponesa internacional

Quando a Rodada do Uruguai começou em Punta del Este, em 1986, a voz internacional dos camponeses era dominada pela principal organização internacional de agricultores existente na época – a International Federation of Agricultural Producers (Ifap). Fundada em 1946, a Ifap foi estabelecida inicialmente para ajudar a evitar a escassez de alimentos como as que ocorreram durante a Depressão de 1930 e a Segunda Guerra Mundial. De acordo com a sua constituição, a Ifap (s.d.) visa:

Assegurar a mais plena cooperação entre as organizações de produtores agrícolas primários para o cumprimento das necessidades nutricionais e de consumo ótimas dos povos do mundo e melhorar a condição social e econômica de todos aqueles que vivem da e na terra.

Para atingir esses objetivos, umas das estratégias fundamentais da Ifap é a participação. Promovendo-se como a organização dos "agricultores do mundo", a Ifap teve sucesso em conquistar espaço para si em um número significativo de instituições internacionais. A organização tem *status* consultivo geral no Conselho Econômico e Social da ONU e participa ativamente em consultas com uma série de organizações como a Organização Mundial da Saúde, o Fundo Internacional para o Desenvolvimento Agrícola, a Organização Internacional do Trabalho, a FAO, a OCDE, o Banco Mundial, o Gatt e a OIT (Karl, 1996, p.131).

Com um total de membros que alcança 110 organizações nacionais de 75 países (trinta deles em desenvolvimento) a Ifap trabalha duro para promover os interesses dos seus membros. Ela busca a unidade dos agricultores enfocando no que eles têm em comum antes que nas diferenças. Entretanto, chegar a uma posição unificada sobre o comércio mostrou-se uma tarefa difícil. Por exemplo, havia debates calorosos sobre esse tema durante o Congresso Mundial de Agricultores da Ifap realizada em 1997 em Buenos Aires. Como relatou Lee Swenson, presidente do National Farmers Union [Sindicato Nacional dos Agricultores] dos EUA (uma importante organização da Ifap): "É evidente que os agricultores em todo o mundo opõem-se à expansão do comércio por causa da ameaça que os acordos de comércio existentes representam para a sua sobrevivência". Swenson alertava a liderança da Ifap que era "óbvio" que eles estavam "enormemente divididos sobre a questão do comércio, e não deveria ser diferente durante a próxima Rodada do Gatt" (apud McBride, 1998, p.1).

As divisões na comunidade agrícola internacional refletiam o que estava acontecendo nacionalmente. Conforme a Rodada do

Uruguai do Gatt progredia, as organizações agrícolas ao redor do mundo trabalhavam arduamente para influenciar as posições dos seus governos nacionais e as divergências em posições e estratégias sobre as questões complexas da liberalização agrícola tornavam--se cada vez mais pronunciadas. Com frequência, aqueles que se opunham aos acordos comerciais eram acusados de serem contra o comércio e protecionistas – embora, na realidade, a maioria deles não estivesse se opondo ao comércio *per se*, mas rejeitando os termos, as condições e os processos que eram propostos nos acordos de comércio regionais e no Gatt/OMC. Eles estavam procurando estabelecer um regime de comércio justo e socialmente responsável.

De fato, em alguns países as organizações agrícolas estavam na linha de frente da luta nacional contra a liberalização e a globalização, enquanto outras estavam trabalhando ativamente com os governos para promover essas abordagens. Por exemplo, na Índia, as demonstrações da Associação de Agricultores do Estado de Kamataka (KRRS) contra a OMC encontravam oposição na Shetkari Sangathana, que aceitava a liberalização apaixonadamente como uma maneira efetiva de tirar os agricultores indianos da pobreza (Brass, 2000b, p.108-12). Em entrevista ao *Economic Times* (2000), Sharad Joshi, líder da Shetkari Sanghatana, argumentou que "a solução [para os agricultores indianos] resume-se a olharmos para nós mesmos e mudarmos o nosso modo de fazer agricultura". Ele sugeria que a intervenção governamental na agricultura era uma das principais barreiras, pois "tudo o que é protegido fica enfraquecido". No Canadá, a posição mais crítica sobre comércio do NFU era completamente rejeitada por muitos dos grupos produtores de *commodities* e pela Western Canadian Wheat Growers Association [Associação dos Plantadores de Trigo do Canadá Ocidental], enquanto a posição reformista da Canadian Federation of Agricuture [Federação Canadense de Agricultura] visava fazer que o comércio tivesse resultados melhores para os agricultores. Na Europa, os apelos da CPE pela soberania alimentar eram contrapostos pela postura favorável à liberalização do Comité des Organisations Professionnalles Agricoles de L'Union Européenne

[Comitê das Organizações Profissionais Agrícolas da União Europeia] (Copa, sigla em francês) e o Comité Général de la Coopération Agricole de l'Union Européenne [Comitê Geral da Cooperação Agrícola da União Europeia]. Claramente, a comunidade agrícola estava dividida sobre a questão do avanço da liberalização na agricultura.

Quadro 4 – Ifap e agronegócio

O *pool* de empresas de trigo Saskatchewan, que se tornou parte do Ifap por meio de sua associação na Federação da Agricultura do Canadá, é um excelente exemplo de uma organização canadense agrícola com interesses corporativos.

Originalmente, uma cooperativa de compra de grãos de agricultores, o Saskatchewan Wheat Pool, expandiu-se dramaticamente na década de 1990, aumentando a sua grande capacidade de manipulação de grãos em "todo o mundo" por meio da construção de terminais no exterior e na diversificação de seu portfólio através de uma série de aquisições na indústria de transformação agroalimentar, incluindo instalações para o empacotamento de carne e a aquisição da cadeia de cafeterias Robin Donuts. Também investiu na criação de carne suína em escala mundial, monopolizando as operações de produção em Saskatchewan, e reestruturando-se para se tornar uma empresa de capital aberto na Bolsa de Toronto (Ewins, 2002, p.10-1). A reestruturação e a expansão dessa entidade tornaram-se o centro de debates acalorados entre os membros da cooperativa. Para todas as intenções e propósitos, a entidade não é mais administrada por cooperativas de agricultores, em vez disso, funciona mais como uma empresa chefiada por um presidente e com uma forte equipe administrativa.

Essas divergências regionais e nacionais foram lançadas posteriormente para a arena internacional com a emergência da Via Campesina. A despeito da afirmação da Ifap de que é a voz dos agricultores do mundo, numerosas organizações camponesas e agrícolas dos hemisférios norte e sul não pertenciam e ainda não pertencem àquela organização por uma série de razões. Por um lado, há muito tempo a Ifap tem a reputação de representar os interesses de grandes agricultores, geralmente dos países desenvolvidos (PFS, 1993a, p.6). Os membros da Ifap incluíam organizações agrícolas integradas ao *status quo*, como, dentre outras, o American Farm Bureau Federation, grupos produtores de *commodities*, empresas agrícolas e organizações de agricultores ligadas à agroindústria.[2] Wayne Easter, presidente do NFU canadense de 1982 a 1992, diz que em determinado momento considerou o ingresso na Ifap, mas finalmente optou por não fazê-lo, depois de concluir que aquele organismo não contemplava os interesses dos pequenos agricultores.

A questão dos custos de adesão também é um fator que contribui para a não filiação à Ifap. Essas taxas foram baseadas em uma fórmula que, em alguns casos, pode chegar a dezenas ou centenas de milhares de dólares. Para muitas organizações camponesas financeiramente deficitárias, essas taxas de adesão estavam simplesmente fora de cogitação. Além disso, algumas organizações não ingressaram na Ifap porque nunca foram procuradas e não sabiam da sua existência.

A tensão entre algumas organizações da Via Campesina a respeito da Ifap é uma longa história. Muitas haviam tido experiências diretas com organizações da Ifap nacionalmente. Com frequência, os membros desta eram vistos como aqueles que representavam produtores trabalhando em organizações agrícolas mais integradas ao *status quo* dominante. Rafael Alegría relembra que alguns membros da Ifap eram conhecidos como organizações "oficiais" – ou seja, organizações que haviam sido criadas pelos governos e/ou

---

2 Não encontrei a data em que a American Farm Bureau Federation deixou de ser um membro de Ifap.

recebiam grande parte do seu financiamento de fontes governamentais. Comumente, essas organizações advogavam políticas agrícolas nacionais e internacionais que outras julgavam ser prejudiciais à agricultura camponesa.

Essas diferenças e divisões ideológicas levaram a conflitos internacionais durante tentativas de trazer a Ifap para o processo que levou ao encontro de constituição da Via Campesina, que se realizou em Mons, em maio de 1993. As dúvidas surgiram quando algumas organizações observaram que Kees Blokland, membro da equipe da Paulo Freire Stichting (PFS) – a ONG que os líderes agrícolas haviam solicitado que ajudasse a coordenar o processo posterior à Declaração de Manágua – e a Unag haviam procurado envolver a Ifap. A Unag e a PFS haviam discutido com membros do Comitê Executivo da Ifap e o seu presidente em uma tentativa de convencê-los a integrarem-se ao projeto da Via Campesina (Intercambio, 1993a, p.19). Nico Verhagen, coordenador da CPE (1990-1999) e consultor técnico da Via Campesina, diz que isso é algo que a CPE, entre outras, nunca poderia apoiar.

Blokland enfocou na noção de *concertação,* com a qual se enxergava a Via Campesina como um processo aberto para tantas organizações quanto fosse possível, independentemente da ideologia delas.[3] Como a PFS (1993) explicou, o processo tenta "cobrir um abismo mundial entre as organizações, as quais não se consideram inicialmente como parceiros naturais, apesar do fato de que todas elas representam uma população rural com um interesse comum na agricultura". As organizações envolvidas executam pesquisa participativa

---

3 As noções de Blokland (1993) sobre *concertação* e "alianças camponesas" estavam incluídas no pacote dos documentos preparatórios para a Conferência da Via Campesina em Mons. A concertação surgiu na Nicarágua e em alguns países da América Central como parte de esforços de reconstrução depois das guerras civis na região. Ela opera em três níveis: 1) envolvimento de diferentes classes sociais unindo-se ao redor de interesses comuns identificados; 2) trabalhar as diferenças e chegar a denominadores comuns com outros setores; e 3) buscar a concertação com o Estado. Ver Blokland (1995) para uma versão expandida do artigo de 1993.

focada em questões de políticas, "com um caráter educacional para todos os envolvidos" (PFS, 1993a, p.6). A PFS acrescentava:

Isso significa que participar no processo não apenas acarreta uma definição explícita da sua própria estratégia, mas também que essa estratégia está submetida a outros participantes para que seja avaliada e discutida. A "mudança" é o objetivo final. Essa "mudança" pode ser extensa o bastante para alcançar o desenvolvimento econômico, institucional, as organizações existentes e os próprios participantes. (PFS, 1993a, p.6)

A CPE não era a única organização que se opunha à proposta da PFS sobre como os camponeses e agricultores deveriam trabalhar juntos. A Ifap também tinha reservas uma vez que – entre outras razões – a *concertação* comprometeria as suas próprias políticas em última instância (PFS, 1993a, p.10-1). Embora Blokland encontrasse dificuldades nas suas tentativas de construir alianças entre as organizações convencionais da Ifap e as organizações envolvidas no processo posterior a Manágua, a PFS (que se agarrou à sua visão de que o objetivo principal da reunião deveria ser estabelecer uma agenda de pesquisa agrícola) continuava convencida de que a *concertação* – um conceito que emergiu em um contexto particular, em um momento particular da história e com atores sociais particulares – poderia ser globalizada por meio da Via Campesina (Intercambio, 1993b, p.4).

As tensões a respeito da viabilidade da concertação como uma estratégia efetiva para assegurar o bem-estar das famílias agricultoras chegaram a um ápice na reunião constitutiva da Via Campesina em Mons. Eu era a representante do NFU nessa conferência e lembro que, quando foi discutido o envolvimento da Ifap, ficou claro que a maioria presente no encontro não vislumbrava e não podia imaginar a Ifap como uma voz legítima dos camponeses e dos pequenos agricultores. Essas organizações mais críticas de camponeses e agricultores não tinham interesse em fortalecer os laços com uma organização internacional que acreditavam ter interesses diametralmente opostos aos seus; afinal, em alguns países as organizações da Ifap haviam bloqueado consistentemente políticas agrícolas progressistas e chegavam a ser consideradas como inimigas por algumas delas. Como explica Vernhagen:

> Creio que estava muito claro que não queríamos concertação com organizações com interesses representados pela Ifap. Na Europa, havíamos tido a experiência de que não era possível o diálogo, que essas organizações buscavam com todas as suas forças eliminar as vozes críticas e que a concertação como era concebida pela PFS não produziria nada interessante. Seria apenas um instrumento para silenciar e "manter ocupadas" as vozes críticas.

A maioria das organizações reunidas em Mons distanciou-se efetivamente da Ifap ao forjar uma nova aliança progressista.

Desde o início dos anos 1990, a Ifap engajou-se em esforços concertados para recrutar membros dos países em desenvolvimento; ela avançou bastante em 1991, quando a Unag tornou-se responsável pela Ifap na região da América Latina. Desde a formação da Via Campesina, a Ifap também fez mudanças estruturais para integrar melhor organizações dos países em desenvolvimento. No seu 34º Congresso Mundial de Agricultores, em maio de 2000, a Ifap passou a facilitar a entrada de organizações do hemisfério sul ao diminuir o valor das taxas de adesão. Ela também decidiu reestruturar o seu Comitê de Cooperação e Desenvolvimento para prover fundos (aportados por membros da Ifap do hemisfério norte) para ajudar a fortalecer as organizações de agricultores nos países em desenvolvimento (Ifap, 2000b). O relatório da conferência da Ifap afirma:

> Por um período experimental de dois anos, todas as organizações de agricultores dos países em desenvolvimento que satisfaçam os critérios para serem membros estabelecidos pela Constituição da Ifap, mas não são *fortes* o bastante para aderirem à Ifap como membros plenos, serão convidadas a ingressarem no Comitê Permanente da Agricultura nos Países em Desenvolvimento (Standing Committee

of Agriculture in Developing Countries – SCADC) e no Comitê
Cooperativo de Desenvolvimento (Development Co-operation
Committee – DCC) da Ifap por uma taxa de contribuição anual
básica de 200 dólares [...] Pertencer a esses comitês integraria as
organizações interessadas no programa de Desenvolvimento do
Ifap. Como resultado disso, esperava-se que essas organizações
tornassem-se *fortes* o bastante para ingressar na Ifap como membros
plenos, pagassem as taxas de acordo com os índices tabelados e então
fossem capazes de participarem de todas as atividades, incluindo
votar em eleições e candidatarem-se a dirigir a Ifap. [grifos nossos]

O presidente recém-eleito da Ifap, Jack Wilkinson, anunciou seu
desejo de dobrar o número de membros da Ifap recrutando ainda mais
organizações dos países em desenvolvimento (Wilson, 2002c, p.12).
Wilkinson afirmou que as organizações agrícolas dos países em
desenvolvimento deveriam "ter o mesmo tipo de infraestrutura, a
mesma capacidade de trabalho e de comercializar no mercado internacional, como tomamos como certo aqui". No contexto da OMC,
Wilkinson defendia que "havia a necessidade de os agricultores dos
países em desenvolvimento terem informação e análise do que precisavam para pressionarem por tratados que os beneficiassem".
Embora presumivelmente fossem bem intencionadas, essas
mudanças apenas acentuariam as diferenças entre a Via Campesina
e a Ifap. Claramente, elas refletiam uma mentalidade desenvolvimentista tradicional no interior da Ifap. Ou seja, as próprias
estruturas da Ifap (o Comitê Permanente da Agricultura nos Países
em Desenvolvimento e o Comitê de Cooperação e Desenvolvimento,
por exemplo) sugerem a adoção de divisões claras entre o Norte e o
Sul. Talvez o mais impressionante seja a visão de que as organizações
de agricultores nos países em desenvolvimento devam ser apoia-
das para que possam "emparelhar-se" e ficarem "fortes" (leia-se
financeiramente seguras) como as similares do Norte. A abordagem
também supõe que as organizações de agricultores nos países em
desenvolvimento ainda não têm uma análise e que esses grupos,
como a Ifap, querem se engajar com a OMC. Significativamente,

na reunião do Comitê Permanente da Agricultura nos Países em Desenvolvimento que aconteceu no bojo do 34º Congresso da Ifap, a sessão começou com a exclusão da pauta de um debate sobre as atividades nos países em desenvolvimento, pois não havia nenhum relatório (Ifap, 2000c).

A própria existência da Via Campesina é uma evidência clara de que nem todos os agricultores falam a mesma língua. As divisões entre organizações de agricultores na esfera nacional ficaram manifestas na esfera internacional. Por um lado, as organizações nacionais que viam um futuro na liberalização e na globalização juntaram-se à Ifap. Por outro, aquelas que adotavam uma postura anticorporativa e por justiça mundial juntaram-se à Via Campesina.

O abraço paternalista das ONGs

As populações agrícolas organizadas na Ifap e na Via Campesina não existem em um vácuo, evidentemente. Quando a Via Campesina surgiu, o espaço internacional também era preenchido por numerosas ONGs voltadas ao desenvolvimento nacional e internacional, bem como instituições de pesquisa que trabalhavam em assuntos relacionados à agricultura e à segurança alimentar. Pelo fato de muitas dessas ONGs trabalharem em íntima relação com organizações rurais, com frequência, elas se achavam "representando", falando "em nome" de e defendendo os interesses de camponeses e pequenos agricultores na arena internacional muito embora não tivessem recebido qualquer mandato.

Mesmo com as melhores intenções, esse tipo de interlocução pode levar a uma representação equivocada. Muito frequentemente, as populações rurais não reconhecem a sua própria voz quando escutam o que se apresenta como sua voz. Consequentemente, a Via Campesina não apenas teve de trabalhar arduamente para distinguir-se da Ifap, como também buscou se distanciar do abraço paternalista das bem intencionadas ONGs. Ao fazê-lo, ela levantou questões críticas de representação, interlocução, responsabilidade e legitimidade.

Relações conflitantes entre ONGs profissionais e movimentos sociais de base atuando internacionalmente são comuns. Com frequência, os conflitos são caracterizados por objetivos diferentes, maneiras diferentes de trabalhar e o acesso desigual a recursos políticos, financeiros e humanos que levam a relações de poder distorcidas. Os mesmos conflitos podem surgir entre ONGs trabalhando em questões internacionais sobre agricultura, comércio e segurança alimentar e um movimento social agrário como a Via Campesina. As ONGs tendem a ter equipes de qualidade, experientes, com alto grau de formação acadêmica, poliglotas, articuladas e ágeis; elas entendem a linguagem e os conceitos técnicos, conseguem ter acesso a financiamentos vultosos e desenvolveram capacidades de pesquisa excelentes. Embora a Via Campesina consiga fundos para participar em eventos e campanhas importantes, o financiamento de atividades essenciais é virtualmente inexistente. Com equipes de apoio técnico pequenas, a Via Campesina depende principalmente de líderes agrícolas voluntários que tendem a presidir organizações nacionais e se desdobram entre questões locais e nacionais. Essas organizações são profundamente carentes de pessoal e sofrem pela constante falta de recursos.

Muitas organizações da Via Campesina tiveram experiência direta e estavam realmente familiarizadas com as desigualdades e as dinâmicas de poder presentes nas relações entre ONGs e movimentos camponeses.[4] As diferenças ficaram evidentes quando conduzi pesquisas com organizações camponesas na Bolívia e em Honduras no início dos anos 1990 (Desmarais, 1994). Quando visitei ONGs que faziam trabalho "com" organizações rurais, vi escritórios espaçosos repletos de computadores, cadeiras confortáveis, ar condicionado e numerosos assistentes. Quando entrei nos

---

4   Edelman analisa as relações tensas entre as ONGs e as organizações camponesas na América Central (1998a, 1998b) e Costa Rica (1999). Bebbington (1998) discute as mudanças nos papéis e as crises subsequentes de identidade e legitimidade das ONGs que trabalham no setor rural nos Andes e Chile. Tadem (1996) traça a história das relações entre as ONGs e as organizações populares nas Filipinas.

escritórios de uma ou duas salas das organizações camponesas, vi apenas algumas velhas escrivaninhas de madeira e uma máquina de escrever precária.

Enquanto algumas ONGs cultivaram relações de respeito e ganharam a colaboração de organizações camponesas, outras não atuavam desta forma. Algumas ONGs tiraram vantagens de oportunidades criadas pelo novo contexto econômico e político internacional dos anos 1980 e 1990 para melhor "representarem" e "falarem em nome" das organizações camponesas nas negociações de políticas de desenvolvimento. Outras, engajando-se no "desenvolvimento participativo", utilizaram a sua associação com organizações camponesas para ganhar acesso aos valiosos fundos disponíveis para atuarem nas regiões rurais e, então, canalizaram esses fundos para perseguirem os seus próprios objetivos antes de satisfazerem as necessidades das organizações locais. Outras ainda usaram os recursos financeiros para cooptar líderes camponeses; e algumas outras para sabotar as organizações camponesas, contornando os processos e estruturas decisórios que garantiam a integridade nessas organizações. Preocupações a respeito das práticas dessas ONGs foram repetidamente levantadas em inúmeros encontros de camponeses em que estive presente nos níveis local, nacional e internacional nos anos 1990.

As experiências persistentemente negativas que tiveram com ONGs atuando nas áreas rurais levaram alguns líderes camponeses, como Wilson Campos (1994, p.214-21), da Asocode, um dos fundadores da Via Campesina, a declararem: "não precisamos de todas aquelas ONGs [...]. Nós, agricultores, podemos falar por nós mesmos. Pessoas demais já tiraram vantagem de nós, sem ficarmos mais sábios com isso". Campos explicou que, ao formarem um novo movimento social rural, a Asocode, os camponeses da América Central estavam articulando uma mensagem clara: que rejeitavam abertamente o modelo tradicional, paternalista, de financiador/recebedor e todas as relações que isso acarretava, em favor de um modelo de desenvolvimento imaginado e administrado pelos próprios camponeses. Ao fazê-lo, os camponeses da América Central reclamavam com sucesso o espaço que as ONGs haviam ocupado em seu nome desde os anos 1960.

As práticas questionáveis em que as ONGs engajavam-se em nível nacional e regional eram replicadas internacionalmente. Algumas ONGs viam claramente a necessidade de apoiarem de forma plena a consolidação de uma voz e uma presença independente liderada pelos agricultores na arena internacional com a criação da Via Campesina. Entretanto, outras eram relutantes em compartilhar o espaço que haviam dominado há tanto tempo; a própria formação de um movimento que estava lutando para conquistar um espaço na arena internacional que pudesse ser preenchido pelas vozes dos camponeses e agricultores era profundamente ameaçadora. Por exemplo, algumas ONGs bem intencionadas falavam da importância de trabalhar com os agricultores, mas os líderes seriam convidados para eventos internacionais somente quando e se restassem fundos depois de a equipe funcional da ONG ter sido atendida. Outras apoiavam plenamente a participação dos agricultores conquanto tivessem pleno controle de quais agricultores seriam selecionados. Outras, que viam a si mesmas como movimentos sociais, supunham que os interesses dos agricultores eram idênticos aos seus e, com frequência, condicionavam o seu apoio financeiro à participação das ONGs nas deliberações dos agricultores. A Via Campesina, como a Asocode, não podia tolerar essas práticas e buscou consertar a situação estabelecendo novas regras básicas.

O "difícil nascimento" da Via Campesina

Vários aspectos dessa dinâmica estavam em jogo na reunião constitutiva da Via Campesina realizada em Mons. Essas interações tensas não apenas precederam a criação da Via Campesina, mas também fizeram que a nova formação tivesse um "nascimento muito difícil", como diz Nicholson. Elas continuariam a impregnar o movimento durante o seu primeiro ano de existência e ajudariam a formatar as futuras relações da Via Campesina com as ONGs.

Anteriormente, na reunião de Manágua em 1992, por exemplo, enquanto líderes agrícolas reconheciam as importantes contribuições humanas e financeiras da PFS e apoiavam o papel da ONG na coordenação da nova etapa, alguns líderes questionavam o futuro papel e o lugar de uma ONG entre organizações agrárias (EHNE, 1992). Em uma escalada, essa dúvida inicial tornou-se tensão e conflito aberto durante a conferência de Mons, conforme as discordâncias entre a equipe da PFS e os líderes agrícolas centravam-se em três problemas cruciais: o próprio propósito ou razão de ser da Via Campesina; quem deveriam ser os membros; e o papel das ONGs na nova organização. Como representante do NFU, participei ativamente na reconfiguração do processo e do conteúdo dessa conferência e observei em primeira mão as tensões entre as organizações camponesas e o pessoal da PFS.

Apoiando a continuação do que ocorrera em Manágua, a PFS trabalharia diretamente com um comitê coordenador (Ecodem), cujos membros incluíam Nicholson da CPE, Jorge Hernández da Asocode e Wayne Easter do NFU no Canadá (PFS, 1993a, p.24). Apenas dois meses depois da reunião em Manágua, a PFS publicou dois documentos para discussão, esboçando um enquadramento básico sobre a cooperação internacional entre agricultores. A PFS havia se empenhado em montar uma proposta de projeto detalhada, cujo centro era a criação da Via Campesina como um fórum internacional de organizações agrícolas que se inscreveriam na busca de financiamentos de projetos rurais e desenvolvimento de políticas alternativas e sustentáveis. Ao convidarem líderes agrícolas para irem a Mons para participar da Via Campesina, a PFS especificou que esse projeto deveria acarretar na "Constituição do Programa de Pesquisa das Organizações de Agricultores". Os documentos preparatórios para a conferência de Mons declaravam:

> O Programa de Pesquisa é um esforço de pesquisa participativa que busca a coordenação renovada com centros de estudo, tomando as prioridades dos agricultores como ponto de partida. Também é um esforço organizacional, fortalecendo as organizações dos

participantes. É um esforço político orientado para ganhar mais influência nas políticas governamentais a serem formuladas e no direcionamento de fundos para projetos originados no interior do próprio movimento dos agricultores. Finalmente, é uma plataforma de intercâmbio e assistência mútua, visando reestruturar a assistência técnica de agricultor para agricultor. (PFS, 1993a, p.1)

Muito embora a PFS mantivesse comunicação regular com a Ecodem e houvesse enviado aos líderes agrícolas um esboço anterior da proposta de projeto para consultá-los, na época em que eles chegaram a Mons, muitos – incluindo alguns membros da Ecodem – tinham sérias reservas sobre o projeto que era proposto pela PFS. Conforme os líderes agrícolas começaram a trocar impressões e ideias na sua ida do aeroporto para o hotel na cidade e durante algumas taças de vinho no jantar, tornou-se claro que os outros compartilhavam das suas dúvidas individuais. De modo algum o clamor imperativo dos agricultores manifesto em Manágua, de um modelo de desenvolvimento alternativo construído por meio da análise coletiva, ação conjunta e a solidariedade entre as organizações agrícolas e de camponeses no norte e no sul era traduzido em um projeto de pesquisa internacional dirigido pelos agricultores.

Mais dúvidas sobre a PFS vieram à tona no primeiro dia, quando a criação da Via Campesina foi anunciada em um evento público realizado em 14 de maio para celebrar o décimo aniversário da PFS. Para muitos participantes, esse evento pareceu muito estranho, porque eles não haviam ainda feito nenhum debate, nem definido nenhum plano ou, na verdade, criado ou definido a Via Campesina. Alguns dos líderes camponeses sentiram como se estivessem sendo usados, como se estivessem sendo exibidos, para dar brilho e lograr sucesso para um projeto de ONG. Durante o dia, os líderes agrícolas também descobriram que o lançamento oficial da Via Campesina como um projeto de pesquisa havia sido apresentado em uma publicação da PFS um mês antes e que a PFS já havia feito contatos com potenciais financiadores (Intercambio, 1993b, p.1-2).

Os líderes agrícolas – liderados inicialmente pela Asocode, a CPE e o NFU – acreditavam que eles próprios deveriam ter controle completo do conteúdo e do processo da conferência e do próprio projeto da Via Campesina. Eles propuseram mudanças substanciais na pauta que havia sido delineada pela PFS, ampliando a discussão para além do enfoque de proposta de pesquisa. Muitas das organizações presentes em Mons não haviam participado da reunião de Manágua e era considerado crítico que lhes fosse oferecida a oportunidade de trocarem informações e análises sobre as realidades agrícolas nos seus respectivos países. Esse passo permitiria aos líderes agrícolas se conhecerem uns aos outros, e somente então eles poderiam passar com mais facilidade a uma análise coletiva e definirem os próximos passos. Potencialmente, o projeto de pesquisa proposto pela PFS poderia ser um aspecto do futuro trabalho, mas por não ser considerado central, os líderes agrícolas queriam transferir a discussão dele para o segundo dia da conferência. Era mais importante revisitar a Declaração de Manágua para assegurar que todos os participantes estivessem de acordo com ela e usá-la para explorar a possibilidade de criarem um movimento internacional.

Blokland, membro da equipe da PFS, rejeitava essa mudança da pauta. Embora ele se considerasse a serviço das organizações agrícolas e trabalhasse para uma organização que afirmava ser uma "organização de serviços para as organizações agrícolas" (PFS, 1993a, p.7), claramente não estava satisfeito em desempenhar um papel de facilitador. Anos depois, refletindo sobre a reunião em Mons, Blokland (que em 2000-2002 era vice-presidente do Comitê de Cooperação e Desenvolvimento da Ifap), diria em uma entrevista:

Eles (CPE e Asocode) queriam montar um projeto ideológico. Há aqueles que veem as populações rurais como divididas em dois campos: os grandes proprietários e os pequenos proprietários e trabalhadores rurais [...]. Eu vejo um mundo muito mais complexo e não apenas a divisão em dois campos. O principal conflito para os agricultores é contra outros setores da sociedade, ou seja, a indústria. O movimento camponês seria muito mais forte se pudesse agregar o poder econômico dos grandes fazendeiros com o poder político das organizações camponesas.

Com isso, Blokland está se referindo especificamente à sua proposta de que as organizações da Ifap fossem convidadas a participar do projeto da Via Campesina.

Os líderes agrícolas camponeses tinham uma maneira diferente de conceber um modelo de desenvolvimento alternativo. Acima de tudo, eles buscavam formar um movimento autônomo de organizações progressistas dirigido pelos camponeses e agricultores, que se empenharia na construção da capacidade de articular posições e políticas conjuntas em oposição ao modelo neoliberal defendido por muitos governos nacionais e instituições internacionais. Muitos dos líderes agrícolas reunidos em Mons não viam a Ifap como um aliado. Esses líderes viam a formação da Via Campesina como uma radical e necessária alternativa à Ifap. Como relembra Jun Borras, do KMP e um dos membros fundadores da Via Campesina:

O quê? A Via Campesina como um projeto de pesquisa? O entendimento do KMP na época era esse e está muito vívido na minha memória: a reunião de Mons buscaria formar um movimento camponês internacional e ele seria mais progressista que a Ifap.

A tensão e o conflito em Mons chegaram a um ponto em que os representantes da PFS abandonaram a reunião enfurecidos. Essencialmente, os líderes agrícolas assumiram o encontro, passando a discutir aquelas questões que eles consideravam mais críticas e a definirem coletivamente o propósito, a estrutura e os modos de trabalho do recém-formado movimento internacional de agricultores e camponeses. Em reconhecimento ao trabalho da PFS no passado, e pelos seus esforços para reuni-los em Mons, o novo movimento solicitou que o PFS trabalhasse como Secretariado Técnico da Via Campesina. Esse secretariado deveria desempenhar um papel facilitador, apoiando a Comissão Coordenadora, pela qual seria dirigido (PFS, 1993c).

Durante o primeiro ano de existência da Via Campesina, a tensão entre ela e a PFS veio à tona novamente quando Blokland – que se tornou responsável pelo Secretariado Técnico – recusou-se a aceitar à visão dos agricultores para a Via Campesina, tentando impor a sua própria visão e assumindo um papel mais diretivo. Como Borras mostra, essa abordagem era uma clara violação do acordo com a Via Campesina e do mandato que fora dado à PFS. Preocupações ainda mais profundas com o papel da PFS foram externadas na reunião da Comissão Coordenadora da Via Campesina (realizada em Lima, no Peru) durante o congresso da Cloc, de 21 a 25 de fevereiro de 1994:

> Para evitar o equívoco de que a Via Campesina é iniciativa de uma ONG, desejamos esclarecer imediatamente que a Via Campesina é iniciativa dos camponeses, e que a PFS apenas presta seus serviços para o Secretariado. Devemos evitar que o Secretariado fale em nome de organizações particulares em discussões políticas e comerciais. A comissão coordenadora deveria receber informações e ser consultada sobre como executar a atividade. (Via Campesina, 1994a, p.9)

Em 29 de abril de 1994, quase um ano depois do surgimento da Via Campesina, dois membros da Comissão Coordenadora, a CPE e o KMP, reuniram-se com a direção da PFS para discutir algumas das dificuldades que estavam encontrando com o Secretariado Técnico e para esclarecer a visão da Via Campesina a respeito do papel das ONGs que a apoiassem. Nessa época, a CPE, como coordenador--geral da Via Campesina, havia consultado várias organizações agrícolas participantes e a Comissão Coordenadora havia discutido o assunto amplamente. Os resultados dessas reuniões foram comunicados à direção da PFS. Os representantes da Comissão Coordenadora enfatizaram que a Via Campesina era um movimento independente e autônomo dos agricultores com um "aspecto político e sindical" e que a PFS deveria restringir as suas atividades e ações em apoiar a Comissão Coordenadora em vez de tentar dirigir a Via

Campesina e ser a face pública da organização (Via Campesina, 1994c, p.3-5).

Esse encontro pouco ajudou para dissolver as tensões. Reveladoramente, em uma extensa carta escrita em junho de 1994 para membros da Via Campesina (incluindo o NFU), Blokland criticava a CPE no seu papel de coordenadora e claramente recusava aceitar os resultados da reunião de Mons. Ele escreveu:

> Em 16 de maio último, a CPE finalizou o seu período na coordenação-geral da Via Campesina. Pouco tempo antes, ela havia começado a se envolver na fundação de uma nova organização camponesa internacional. Quando seus objetivos tivessem sido alcançados, eles estabeleceriam uma organização de alcance mundial que trabalha para opor-se às políticas do Gatt, do Banco Mundial e do FMI, com uma grande ênfase em protestos. Essa decisão por parte da CPE pode ser esperada, uma vez que a organização não possuía um conjunto mundial de organizações assemelhadas que pudessem ajudá-la a fortalecer suas posições. Nos limites do seu trabalho com a Via Campesina, eles foram capazes de identificar essas organizações com as quais eles podem começar a formular esse novo projeto [...].
>
> Infelizmente [...] a CPE parece ter confundido o seu papel como coordenador geral da Via Campesina com o de ser promotor de um novo agrupamento camponês internacional. Eles tiraram vantagem das discussões feitas em Lima e das visitas de representantes do democrático KMP, das Filipinas, e da Asocode, para refinar as suas ideias. Nós, na nossa posição de secretariado da Via Campesina, desejamos esclarecer que a nova organização internacional – cujo nome e iniciais não conhecemos ainda –, assim como seus membros, continuará a coordenar seus esforços para a geração de alternativas agrícolas e econômicas com outras organizações que participam da plataforma da Via Campesina. Ou seja, a despeito de alguns problemas de concepção e coordenação, não temos indício de que a CPE e/ou outros que estão formando a nova organização internacional de agricultores desejam se divorciar do processo da Via Campesina.

Emitimos esse esclarecimento à luz do fato de que alguns participantes entenderam que a nova organização internacional deveria substituir a Via Campesina, deixando de lado aquelas organizações que escolhem não fazer parte do novo agrupamento internacional. Não se trata disso. A Via Campesina continuará a existir como uma plataforma com um caráter aberto que foi fundado para gerar alternativas; e, por outro lado, a nova organização camponesa internacional também existirá. (Blokland, 1994, p.1-2)

Em resumo, apesar da explícita rejeição na reunião de Mons quanto ao conceito da PFS de um projeto de pesquisa conjunto entre agricultores e ONGs e pela formação – depois que os membros da PFS retiraram-se raivosamente e de forma tumultuada do encontro – de um movimento internacional de agricultores e camponeses intitulado Via Campesina, a PFS estava afirmando que a Via Campesina era uma "plataforma" que ela tinha o poder de definir.

O que a PFS não conseguia aceitar era que maioria dos líderes agrícolas que haviam se reunido em Mons tinha rejeitado a ideia de criar uma plataforma de agricultores para levantar fundos para pesquisa e projetos alternativos em favor de criar um movimento internacional autônomo de agricultores e camponeses guiado por eles próprios. Em Mons, os agricultores haviam tomado posse da Via Campesina e então passaram o ano seguinte dando forma, dimensão e conteúdo ao movimento para adequar-se às suas necessidades. Os líderes da Via Campesina buscavam "alicerçar" a organização localmente e o movimento estava ganhando impulso como resultado (Asocode, 1994). As organizações europeias na CPE haviam estabelecido laços mais estreitos com suas contrapartes em diferentes regiões como resultado de ações conjuntas em protesto contra o Gatt em Genebra. As organizações da Via Campesina na América do Norte, Caribe e América Central haviam se reunido em Tegucigalpa, capital de Honduras, e desenvolvido um plano de ação para dividir as tarefas de coordenação entre as áreas de língua inglesa e de língua espanhola, aproximando do movimento outras organizações de mesma mentalidade e organizando trocas entre as organizações participantes. Por exemplo, em novembro de 1994, o NFU hospedou uma delegação de representantes de organizações hondurenhas, guatemaltecas e nicaraguenses da Asocode, o que envolveu visitas às propriedades agropecuárias, discussões com membros de base do NFU, viagens a instalações de produção cooperativa e diálogos com os líderes do NFU. Os laços entre as organizações da Via Campesina na América Central, no Caribe e na América do Sul foram estendidos e fortalecidos ainda mais com a criação da Cloc. No seu primeiro ano, a Via Campesina publicou duas notas à imprensa: uma opondo-se às decisões do Gatt em Marrakesh e outra de apoio aos zapatistas em Chiapas (Via Campesina, 1994b, 1994c). Contrariamente às críticas levantadas na carta de Blokland, a CPE, como coordenadora-geral, estava executando a importante tarefa de coordenar esse emergente movimento internacional.

Ao sugerir que a CPE havia completado o seu trabalho como coordenadora-geral, a PFS deixou de mencionar que a Comissão Coordenadora, depois de consultar as organizações participantes, havia solicitado a permanência da CPE nessa função até 1995. De sua parte, a CPE estava sentindo as pressões pelos limites da sua própria capacidade e argumentou que a posição deveria ser rotativa para evitar a centralização, mas aceitou com relutância estender o seu mandato (Via Campesina, 1994e).

Avaliando a continuidade do conflito, Nicholson, da CPE, afirmou sua crença de que a raiz do problema era estrutural.

> Estou convencido de que as frustrações que temos tido foram devidas à estrutura inicial errada: o fato de pedir a uma ONG para desempenhar o papel de uma organização de agricultores leva a uma situação ineficiente e duvidosa [...]. O nascimento da Via Campesina não foi fácil e enquanto estávamos no caminho para definirmos a nossa estratégia, a PFS teve um papel importante nesse processo. Também devemos notar que [...] é claro que prosseguir com essa situação obscura a respeito do *nosso* papel, bem como do *deles*, nos levará a uma ruptura que é prejudicial para a Via Campesina e para a Paulo Freire Foundation. (Via Campesina, 1994c, p.6)

Um mês depois de receber a carta de Blokland, a Via Campesina, reiterando muitos pontos que já haviam sido levantados com a direção da PFS, informou ao presidente da PFS que a Comissão Coordenadora da Via Campesina estava assumindo o papel de Secretariado Técnico (Via Campesina, 1994d). A Comissão Coordenadora enfatizou que, embora os serviços da PFS na condição de Secretariado Técnico não fossem mais requeridos, ela tinha esperança de que fosse possível colaborarem no futuro. Contudo, o futuro mostrou-se diferente e não houve mais colaboração entre a PFS e a Via Campesina.[5]

Conquistando um espaço camponês internacional

Ao entrar na arena internacional, a Via Campesina lutava por autonomia e desafiava as ONGs a definirem as suas relações com as organizações camponesas. As tensões entre o movimento camponês internacional cada vez mais atuante e as ONGs viria à tona repetidamente.

---

5 Em uma entrevista em 2000, Blokland disse que era então diretor da Agri-terra, uma ONG que estava trabalhando com a mesma visão que tinha sido inicialmente apresentada à Via Campesina. Ele explicou que Agriterra procura: "construir um forte movimento dos agricultores por meio da cooperação de norte/sul e sul/sul. Isso envolve o intercâmbio, a partilha de experiências entre as organizações e fortalece a capacidade das organizações de advogar para melhor representar os interesses dos agricultores nas políticas governamentais". Segundo o relatório anual da Agriterra (1999, p.6), a ONG "mobiliza assistência técnica (grupo de especialistas); promove financiamentos suplementares (incluindo empréstimos, garantias ou assunção de risco de investimentos); facilita estágios em fazendas holandesas e em cooperativas; promove *joint ventures* (corretagem agrícola internacional) e *pools* com recursos próprios, bem como fundos públicos, juntamente com o capital de investimento direto de cooperativas holandesas". A Agriterra trabalha junto com a Ifap: o atual presidente do Conselho da Agriterra (Gerard Doornbos) foi o presidente da Ifap, 2000-2002, e Blokland (diretor de Agriterra) foi vice-presidente do Comitê de Cooperação para o Desenvolvimento da Ifap.

A Via Campesina fez a sua primeira aparição real na arena internacional na Assembleia Mundial sobre Segurança Alimentar realizada na Cidade de Quebec em 1995, para celebrar o 50° aniversário da FAO. Como único representante de uma organização agrícola no Comitê Mobilizador da Assembleia Mundial, o NFU trabalhou arduamente para assegurar que os representantes da Via Campesina fossem convidados como facilitadores e expositores nos grupos de discussão e plenárias para apresentarem a perspectiva e a experiência dos produtores de alimentos. Como destaca Nettie Wiebe, essa não foi uma tarefa fácil, pois o NFU tinha de convencer organizadores de ONGs urbanas (muitos com preconceitos) de que líderes camponeses eram "capazes e articulados" o bastante para fornecerem análises do impacto do neoliberalismo no campo. Mas nos eventos em Quebec as vozes camponesas e agricultoras foram ouvidas em alto e bom som conforme os líderes agricultores, um após o outro, tomaram o microfone e explicaram como as coisas realmente aconteciam no campo. A maioria começou suas intervenções declarando com orgulho a sua lealdade para com a Via Campesina. Pela primeira vez, em uma arena internacional dominada pelas ONGs, os líderes agrícolas atuaram de maneira coordenada e coletiva para falar sobre as suas próprias realidades com suas próprias vozes e refletindo as suas próprias análises.

Reconhecendo o grande interesse expresso pelas ONGs em trabalharem com o novo movimento camponês emergente, a Via Campesina buscava estabelecer laços de trabalho organizando um fórum de ONGs concorrente com a 2ª Conferência Internacional em Tlaxcala, no México. O Fórum Paralelo de ONGs foi planejado para dar às organizações não governamentais uma chance de fazerem as suas próprias discussões bem como participarem (como observadoras) nas várias partes da conferência da Via Campesina. Mas o Fórum Paralelo não atraiu muitas ONGs por uma série de razões. A Via Campesina havia selecionado cuidadosamente um número limitado de ONGs para serem convidadas, mas não levantou fundos especificamente para o Fórum e algumas ONGs simplesmente não estavam interessadas em participar. Além disso, a

Via Campesina estava tão ocupada com a organização do conteúdo, da logística e dos processos da sua própria conferência que deu pouca atenção ao Fórum Paralelo. Ela também postergou tomar uma decisão sobre se o Fórum aconteceria realmente ou não. Toda essa questão ficou ainda mais complicada por desacordos não resolvidos na organização da conferência principal. Ela havia sido programada originalmente para as Filipinas, para ser liderada pelas duas organizações filipinas da Via Campesina (o KMP e o Demokratikong Kilusang Magbubukid ng Pilipinas, dKMP), mas o conflito entre os dois grupos fez que fosse necessário realocá-la para o México.

Embora apenas dez representantes de ONGs tenham participado, o Fórum Paralelo de ONGs produziu importantes resultados. Em uma apresentação para a Conferência da Via Campesina resumindo as suas deliberações, os representantes das ONGs defenderam que as elas deveriam:

- ceder espaço;
- prestar assistência às organizações populares (OPs) somente quando requisitadas; e
- criar mais poder e oportunidades para as OPs. (apud Via Campesina, 1996b, p.65)

Além disso, os representantes das ONGs entenderam claramente a necessidade de transformar as relações existentes entre elas mesmas e as organizações camponesas. Elas poderiam contribuir para isso redefinindo os seus papéis, criando laços e desenvolvendo mecanismos para assegurar que as ONGs apoiariam melhor as iniciativas das organizações camponesas. Elas enfatizaram que essa abordagem só funcionaria se e quando as relações entre ONGs e OPs fossem baseadas nos princípios de "parceria igualitária, respeito mútuo pela autonomia um do outro e independência, transparência e responsabilidade" (Via Campesina, 1996b, p.65).

As conclusões do Fórum Paralelo de ONGs foram muito influenciadas por uma apresentação de Eduardo Tadem (1996): "Reflexões sobre as Relações ONGs-OPs". Tadem, um representante da Arena (uma ONG asiática que trabalha com questões rurais), forneceu um panorama histórico, uma análise e sugestões de possíveis direções para o futuro das relações entre ONGs e as organizações no contexto rural das Filipinas. O seu argumento principal era que, nas Filipinas, as organizações populares existiam há muito mais tempo que as não governamentais e que essas últimas haviam assumido um papel crucial ao fornecerem uma "janela legal para o mundo exterior" para as OPs quando a maioria delas fora forçada à clandestinidade durante o período de repressão intensa. Desde os anos 1970, as Filipinas haviam experimentado um crescimento considerável das ONGs e o papel delas expandiu-se para incluir advocacia, política eleitoral e prestação de serviços. A tensão e o conflito entre as ONGs e as OPs acirraram-se quando tentaram trabalhar juntas em programas e campanhas comuns. Tadem argumentava que as ONGs eram necessárias quando o contexto político não permitia que as OPs funcionassem, mas quando as condições políticas fossem tais que as ações das OPs não fossem mais restritas, as ONGs deveriam ser dissolvidas ou assumir novos papéis.

Algumas ONGs não estavam prontas para aceitar esse tipo de papel subordinado. Elas argumentavam que era um erro para a Via Campesina ter organizado uma reunião separada para as ONGs e que essas deveriam ter sido convidadas a participar na própria Conferência da Via Campesina. Enfatizavam que, afinal, ONGs e OPs estavam envolvidas na mesma luta – estavam no mesmo barco –, todos os interessados deveriam se sentar na mesma mesa desde o começo e era improdutivo criar divisões onde elas não existiam.[6] Esses comentários refletiam a total falta de entendimento (ou negação) da dinâmica de poder existente; também demonstravam uma falta de respeito pelos processos de diálogo e negociação que os agricultores e os camponeses acreditavam ser necessários entre eles como parte da construção de um movimento internacional. Talvez, acima de tudo, essas observações tenham revelado a relutância de

---

6   Essas observações foram feitas a mim em conversas pessoais com um representante de uma ONG, que, por razões óbvias, permanecerá em sigilo.

algumas ONGs em cederem o espaço que dominavam há muito tempo na arena internacional. Sem ser surpresa, essas mesmas ONGs, depois de se darem conta de que não podiam dirigir a Via Campesina, passaram a organizar grandes eventos internacionais "para" organizações camponesas e de agricultores – eventos que, embora muitas vezes bem intencionados, poderiam levar a um movimento agrícola submisso.

Um exemplo foram as reuniões internacionais de camponeses promovidas pela Fondation Charles Léopold Mayer pour Le Progrès de l'Homme [Fundação Leopold Mayer para o Progresso do Homem] (FPH), sediada na França. A mais recente, o "Encontro Camponês Mundial: Os Camponeses do Mundo Diante dos Desafios do Século XXI", foi realizada em Yaoundê, em Camarões, em maio de 2002. Os textos dos convites descreviam os vários desafios que os movimentos camponeses e indígenas enfrentam e observavam que o encontro trataria da necessidade de: 1) organização, mobilização e estabelecimento de alternativas; 2) colaboração e construção de alianças entre diferentes setores; e 3) análise do contexto atual para desenvolver melhor estratégias e propostas (Marzaroli, s.d.). Evidentemente, esses são todos os desafios que os movimentos camponeses vêm elaborando há bastante tempo, especialmente a Via Campesina.

De acordo com Rafael Alegría, a Via Campesina declinou do convite para ajudar a organizar o Encontro Camponês Mundial por uma série de razões. Primeiro, a sua organização não podia, para sua própria satisfação, identificar o objetivo de longo prazo do encontro. Segundo, a Via Campesina havia recém-organizado o seu próprio encontro mundial na forma da sua 3ª Conferência Internacional. Finalmente, ela estava trabalhando com afinco para fortalecer os espaços mundiais e regionais já existentes para o diálogo e a ação dos camponeses.

Desta forma, um evento como o Encontro Camponês Mundial parecia estar isolado – totalmente separado dos eventos já planejados pelas próprias organizações camponesas regionais e internacionais – e parecia improvável que fortalecesse os movimentos de agricultores mundialmente. Embora as conferências pudessem oferecer oportunidades maravilhosas de diálogo e trocas de informação, ofereciam pouca esperança de consequências concretas, pois não pareciam conectadas com qualquer estrutura ou plano de ação estabelecido. Esses eventos, com frequência iniciados por ONGs, podem ser contraproducentes: eles duplicam esforços já em curso e utilizam recursos humanos e financeiros preciosos que poderiam ser utilizados mais efetivamente pelos movimentos existentes.

A tensão entre a Via Campesina e as ONGs ressurgiu no Fórum de ONGs sobre Segurança Alimentar realizado paralelamente à Cúpula Mundial sobre Alimentação, em novembro de 1996, em Roma. A Via Campesina recusou-se a assinar a Declaração das ONGs argumentando que o texto não incluía adequadamente as preocupações e interesses das famílias camponesas. A Via Campesina, depois de longos diálogos com as organizações de agricultores nos níveis nacional, regional e internacional, fora a Roma com um novo conceito – o de soberania alimentar – como uma solução para a fome e a pobreza mundiais. Embora a soberania alimentar estivesse incluída no título da Declaração das ONGs, o texto não trazia elaborações sobre o conceito, nem sequer explicava como deveria ser implementado. Ao recusar assinar a Declaração, a Via Campesina expressou desapontamento com o conteúdo limitado da declaração e frustração com o processo excludente (Via Campesina, 1996d). A Via havia trazido mais de sessenta delegados para os eventos da CMA e muitos deles não falavam inglês. Com serviços de tradução limitados durante o Fórum sobre Segurança Alimentar, muitos dos delegados descobriram que simplesmente não podiam participar de maneira significativa.

De vários modos, a rejeição impositiva da declaração das ONGs pela Via Campesina na Cúpula Mundial sobre Alimentação foi um ponto de transição para as relações entre o movimento camponês emergente e as ONGs. Por meio da Via Campesina, os líderes agrícolas haviam conquistado um espaço e o estavam preenchendo com as vozes dos agricultores e camponeses, articulando a sua própria agenda. A Via Campesina estava demandando respeito para esse espaço recém-inaugurado e precisava urgentemente de tempo para que os agricultores do mundo todo pudessem se encontrar, se engajar em análises coletivas e definir posições comuns. Somente então a nova organização poderia avançar para uma ação conjunta com as ONGs. Ao fazê-lo, a Via Campesina desafiaria as ONGs a respeitarem as maneiras diferentes de trabalhar dos movimentos sociais de base. Ela estava enviando uma mensagem clara e direta para as ONGs que há muito tempo dominavam a arena internacional: as ONGs não poderiam mais "falar em nome de" ou como representantes dos camponeses e agricultores. Igualmente importante, ela desafiava não apenas quem falaria e em nome de quem, mas também o que seria dito e como chegar a uma posição coletiva.

Em junho de 1997, sete meses depois da Cúpula Mundial sobre Alimentação, alguns líderes da Via Campesina reuniram-se com várias ONGs, predominantemente europeias, para debater questões levantadas no Fórum Paralelo de ONGs e os resultados da CMA. As ONGs que participaram nesse encontro foram: Brot fur die Welt, Crocevia, Oxfam-Solidarité, DanChurch Aid, Comité Catholique Contre la Faim et Pour le Développement (CCFD), Transnational Institute, e Coopibo, uma ONG de desenvolvimento flamenga. Esse encontro foi um passo importante porque permitiu que os líderes agrícolas e as ONGs discutissem em profundidade alguns dos piores gargalos do trabalho em conjunto. Eles se esforçaram para entender as limitações uns dos outros e identificarem questões e áreas nas quais eram possíveis ações comuns. A reunião levantou três pontos principais: primeiro, que as ONGs precisavam respeitar que a Via Campesina estava em um estágio de fortalecimento interno que limitava a sua capacidade de responder a exigências externas; segundo, que era necessário reconhecer os mandatos diferentes das organizações agrícolas e das ONGs trabalhando internacionalmente; e terceiro, que a Via Campesina não queria que as suas relações com as ONGs fossem fundadas exclusivamente em possibilidades de financiamento (CPE, 1997). A reunião acordou sobre a necessidade de um Código de Princípios a ser compartilhado pelas ONGs e a Via Campesina, e preparou o cenário para a futura colaboração entre as organizações que tinham uma visão comum.[7]

As raízes da Via Campesina estendiam-se para anos de intercâmbios internacionais entre organizações progressistas e de mentalidade semelhante. No norte e no sul, o movimento cresceu em torno de objetivos comuns: uma rejeição explícita do modelo neoliberal de desenvolvimento rural, uma recusa contundente de serem excluídos da política de desenvolvimento agrícola e uma firme determinação de trabalharem juntas para garantir poder a uma voz camponesa e estabelecer um modelo alternativo de agricultura. O rápido crescimento da Via Campesina combinado com a sua presença e visibilidade crescentes sugere que a Ifap não estava satisfazendo as necessidades e os interesses de muitas organizações agrícolas e camponesas preocupadas com justiça social e bem-estar econômico. De fato, a Via Campesina emergia como uma alternativa progressista para a Ifap. Embora ambas as organizações abrangessem famílias camponesas, a primeira representa um público diferenciado; toma posições diferentes e engaja-se em estratégias diferentes.

Desde a sua fundação, a Via Campesina buscava estabelecer os termos e as condições de colaboração e cooperação com ONGs e outras instituições. Em uma série de ocasiões e em diferentes estágios, a Via engajou-se em tentativas constantes de trabalhar com essas organizações e fez esforços concertados para redefinir as relações entre elas e os movimentos agrícolas. Ao fazê-lo, ela desafiou abertamente os pressupostos e o "lugar" das ONGs no cenário internacional e as maneiras nas quais elas trabalham com as organizações camponesas.

A experiência da Via Campesina com a PFS levanta uma série de questões críticas, começando por como as ONGs concebem e praticam o conceito de participação. A PFS, como muitas ONGs "progressistas", professava um compromisso com o desenvolvimento participativo e dava muito valor à necessidade de um processo

---

7 Embora nenhum código de princípios tenha sido estabelecido, durante sua 3ª Conferência Internacional, a Via Campesina definiu a base de uma posição interna sobre relações internacionais, esboçando suas alianças estratégicas, seus princípios e seus termos de compromisso.

dirigido pelos agricultores. A PFS consultou algumas organizações camponesas nos estágios preliminares que levaram à formação da Via Campesina. Todavia, quando ficou claro que os líderes agrícolas buscavam ir além do enfoque da política de pesquisa que a PFS havia se empenhado tanto em formular, ela resistiu a esse movimento e fracassou em demonstrar a flexibilidade necessária para facilitar a plena participação dos líderes camponeses. A participação demanda mais que a consulta de uns poucos; ela envolve a discussão contínua e uma aceitação da possibilidade muito real de mudanças nítidas e significativas de direção. Os líderes agrícolas e camponeses que se reuniram em Mons queriam poder para definirem a sua própria visão alternativa e precisavam de mecanismos para tornar essa visão uma realidade. Como as ações da PSF demonstraram, a questão mais ampla do que a Via Campesina deveria ser não estava em debate. Ao contrário, a PFS delimitou fronteiras. A "participação" deveria ser limitada a um foco sobre um programa predeterminado, administrável e previsível (que muito certamente se ajustava comodamente aos propósitos da ONG) – o da política de pesquisa.

A recusa da PFS em aceitar e respeitar as decisões feitas pelos líderes camponeses em Mons evidencia questões sobre o lugar e o papel das ONGs. Claramente, ela acreditava que a sua visão do que a Via Campesina deveria ser e fazer era superior àquela que os agricultores e camponeses visualizavam. A abordagem "nós sabemos o que é melhor para vocês" tem sido muito comum em uma longa história de desenvolvimento rural no qual o conhecimento da gente do campo e as experiências dos agricultores são desvalorizadas e desqualificadas, apenas para ser substituídas por programas de base científica e as ideias de "especialistas" e outros. Defrontada com a iniciativa apresentada pelos líderes agrícolas, a PFS rejeitou abrir mão da propriedade da ideia de uma Via Campesina e persistiu na imposição da sua visão e métodos. A PFS recusou-se a aceitar um papel subordinado – no qual desempenharia um papel de apoio em vez de diretivo – como era solicitado pelos líderes agrícolas. Ao fazê-lo, ela ameaçou minar a autonomia das organizações agrícolas e camponesas.

4
"EM ALGUM MOMENTO, EM ALGUM LUGAR, A OMC VAI SE REUNIR... E NÓS ESTAREMOS LÁ."

> *A imposição da OMC e dos acordos regionais de comércio está destruindo as nossas condições de vida, as nossas culturas e o ambiente natural. Não podemos e não iremos tolerar a injustiça e a destruição que essas políticas estão causando. A nossa luta é histórica, dinâmica e irredutível... Essa é uma luta camponesa em favor de toda a humanidade...*
>
> Declaração de Bangalore. Via Campesina, 3 de outubro de 2000

A Via Campesina sustenta que o modelo industrial globalizado de agricultura, junto com o aumento da liberalização do comércio de alimentos, está levando à destruição da biodiversidade e à subsequente perda da diversidade cultural, à maior degradação do meio ambiente, ao aumento das disparidades e ao brutal empobrecimento de todas as regiões rurais do mundo. Ela argumenta que as políticas neoliberais são sustentadas pela violação dos direitos humanos e pelo aumento da violência no campo – voltadas especificamente para intimidar os camponeses –, enquanto a liberalização econômica ameaça a segurança alimentar nacional e fragiliza as condições de vida e a própria sobrevivência das famílias camponesas. Como resultado, os camponeses e as famílias rurais, tanto no hemisfério norte como no sul, "desaparecem" e as comunidades agrícolas são dizimadas.

Contudo, conforme a Via Campesina (1996a) afirmou tão desafiadoramente durante a sua 2ª Conferência Internacional, em Tlaxcala, "não nos intimidaremos" nem "desapareceremos". Armada com uma forte identidade coletiva como "gente da terra" e uma crença irredutível no seu direito a continuarem vivendo pelo cultivo de alimentos no campo, os membros da Via Campesina estão lutando pelo próprio direito de existirem. Essa não é apenas uma luta por sobrevivência; é uma luta para proteger as suas comunidades e culturas, e também pelo seu direito de produzirem alimentos de maneiras culturalmente adequadas para o seu consumo doméstico – por meio do que eles denominam soberania alimentar.

Essa determinação levou a Via Campesina a adotar a estratégia de oposição pública e radical a um dos elementos cruciais da globalização, a OMC. A oposição à globalização dirigida pela OMC tomou um formato singular que difere radicalmente das abordagens de outras organizações da sociedade civil envolvidas na agricultura e na segurança alimentar em nível internacional.

Agricultores e a OMC: as posições divergentes

A International Federation of Agricultural Producers, como a Via Campesina, acredita firmemente na necessidade de regulamentações do comércio internacional para estabelecer regras e mercados justos para os alimentos e a agricultura. Diferentemente da Via Campesina, a Ifap recentemente adotou uma posição favorável à liberalização. Com efeito, a Ifap aceita a inevitabilidade da liberalização e da globalização da agricultura, enquanto busca maneiras de assegurar que os agricultores tenham as ferramentas necessárias para adaptar-se para mudar a produção e as políticas de comercialização. A Ifap não questiona os pressupostos básicos do modelo de livre comércio. Em vez disso, vê a OMC como uma instituição legítima que busca a meta legítima de um comércio mais livre, o qual ela afirma que deveria

servir para assegurar que o crescimento econômico e a maior integração da economia cumpram o seu potencial para fortalecer as condições de vida das famílias camponesas no mundo todo, e contribuam para erradicar a pobreza e abrir um caminho econômica, social e ambientalmente sustentável para o desenvolvimento agrícola. (Ifap, 1998a, p.4)

Assim, as posições da Ifap sobre o comércio e a OMC são essencialmente conformistas e reformistas porquanto aquela organização busca fazer que o modelo, a estrutura e as políticas existentes funcionem melhor para os agricultores. A questão passa a ser como assegurar que as vozes dos agricultores sejam ouvidas nas deliberações da OMC e que os acordos dessa reconheçam a necessidade de diminuir o ritmo dos acordos de livre comércio até que os países do hemisfério sul possam acompanhar. Disso decorre a necessidade da transferência de tecnologia e de capacitação para o hemisfério sul (Ifap, 1998a, 2000a).

Para defender sua posição, a Ifap participa ativamente na OMC. De acordo com Sally Rutherford, ex-diretora executiva da Canadian Federation of Agriculture [Federação Canadense de Agricultura], as organizações membros são frequentemente convidadas a participarem de delegações governamentais nacionais e a própria Ifap reúne-se regularmente com o Secretariado e a diretoria da OMC em Genebra (Rutherford, 2002). Por meio desse nível de participação – o qual demanda um nível substancial de recursos humanos e financeiros –, a Ifap acredita que está conseguindo influenciar as deliberações internacionais e garantindo que os interesses dos agricultores sejam satisfeitos. Por exemplo, ela argumenta: "durante o Rodada do Uruguai, a proposta da Ifap a respeito das condições para submeter a agricultura às regras e à disciplina do Gatt foi adotada". Em um nível econômico, a Ifap acredita que "os contatos estabelecidos com a OMC e a OCDE

[...] permitem que os agricultores façam progressos" no sentido de enfrentarem os desafios de produzirem alimentos suficientes para uma população mundial cada vez maior, enquanto também manejam mercados cada vez mais voláteis (Ifap, s. d.).

Um dos objetivos fundamentais da Ifap é criar e ajudar a fortalecer organizações agrícolas especialmente nos países em desenvolvimento, para melhorar a capacidade e a participação dos agricultores no desenvolvimento das políticas agrícolas e de alimentos (Ifap, s.d.; 1998b). Por exemplo, em 1993, no mesmo ano em que a Via Campesina surgiu, a Ifap lançou a "Ação Mundial de Fortalecimento dos Agricultores", uma iniciativa voltada principalmente para os países em desenvolvimento. Mais tarde, a Ifap reestruturou seu Comitê Cooperativo de Desenvolvimento em uma tentativa de canalizar mais recursos – às vezes por meio de organizações do hemisfério norte – para as organizações agrícolas do sul. A Ifap também trabalha intimamente com o Banco Mundial sobre questões relativas à pobreza no campo e ao desenvolvimento sustentável. Por exemplo, o Banco Mundial patrocinou uma série de oficinas de capacitação para agricultores em regiões em desenvolvimento e apoiou uma Pesquisa do Milênio sobre Organizações Agrícolas e o Desenvolvimento para identificar as necessidades e as atividades das organizações agrícolas.

Entretanto, algumas das organizações agrícolas dos países em desenvolvimento que pertencem ao Ifap não têm necessidade desse apoio. A American Farm Bureau Federation, por exemplo, é um dos grupos mais influentes em Washington, gastando milhões de dólares para fazer *lobby* junto aos políticos dos EUA. Alguns dos membros europeus da Ifap também são membros do Copa, um grupo guarda-chuva das principais organizações agrícolas europeias que têm vínculos estreitos e influenciam a Comissão Europeia. Esses atores poderosos têm impacto dentro da própria Ifap e, dadas as estreitas conexões do Copa com o agronegócio e grandes cooperativas agrícolas, com segurança podemos dizer que provavelmente ele exerce influência nas tomadas de decisão do governo europeu. Talvez não seja surpresa que o relatório da Ifap sobre a conferência ministerial de Doha tenha ignorado os questionáveis processos que levaram à reunião do Catar e as táticas lá utilizadas, e, em essência, parabenizaram a OMC pelo sucesso em alcançar a assim chamada "Rodada do Desenvolvimento" (Ifap, 2001).[1]

A posição da Via Campesina sobre a OMC difere significativamente. Embora a Via não seja de modo algum oposta ao comércio agrícola, ela o aborda de uma perspectiva dos direitos humanos em vez da abordagem guiada exclusivamente pelo mercado, como aquela defendida pela OMC e os seus proponentes. Ao contrário, a Via insiste, "Alimentos são primeira e prioritariamente uma fonte de nutrição e apenas secundariamente um item de comércio". Assim, a produção agrícola deve ser voltada primariamente para garantir segurança alimentar sob os termos da soberania alimentar: "Alimento é um direito humano básico. Esse direito só pode ser realizado em um sistema onde a soberania alimentar é garantida" (Via Campesina, 1996c, p.1-2). Ademais, a Via Campesina (2000f, p.1) rejeita abertamente as decisões da OMC que impõem uma "liberalização forçada do comércio dos produtos agrícolas em todas as regiões do mundo" – uma prática que resulta em "preços desastrosamente baixos" para muitas das safras produzidas. Essas políticas têm resultados amargos.

Conforme os alimentos baratos importados inundam os mercados locais, os camponeses e as famílias rurais não podem mais produzir alimentos para as suas próprias famílias e comunidades e são expulsas da terra. Esses arranjos comerciais estão destruindo as comunidades e as culturas rurais ao impor novos padrões alimentares em todo mundo. Alimentos locais e tradicionais estão sendo substituídos por produtos alimentícios importados de preço vil e com frequência de baixa qualidade. Alimentos são uma parte fundamental da cultura e a agenda neoliberal está destruindo a própria

---

1 Dos 44 representantes de agricultores escutados na delegação da Ifap em Doha, somente oito eram de países em desenvolvimento. Veja Ifap (2001) para a lista completa.

base das nossas vidas e culturas. Não aceitamos a fome e a expulsão. Exigimos soberania alimentar, o que significa o direito de produzir o nosso próprio alimento.

Quadro 1 – O *lobby* agrícola dos EUA

Em 1998, a revista *Fortune* classificou a American Farm Bureau Federation como a 14ª organização mais influente em Washington. Em 1999, foi classificada em 21° lugar. De acordo com o Center for Responsive Politics, o American Farm Bureau Federation gastou 4,56 milhões dólares em *lobby* em Washington só no ano de 1998. Além disso, as agências estaduais de fazenda gastaram mais 250 mil dólares (Monks, Ferris e Campbell, 2000, p.50-1).

Ao defender a soberania alimentar, a Via Campesina rejeita explicitamente o que talvez seja o princípio mais significativo do AoA da OMC: o "direito de exportar" e a expansão do poder da OMC na governança local sobre os recursos genéticos, os recursos naturais e os mercados agrícolas. Esse direito de exportar é congruente com a visão da OMC de segurança alimentar, a qual talvez seja mais bem definida como assegurar acesso a um "fornecimento adequado de comida *importada*" (Stevens et al., 2000, p.3, grifo meu). Ao contrário, a Via Campesina defende que cada país tem o direito e a obrigação de desenvolver políticas agrícolas e alimentares nacionais que assegurem a saúde e o bem-estar das suas populações, culturas e ambientes.

A Via Campesina (1999b, p.1-2) argumenta que o AoA e os Trips da OMC foram planejados para proteger os interesses do agronegócio:

As políticas agrícolas neoliberais levaram à destruição das nossas economias agrícolas familiares, a uma profunda crise nas nossas sociedades, e ameaçam a própria coerência delas: o direito a produzir nosso alimento para nossos próprios consumidores, com grande diversidade de produção e consumo de acordo com as preferências culturais. Isso diz respeito às nossas próprias identidades como cidadãos desse mundo.

O exemplo mais claro de violação da nossa identidade é o fato de que as corporações transnacionais estão impondo alimentos geneticamente modificados. Em um movimento recente, os EUA e a UE tentaram trazer na OMC a discussão sobre a biossegurança e os OGM's – em essência, se temos o direito de nos protegermos contra a importação de produtos geneticamente modificados – por meio de um "grupo de trabalho de biotecnologia". Consideramos isso escandaloso e provocativo para os nossos direitos como cidadãos.

A Via Campesina rejeita as políticas neoliberais que obrigam os países a produzirem safras para exportação às custas da produção doméstica de alimentos. Essas políticas contribuem para derrubar os preços das *commodities* muito abaixo dos custos reais de produção. Os países em desenvolvimento são forçados a adotarem essas políticas para pagarem as suas dívidas externas. Esses países também têm de abrir as fronteiras para a importação de alimentos, o que os leva a contraírem dívidas ainda maiores. Os governos dos países ricos estão dando subsídios maciços e ilimitados por fazenda para compensar os cortes de preços e permitirem que as corporações transnacionais comprem barato. Dessa maneira, esses fundos públicos são um apoio direto para a indústria e não para os agricultores. Esse é um círculo vicioso que beneficia apenas as corporações transnacionais.

Não há dúvida de que a OMC é um instrumento que coloca maior controle e lucros nas mãos das corporações transnacionais. Ela é uma instituição totalmente imprópria para a tomada de decisões democráticas e a formulação de políticas sobre problemas importantes como a soberania alimentar, a saúde e a legislação ambiental, a gestão de recursos genéticos, da água, das florestas e da terra, e a organização dos mercados agrícolas.

Em eventos em torno do encontro ministerial de Seattle, a Via Campesina (1999b, p.3) reiterou as exigências que ela havia manifestado anteriormente na conferência ministerial da OMC em Genebra.

- Uma moratória imediata para as negociações seguintes da OMC.
- O cancelamento imediato da obrigação de importar 5% do consumo interno. Cancelamento de todas as cláusulas de acesso compulsório a mercados.
- Uma avaliação do impacto do acordo da Rodada do Uruguai e a implementação de medidas que corrijam as injustiças.
- Retirar a agricultura dos acordos comerciais bilaterais e regionais e da OMC.
- Criar mecanismos internacionais democráticos genuínos para regular o comércio de alimentos que ao mesmo tempo respeitem a soberania alimentar em cada país.
- Assegurar a soberania alimentar, o que significa respeitar o direito de cada país de definir suas próprias políticas agrícolas para satisfazer suas necessidades nacionais. Isso inclui o direito de proibir as importações para proteger a produção doméstica e implementar a Reforma Agrária, provendo o acesso à terra aos camponeses e aos produtores pequenos e médios.
- Parar todas as formas de aviltamento de preços (*dumping*) para proteger a produção doméstica de alimentos básicos.
- Proibir a biopirataria e o patenteamento da vida.

Para a Via Campesina, reformar a OMC não é uma estratégia viável, porque os próprios propósitos, práticas e políticas dela são visceralmente falhos. A Via Campesina argumenta que a falta de transparência e de prestação de contas da OMC, acompanhadas de práticas escandalosamente antidemocráticas e de laços com o agronegócio, a tornam completamente inadequada como estrutura internacional responsável pela supervisão do comércio de alimentos. Em vez de restringir os seus esforços a "reformar" a OMC pela negociação do que poderia ser substituído nas caixas "azul", "verde" ou "âmbar", ou fazendo leves ajustes pela criação de uma caixa de "desenvolvimento" ou de "segurança alimentar", a Via Campesina insiste que a agricultura e os alimentos deveriam simplesmente ser retirados da OMC ou, "talvez, mais adequadamente, vamos retirar a OMC da agricultura".

Anteriormente, em 1996, a Via Campesina parecia menos capaz de lidar com o poder potencial da OMC, que ainda parecia fora de alcance. Na época, a Via focou na abertura de espaços para deliberações sobre segurança alimentar, e desafiou as agências da ONU, como a FAO, a desenvolverem mecanismos para promover a soberania alimentar no mundo todo. Consequentemente, ela dirigiu os seus esforços e recursos para participar da Cúpula Mundial da Alimentação de 1996 em vez de estar no encontro ministerial em Cingapura, que foi realizado um mês depois. Em 2001, a Via continuava a trabalhar principalmente com agências internacionais alternativas e enfocava na CMA+5, que originalmente fora programada para ocorrer em novembro, em vez de estar presente na reunião da OMC em Doha. Como mostra Nico Verhagen, assistente técnico do Secretariado Operacional da Via Campesina, a participação dela na OMC provavelmente teria contribuído para a legitimação da alçada da instituição sobre a agricultura e a alimentação. Ao trabalhar com a FAO – uma instituição relativamente mais amistosa aos agricultores –, a Via poderia potencialmente ajudar a alterar (mesmo que levemente) a dinâmica do poder entre a FAO e outras agências importantes, como o FMI, o Banco Mundial e a OMC. Nettie Wiebe explica essa decisão estratégica:

> Somos claros sobre a OMC: em princípio, essa instituição é prejudicial para nós. A FAO, em princípio, não é um fórum hostil para nós. A ONU é uma das últimas instituições multilaterais restantes que poderiam ter algum impacto sobre suas agências membros. Há dentro da Via Campesina um debate acerca de como se deveria agir a respeito de quaisquer operações da ONU: se deveríamos considerá-las como estando todas tomadas e contaminadas pela OMC, ou se esses são ou não lugares onde há espaço para influenciar uma

instituição a partir da outra. Afinal, concluímos que não deveríamos abandonar a FAO. O resultado é que quanto mais influenciada e dominada ela for pela política externa dos EUA, e por tabela pela OMC, menos útil ela se tornará.

A Via Campesina acredita que devem ser estabelecidos novos instrumentos e mecanismos para desenvolver e implementar regras comerciais socialmente justas e responsáveis para a agricultura e a alimentação: essas também deveriam ser acompanhadas por um sistema ONU mais democrático e transparente (Via Campesina, 1999a). Dessa maneira, os regulamentos comerciais teriam de se compatibilizar com os acordos internacionais como a Convenção Internacional sobre Direitos Econômicos, Sociais e Culturais (Cidesc), a Convenção sobre a Biodiversidade e o Protocolo de Biossegurança – entre outros, em vez de os eliminarem.

O direito absoluto à alimentação é uma chave para o debate atual. A Declaração de Roma sobre Segurança Alimentar Mundial e o Plano de Ação da Cúpula Mundial da Alimentação adotados pelos chefes de Estado em 1996 reafirmavam o direito fundamental à alimentação para todos os povos e a obrigação de cada Estado de assegurar a realização desse direito. O Artigo 25(1) da Declaração Universal dos Direitos Humanos e o Artigo 11 da Cidesc reconhecem o direito humano a uma alimentação adequada.

Quadro 2 – O direito humano à alimentação

O Artigo 25 da Declaração Universal dos Direitos Humanos afirma: "toda pessoa tem direito a um padrão de vida capaz de assegurar o bem-estar de si mesmo e de sua família, inclusive alimentação, vestuário, habitação".

O Artigo 11(1) do Pacto Internacional sobre os Direitos Econômicos, Sociais e Culturais (Pidesc) reconhece "o direito de todos a um padrão adequado de vida para si e sua família, incluindo alimentação, vestuário e habitação, e para a melhoria contínua das condições de vida. Os Estados-Partes tomarão medidas apropriadas para assegurar a realização deste direito".

O Artigo 11(2) do Pidesc vai além ao declarar que governos reconhecem:

> O direito fundamental de toda pessoa de estar livre da fome, [e] adotarão, individualmente e por meio da cooperação internacional, medidas, inclusive programas concretos, que são necessários: (a) para melhorar os métodos de produção, conservação e distribuição de alimentos por meio da plena utilização dos conhecimentos técnicos e científicos, pela difusão de princípios de educação nutricional e pelo desenvolvimento ou pela reforma dos regimes agrários, de maneira a alcançar o desenvolvimento e a utilização mais eficazes dos recursos naturais.

Em setembro de 2006, o Pidesc foi ratificado por 154 países. O direito à alimentação também é incorporado na Convenção sobre os Direitos da Criança, a Convenção sobre a Eliminação de Todas as Formas de Discriminação contra a Mulher (Cedaw), e do Protocolo Facultativo à Cedaw.

A Cidesc também reconhece o direito à autodeterminação – "O direito dos povos a exercerem a soberania sobre as suas riquezas e recursos naturais" – como essencial para assegurar a realização dos direitos humanos (Oloka-Onyango e Udagama, 2000, p.10). Ademais, a Cidesc enfatiza: "Em nenhum caso, uma pessoa pode ser privada dos seus próprios meios de subsistência".

Ainda, o Artigo XVI(4) do Acordo de Marrakesh para Estabelecer a OMC suplanta claramente essa soberania, porquanto todos os Estados-membros devem alterar as suas leis, regulamentos e procedimentos administrativos para se adequarem às regras da OMC (Scholte, O'Brien e Wiliams, 1998, p.3). O AoA também deteriora dramaticamente a capacidade de os governos nacionais definirem as suas próprias políticas agrícolas e alimentares nacionais, enquanto, ao mesmo tempo, força-os a importarem 5% do consumo nacional de alguns produtos.

Então, ironicamente, os acordos internacionais dão plena responsabilidade aos Estados para assegurar o direito básico ao sustento e obrigam os governos nacionais a respeitarem os direitos humanos – embora todos os Estados sejam compelidos a uma estrutura internacional de comércio que mina a sua capacidade de agirem. Os apelos da Via Campesina pela soberania alimentar demandam que o comércio *não* seja a prioridade anterior a todas as outras. Mais ainda, as políticas comerciais devem respeitar, proteger e satisfazer os direitos das pessoas a sistemas de produção sustentáveis que gerem alimentos seguros e sadios; a OMC deve funcionar dentro dos limites amplamente reconhecidos das convenções internacionais de direitos humanos. Uma vez que esses princípios iriam requerer uma mudança fundamental na concepção da OMC – uma mudança que ela não tem dado nenhum indício de considerar –, a Via Campesina demanda que a agricultura e os alimentos sejam retirados da jurisdição da OMC.

Inicialmente, a posição da Via Campesina abarcava as perspectivas reformista e radical. Algumas organizações da Via Campesina, como a KRRS da Índia, clamavam pela extinção da OMC. Outras, como o NFU do Canadá e a Unorca do México, argumentavam que era necessário um marco regulatório internacional para contrapor as relações de poder assimétricas e as condições mantidas nos acordos regionais de comércio como o Nafta. Outras ainda, como a Confédération Paysanne, acreditavam que a Via Campesina deveria trabalhar para reformar a OMC e assegurar que essa se adequasse às convenções de direitos humanos internacionais. No final, a posição da Via Campesina foi uma mediação. Em vez de apelar pela dissolução completa da OMC, a Via Campesina demandou uma redução dos poderes da organização, retirando a agricultura da sua jurisdição, bem como a construção de novas estruturas em um sistema da ONU transformado, mais democrático e transparente.

A OMC dissemina o ativismo agrário mundial

Certamente, um dos setores fundamentais afetados profundamente pela OMC e o seu novo alcance sobre a agricultura foram as pessoas que produzem a maior parte dos alimentos do mundo – pequenos e médios agricultores, o que inclui os camponeses e especialmente as mulheres. Embora a Via Campesina, assim como a Ifap, também se engaje com instituições internacionais envolvidas na definição de políticas agrícolas e de alimentos, ela aborda o seu engajamento de maneiras diferentes e variadas. Nas tentativas de evitar ou mudar as políticas e instituições que são hostis aos interesses dos camponeses e dos pequenos agricultores, a Via se engaja em mobilizações, em manifestações de massa e mesmo em ação direta. Apenas em certos contextos que oferecem espaço adequado para negociação ela irá cooperar e colaborar para trabalhar por mudanças políticas favoráveis. A Via Campesina enfatiza que a negociação deve sempre ser acompanhada pela mobilização (Via Campesina, 2000c).

No dia 3 de dezembro de 1993, apenas sete meses depois de a Via ser criada, os seus líderes reuniram mais de cinco mil manifestantes para uma marcha na reunião do Gatt em Genebra. Eles exigiam um acordo alternativo de comércio que colocasse as necessidades das pessoas acima dos lucros. Falando do protesto, Nettie Wiebe declarou:

> É impensável que decisões que virão a ter consequências importantes para todos nós sejam tomadas apressadamente e com relativo sigilo – com tão pouca participação daqueles cujos modos de vida e a própria vida estão em jogo. Como agricultores canadenses, estamos particularmente preocupados que um acordo de comércio internacional não seja utilizado para destruir a capacidade de produção de alimentos e os mecanismos de autossuficiência nos países. A nossa experiência de programar a produção domesticamente para atingir a autossuficiência e um preço justo para os produtores de aves, ovos e laticínios sem distorcer o comércio internacional tem tido sucesso. Ela poderia servir como um modelo para outros. Um acordo do Gatt

não deveria destruir esses sistemas. Afinal, com certeza, a razão real para produzir alimentos não é expandir o comércio e aumentar os lucros dos negociantes multinacionais, mas, sim, alimentar as pessoas. (apud Pugh, 1994)

A Via Campesina captou a crescente frustração das famílias do campo quando demandou a democratização das conversações sobre o comércio mundial e exigiu que os "governos negociem uma ordem comercial internacional justa, que pague preços justos, não destrua a agricultura familiar e permita a cada região ter a possibilidade de garantir seu próprio abastecimento de comida" (Via Campesina, 1993b).

Na segunda conferência ministerial da OMC, realizada em maio de 1998, os líderes da Via Campesina voltaram a Genebra, dessa vez reunindo uma multidão com mais de dez mil manifestantes. Depois dos primeiros três anos de implementação, os acordos da OMC haviam fracassado em cumprir qualquer um dos benefícios prometidos para o campo. Com efeito, as organizações da Via Campesina haviam passado por uma deterioração do tecido das comunidades rurais acompanhada de um declínio da renda rural, conforme os governos nacionais alteraram e/ou abandonaram os programas e instituições para adequar-se às regulações da OMC. O poder agressivo da instituição multilateral e a aquiescência dos Estados-nação foram captados claramente pelo presidente Clinton, que, ao discursar para a conferência, declarou: "A globalização não é uma escolha política – é um fato".

Quadro 3 – Ação Global dos Povos

A Ação Global dos Povos define-se como um "instrumento de coordenação" para os movimentos sociais envolvidos na resistência à globalização e na construção de alternativas locais. A Ação Global dos Povos não acredita que o diálogo é uma ferramenta eficaz para a mudança, por isso, adotou uma abordagem de confronto, como o uso de ações

diretas de desobediência civil não violentas. Desde o seu início, em fevereiro de 1997, o Ação Global dos Povos organizou
os Dias de Ação Global, que envolvem manifestações antiglo-
balização nas cúpulas do G8, nas conferências ministeriais da
OMC e nas reuniões do Fundo Monetário Internacional e do
Banco Mundial. Em 1999, a Ação Global dos Povos organizou uma caravana intercontinental de solidariedade e de
resistência que trouxe 450 representantes de organizações
de agricultores, pescadores, povos indígenas e movimentos
contra barragens para a Europa.

As milhares de pessoas que marcharam nas ruas de Genebra –
muitas das quais haviam contribuído para a derrota do Acordo
Multilateral sobre Investimento – rejeitaram veementemente essa
atitude negligente a respeito da globalização e da liberalização.
Enquanto algumas delas, nomeadamente a Ação Global dos Povos,
clamavam pelo fim da OMC, a Via Campesina demandava que as
negociações agrícolas fossem interrompidas, que a agricultura e os
alimentos fossem retirados da OMC e que uma auditoria abrangente
fosse realizada para analisar o impacto que o AoA e o Acordo sobre
Aspectos dos Direitos de Propriedade Intelectual Relacionados ao
Comércio (Trips, sigla em inglês) da OMC estavam tendo sobre a
segurança alimentar, a soberania alimentar, o ambiente, e a sobrevivência das famílias rurais em todos os lugares.

Durante os protestos nas ruas de Genebra, a Via Campesina era o
único grupo que enfatizava a necessidade de reivindicar a agricultura
dessa maneira – refletindo o "lugar" significativamente diferente e
assim a perspectiva singular dos produtores de alimentos abrangidos
pelo movimento. Diferentemente de muitos outros indivíduos e
organizações – como ONGs, burocratas e autoridades governamentais –, os seus membros representavam pessoas cujo modo de vida e
a própria sobrevivência dependiam de que mudanças fundamentais
na produção e no comércio de alimentos fossem guiadas pelos agricultores. De acordo com a Via Campesina (1998a, p.1), "O comércio

internacional deve servir à sociedade", e as regras e a estrutura atuais do comércio mundial de alimentos foram planejados principalmente "para tirar o controle sobre um direito humano básico [como a alimentação] das mãos das pessoas e dos seus governos" para servir melhor aos interesses e à lucratividade da agroindústria. A Via Campesina (ibid.) prosseguiu, para argumentar:

> A perda de soberania alimentar nacional no sistema da OMC é perigosa e inaceitável. A Via Campesina rejeita veementemente conduzir negociações na agricultura sob os termos da Organização Mundial do Comércio [...]. Os acordos são definidos pelos grandes países industrializados [...] e as corporações multinacionais com pouca participação de outros países e movimentos sociais. Essas entidades estão agindo sem [...] responsabilidade ou prestação de contas e assim causando danos tanto às pessoas como aos recursos naturais.

Na época da terceira conferência ministerial, dois anos atrás, a resistência havia aumentado dramaticamente. Dezenas de milhares de manifestantes representando um amplo leque que ia de grupos ambientalistas, sindicalistas a indígenas, de estudantes e grupos religiosos a organizações de mulheres, tomaram as ruas de Seattle. Novamente, os agricultores estavam na linha de frente da resistência contra a globalização e o corporativismo da agricultura, como demonstraram os líderes da Via Campesina em frente à loja do McDonald's e dos escritórios da Cargill no centro de Seattle. Eles também se uniram a líderes sindicais na direção de um protesto pacífico que juntou cinquenta mil manifestantes contra a OMC. Nessa época, a Via estava convencida de que a OMC era incapaz de ser reformada e buscava deslegitimá-la como instituição responsável pelo comércio agrícola, reiterando as exigências de que a agricultura e os alimentos deveriam ser retirados da alçada dela e que a soberania alimentar deveria ser respeitada (Via Campesina, 1999b).

Os protestos nas ruas – a Batalha de Seattle, como foi chamada pela mídia –, junto a uma oposição interna crescente em alguns países em desenvolvimento, contribuíram para o fracasso da OMC em lançar a Rodada do Milênio, o que, por sua vez, levou a questionamentos sobre a legitimidade dela. Como afirmou o *The Economist* (1999a, p.17):

> O fiasco [...] abalou fortemente a OMC e as perspectivas de livre comércio. A credibilidade dela nunca esteve tão baixa [...] A cúpula de Seattle também levantou dúvidas a respeito da capacidade da estrutura canhestra e dos procedimentos antiquados da OMC para suportar 135 membros com suas exigências particulares.

O retrocesso foi visto como uma vitória retumbante por muitos movimentos que buscam a justiça social ao redor do mundo. A OMC não podia mais ignorar as crescentes queixas que emanavam dos movimentos da sociedade civil cada vez mais fortes, bem organizados e evidentes. A balança do poder havia oscilado, pelo menos levemente, conforme a globalização imposta de cima para baixo começou a ser contraposta por uma nova força internacional: a globalização de baixo para cima. Como relatou o *The Economist* (1999a, p.18):

> O colapso em Seattle foi um retrocesso para um comércio mais livre e um estímulo para os críticos da globalização [...]. As ONGs que lá se reuniram eram um modelo de tudo o que os negociantes comerciais não eram. Elas eram bem organizadas. Elas construíram coalizões incomuns (por exemplo, ambientalistas e sindicalistas esqueceram velhas desavenças para lutar juntos contra a OMC). Elas tinham uma agenda clara – impedir as conversações. E elas foram brilhantes no uso da mídia [...]. Em resumo, os grupos de cidadãos estão cada vez mais poderosos na arena corporativa, nacional e internacional.

Na época da Quarta Conferência Ministerial, realizada em Doha, no Catar, os proponentes da liberalização estavam desesperados para reerguerem a OMC. A distância que ela estaria preparada para atingir talvez esteja mais bem refletida no acordo dos líderes mundiais para adiar a CMA+5 (originalmente programada para ocorrer dias antes das conversações de Doha) em razão dos riscos de segurança emergentes depois dos ataques de 11 de setembro nos Estados Unidos.[2] Todavia, eles se recusaram a adiar as conversações comerciais. As negociações ocorreram em um centro de conferências semelhante a uma fortaleza e altamente militarizado. (Evidentemente, esse é um indício lamentável da moral e das prioridades dos líderes governamentais: focar no incremento do comércio acima da eliminação da fome e da pobreza.)

Realizar a conferência da OMC em Doha, no Catar, uma monarquia onde nenhuma manifestação pública ou desobediência civil seria tolerada, ajudou a garantir que o evento transcorresse com tranquilidade ao restringir a oposição das organizações da sociedade civil no local. Alegando um grave déficit de acomodações hoteleiras, o Secretariado da OMC e o governo do Catar autorizaram a entrada de um número bastante limitado de ONGs no país. Cerca de 400 representantes empresariais e de ONGs participaram das reuniões oficiais (Blustein, 2001b); somente sessenta desses eram de organizações "genuínas" no sentido de não serem controladas por governos ou interesses comerciais (Bello, 2001a, p.6). No encontro ministerial de Seattle, 1.300 representantes empresariais e de ONGs receberam credenciais. Assim, em Doha, a OMC logrou limitar enormemente a presença e as ações da oposição. Reformatando a natureza da opinião da sociedade civil permitida, a OMC tentava interpretar o mundo de acordo com a sua própria perspectiva autolimitadora. Ao comentar sobre o envolvimento de ONGs em Doha, o diretor-geral da OMC, Mike Moore, disse: "Acho que estamos conseguindo mais apoio das ONGs", como a maioria das organizações reunidas estava preocupada em fazer *lobby* (em vez de protestar) junto ou pelas delegações nacionais (apud Pruin, 2002, p.8).

---

2 O assassinato de um jovem manifestante em um protesto contra o G8 em Gênova, sem dúvida, contribuiu para a decisão da FAO e do governo italiano de adiar a Cúpula Mundial de Alimentação.

Contudo, a oposição não foi completamente cooptada ou silenciada. Os sessenta representantes de movimentos sociais e ONGs mais críticas e orientadas para a ação – incluindo um representante da Via – que foram a Doha engajados em protestos diários mantiveram o resto do mundo informado com relatos regulares sobre o processo de deliberação. Talvez, ainda mais importante, a OMC estava impotente para impedir as centenas de milhares de pessoas de tomarem as ruas ao redor do mundo nos seus respectivos países para resistir ao lançamento de uma nova rodada de negociações comerciais. Embora esses eventos não tenham sido cobertos em muitos dos veículos de mídia do hemisfério norte, as organizações da sociedade civil realizaram manifestações, debates e variados atos públicos em mais de sessenta cidades em países como África do Sul, Alemanha, Austrália, Áustria, Bangladesh, Bulgária, Canadá, Coreia do Sul, Dinamarca, Eslováquia, Espanha, Filipinas, Finlândia, França, Holanda, Honduras, Hong-Kong, Índia, Indonésia, Itália, Japão, Líbano, Malásia, Nova Zelândia, Nigéria, Noruega, República Tcheca, Rússia, Suécia, Suíça, Tailândia, Tunísia e Turquia, entre outros (Via, 2001a). Novamente, as organizações agrícolas e camponesas pertencentes à Via participaram ativamente em muitos desses protestos.

A resistência local e nacional contra a OMC

Os protestos dos agricultores contra a liberalização da agricultura não se limitam às conferências ministeriais da OMC. Mais amiúde, a resistência agrária se expressa em nível local e nacional e, em alguns casos, as organizações dos agricultores estão na linha de frente das lutas nacionais contra a liberalização. Por exemplo, em Taiwan, milhares de agricultores, ameaçados pela abertura de seus mercados para a carne suína e de frango dos EUA, jogaram fezes de porcos nos escritórios do governo americano de seu país (*WTO News*, 1998, p.1). A violência irrompeu nos protestos de milhares de agricultores contra a OMC na Coreia do Sul (*Agence France Press*, 2001b).

No interior da Via, talvez a dimensão transnacional da resistência local e nacional reflita-se melhor na luta contra a introdução e a imposição de sementes transgênicas – junto com os novos direitos de propriedade intelectual contidos nos Trips. Para a Via, essa nova tecnologia representa um ataque direto aos camponeses: significa a efetiva expropriação dos meios essenciais de produção. Consequentemente, a luta em torno das sementes está se intensificando. Desde a desnaturação das sementes transgênicas da Novartis pela Confédération Paysanne na França (Bové, 1998), da destruição de campos de algodão Bt na Índia pela KRRS, do bloqueio do MST aos navios argentinos carregados de sementes geneticamente modificadas para o Brasil (Osava, 2000), até o trabalho do NFU do Canadá contra a introdução de trigo geneticamente modificado (NFU, 2003), os camponeses e agricultores têm se recusado a permitir que as transnacionais tomem o controle das sementes.

Para a Via, a luta sobre a propriedade e o controle das sementes é tão crítica que os líderes dos agricultores estão preparados para cruzarem fronteiras para engajarem-se em ações diretas em solo estrangeiro. Por exemplo, somando à resistência local e nacional, em janeiro de 2001, a Via deu mais um passo quando organizações de camponeses e agricultores convergiram para o Brasil para participar do Fórum Social Mundial em Porto Alegre. Lá, as lideranças da Via juntaram-se ao MST e outros movimentos sociais brasileiros em ações diretas: elas arrancaram três hectares de soja geneticamente modificada da Monsanto e ocuparam os armazéns e laboratórios onde as sementes estavam sendo distribuídas. Ao fazê-lo, a Via abriu novas fronteiras, conforme os agricultores camponeses engajaram-se em sua primeira ação direta transnacional (ou transfronteiriça). Talvez seja igualmente importante que a Via não tenha restringido suas ações ao governo nacional; ao contrário, teve como alvo uma empresa multinacional.

Interessantemente, o governo do Brasil retaliou tentando expulsar o internacionalmente famoso porta-voz da Confédération Paysanne, José Bové, mas surpreendentemente nenhum líder do MST foi preso. Essa resposta esteve muito distante das ações repressivas anteriormente determinadas pelo governo brasileiro contra o MST e pode ter a ver com as ações coletivas da Via após o assassinato de dezenove camponeses, em 17 de abril de 1996. A pressão internacional que a Via e outras organizações foram capazes de exercer sobre o governo brasileiro, junto com o apoio que o MST tem dentro das fronteiras, podem bem ter desempenhado um papel significativo para a decisão do governo de restringir as ações contra o MST enquanto focava a retaliação sobre um estrangeiro.

Mas, talvez, as primeiras e certamente as maiores demonstrações de oposição do setor rural à liberalização da agricultura tiveram lugar na Índia. Anualmente, a KRRS, uma das coordenações regionais da Via, organiza protestos de massa no aniversário de Gandhi, dia 2 de outubro. Em 1991, mais de 200 mil agricultores se encontraram para protestar contra a agenda de liberalização contida na Minuta de Tratado Dunkel (Dunkel Draft Treaty) da Rodada do Uruguai. Apenas um ano depois, a multidão havia crescido consideravelmente: mais de meio milhão de agricultores indianos reuniram-se em Bangalore para lançar a Semente Satyagraha.[3] A KRRS apelava repetidamente ao governo da Índia para que rejeitasse a Minuta e os Trips. Dada a significação cultural das sementes nas comunidades rurais indianas, os Trips eram uma grande preocupação porque ameaçavam efetivamente transferir a propriedade e o controle das sementes das mãos dos agricultores para as das corporações transnacionais. No interesse de proteger a autonomia dos pequenos agricultores, a KRRS articulou uma série de demandas, incluindo: 1) as decisões a respeito da Minuta de Tratado Dunkel não deveriam ser tomadas sem debate público, incluindo consultas com organizações camponesas e os legislativos de todos os estados; 2) os agricultores têm o direito de produzir, guardar e vender sementes; 3) os governos devem se opor ao patenteamento dos direitos de propriedade intelectual sobre seres vivos; e 4) não deve ser aceita a entrada das empresas transnacionais de sementes na Índia (Assadi,

---

3 *Satyagraha* significa "força verdadeira", mas geralmente se refere a resistência não violenta.

1995, p.194). Em torno de 1993, a oposição à liberalização havia ganhado impulso conforme a KRRS uniu-se a outras organizações camponesas, como a Bharatiya Kisan Union do Uttar Pradesh e do Punjab, em um protesto nacional realizado em Déli no dia 3 de março daquele ano.

Quando o governo central da Índia ignorou totalmente as demandas da KRRS, os agricultores foram forçados a engajar-se em ações diretas. Em 29 de dezembro de 1992, depois de terem distribuído notas dizendo "saiam da Índia" para diversas multinacionais, os membros da KRRS invadiram os escritórios da divisão de sementes da Cargill e queimaram documentos da empresa. Cerca de sete meses depois, ativistas atacaram outro escritório da Cargill em Bellary. Posteriormente, as ações diretas dos agricultores indianos ganharam reconhecimento internacional quando se voltaram para outras multinacionais que estavam tentando se estabelecer na Índia. Em 1996, a KRRS revirou a loja da Kentucky Fried Chicken em Bangalore e engajou-se em uma campanha de conscientização pública vinculando preocupações com a saúde e a segurança dos alimentos com a presença invasiva das transnacionais na produção de alimentos na Índia. Mais tarde, a KRRS lançou uma campanha de desobediência civil chamada "Operação Cremação Monsanto" que envolveu a queima dos pés de algodão Bt de lavouras experimentais cultivadas pela Mahyco Monsanto em várias partes de Karnataka (*The Times of India News Service*, 1998; *The Hindu*, 2001). Em 18 de junho de 2002, membros da KRRS entraram em um armazém que vendia sementes de algodão Bt em Davangere e queimaram as sementes (KRRS, 2002). A campanha continuou esporadicamente durante os quatro anos seguintes.

As ações e estratégias da KRRS ilustram a acuidade com a qual os agricultores indianos, a maioria analfabetos, entenderam as ramificações sociais, culturais e econômicas imediatas das decisões sendo tomadas a meio mundo de distância, em Genebra. Quando o presidente M.D. Nanjundaswamy explicava, os membros da KRRS entendiam claramente que os acordos da OMC representavam uma questão de segurança nacional: ao mesmo tempo em que beneficiam enormemente as transnacionais de agronegócio e alimentos e as empresas de sementes, usurpavam a autonomia dos camponeses e destruíam as condições de vida, expulsando milhões de pequenos agricultores indianos – uma tragédia humana de escala gigantesca – em um país no qual 70% da população vive no campo.

A KRRS não restringia as suas ações a influenciar os governos estaduais e o nacional; ela visava diretamente as forças que impulsionavam a globalização: as corporações transnacionais. De acordo com T.N. Prakash, um economista agrícola que acompanhava a situação de perto por meio de suas ações diretas, os agricultores foram bem-sucedidos em capturarem a atenção pública, conseguindo colocar no centro do debate a OMC e o papel da Índia no seu interior. Embora a KRRS possa não ter visto nenhum resultado imediato das suas ações, ele teve sucesso em educar o público (e as autoridades do governo implicadas) e mobilizar diferentes setores para agirem; de acordo com Prakash, ao fazê-lo, a organização pode ter ajudado a mudar a opinião pública em algum grau. Com efeito, antigas autoridades do governo – como V.P. Singh (um ex-primeiro-ministro) e S.P. Shukla (um ex-embaixador para o Gatt e secretário nos ministérios do comércio e finanças da Índia) – começaram a criticar abertamente a OMC, bem como a falta de liderança do país no desafio à instituição multilateral (Frontline, 2001; Shukla, 2001). Esse resultado notável pode ajudar a explicar o papel mais proeminente e menos reticente que os negociadores indianos adotaram na 4ª Conferência Ministerial em Doha. De fato, as ações da Índia quase provocaram o colapso das conversações.

As diferentes estratégias dos agricultores: participação e mobilização

A crescente presença da Via Campesina na arena internacional tem atraído a atenção de um número cada vez maior de ONGs e instituições internacionais – o Banco Mundial, a FAO, a Comissão para o Desenvolvimento Sustentável e o Fórum Global sobre

Pesquisa Agrícola, entre outras – que buscam legitimar as suas políticas e programas por meio da "participação" desse movimento camponês internacional vibrante. De sua parte, a experiência da Via na arena internacional ensinou lições importantes sobre as limitações e os perigos muito reais dessa participação.

A experiência da Via com o Fórum Global sobre Pesquisa Agrícola (GFAR) é particularmente ilustrativa. O GFAR, formado em 1996, busca estabelecer um sistema mundial de pesquisa agrícola orientado para o desenvolvimento, construindo parcerias e alianças estratégicas em esforços para reduzir a pobreza, garantir segurança alimentar e gerir melhor os recursos naturais e genéticos. Em uma conferência realizada em maio de 2000 em Dresden, na Alemanha, o GFAR reuniu interlocutores principais: representantes de departamento de agricultura de governos, instituições de pesquisa nacionais e internacionais, ONGs, a Monsanto e a Novartis, a Via Campesina e a Ifap. O objetivo expresso da conferência era chegar a um consenso sobre o futuro da pesquisa agrícola – o que não era uma tarefa fácil, dado que a construção do consenso é sempre um processo difícil e às vezes impossível, especialmente quando os participantes têm interesses diametralmente opostos. O GFAR resolveu esse desafio simplesmente fabricando o consenso. Na hora final da conferência, os organizadores cumprimentaram os participantes por terem chegado a um acordo sobre a Declaração de Dresden, o qual reiterava a fé na ciência, no comércio, na biotecnologia e na engenharia genética como soluções para a pobreza, a insegurança alimentar, a perda de biodiversidade e a degradação ambiental. A maioria dos participantes, incluindo a Ifap, concordou com a declaração – com a exceção da Via e de numerosas ONGs. Mantendo seus princípios, a Via Campesina (2000a) coerentemente afirmou a necessidade crucial de que a pesquisa fosse dirigida pelos agricultores e planejada para satisfazer as necessidades e os interesses dos pequenos agricultores e camponeses em vez de ficar nas mãos do agronegócio.

Logo após a conferência, a Via emitiu um comunicado à imprensa destacando suas objeções às numerosas maneiras pelas quais os camponeses e pequenos agricultores haviam sido excluídos da participação no debate: eles não foram convidados a falar nas plenárias; não havia tradução nas sessões de trabalho em pequenos grupos; os temas críticos foram marginalizados; e, em uma tentativa zelosa de conseguir o consenso, a oposição pública e notória da Via Campesina havia sido convenientemente ignorada e propositalmente omitida. Mas, talvez, a exclusão definitiva tenha sido a insistência dos organizadores da conferência de que, em futuras assembleias, os representantes da Via seriam bem-vindos como "agricultores", mas não como representantes da organização. O nó do problema era que a estrutura do GFAR permitia apenas um assento para organizações representantes dos agricultores no seu Comitê de Mobilização. Como a Via Campesina (2000a) apontou, "Essa condição nega e elimina todos os aspectos necessários da nossa visão, prestação de contas e representação que são centrais para as atividades organizacionais da Via".

Um ano depois, o GFAR propôs um acordo de cooperação com a Via. Entre outras coisas, o GFAR expressava interesse em ajudar a Via a melhorar a sua página na internet e sugeria que o Fórum Global poderia assistir a Ifap e a Via para estabelecer interesses e posições comuns (GFAR, 2001, p.3-4). A Via percebeu essa proposta como um sinal claro de que, novamente, o GFAR estava ignorando a sua demanda de que fosse criado espaço específico para voz camponesa. Consequentemente, a Via optou por não assinar o acordo de cooperação, preferindo a participação "não ativa" – em outras palavras, concordando em manter uma presença e uma participação limitadas.

Espremer a Ifap e a Via Campesina em um único espaço, provendo, assim, apenas uma voz para os camponeses organizados, para os pequenos e médios agricultores e para os grandes produtores, tem sido uma tática comum por parte das instituições internacionais que têm convidado a participação da Via. Enquanto a Ifap parece estar interessada em construir o consenso entre todos os agricultores sustentando que as organizações compartilhem preocupações comuns e usem cada vez mais a mesma língua, os líderes da Via entendem que essas condições são de pouca valia – na verdade, elas iludem e enfraquecem. Como afirma Nettie Wiebe, no próprio processo de desenvolver uma posição conjunta entre a Via e a Ifap, frequentemente todas as questões são reduzidas ao mínimo denominador comum, furtando a efetiva afirmação do seu conteúdo e intenção originais. As posições resultantes não refletem mais as necessidades e demandas das organizações da Via.

Como explica Nico Verhagen, assistente técnico da Via, talvez ainda mais maliciosamente essa tática visa apagar as diferenças fundamentais entre as duas organizações agrícolas internacionais. Ela não apenas contribui para diluir e silenciar a oposição como também tenta fragilizar as alternativas defendidas pela Via. Por exemplo, nas manifestações na reunião do Gatt em Genebra, em 3 de dezembro de 1999, a Confédération Paysanne, acompanhada pelos líderes da Via, encontrou-se com o diretor-geral do Gatt, Peter Sutherland, mas a delegação, de acordo com Wiebe, não teve muita oportunidade de expor as suas preocupações. Sutherland descartou qualquer oposição, afirmando que ele já tinha consultado efetivamente os agricultores em reunião com a Ifap, a qual, segundo ele, demonstrou apoio às negociações do Gatt.[4]

Embora, inicialmente, a Via tenha compartilhado o espaço dos agricultores com a Ifap em alguns contextos que foram julgados menos significativos, ela eventualmente parou de fazê-lo. Agora, como uma questão de princípios, ela resiste ativamente à assimilação e pressiona as agências internacionais a reconhecerem que ela representa uma base distinta, que tem uma maneira diferente de ver o mundo e que propõe soluções diferentes para satisfazer as suas necessidades e interesses. Geralmente, a Via insiste em que lhe seja permitido falar em nome próprio em todos os espaços. Como resultado, ela conquistou um espaço entre instituições internacionais principais, que agora se reúnem com ela e a Ifap separadamente e garantem espaço para cada uma delas. Dada a

---

4   Sutherland parece ter deturpado a posição da Ifap. Wiebe (2001), que era então presidente do NFU, disse-me em uma entrevista que, ao mesmo tempo que a Ifap concordou com o teor geral do acordo comercial de liberalização, também levantou uma série de reservas e advertências claras ao projeto.

posição relativamente mais reformista/conformista da Ifap a respeito do comércio agrícola na OMC, a Via recusa-se a colaborar com a Ifap nessas negociações cruciais.

Por exemplo, em preparação para o encontro ministerial da OMC em Genebra, em 1998, uma organização da Via, a Union de Producteurs Suisses [União dos Produtores Suíços], agora chamada Uni-Terre, trabalhou com outras organizações nacionais, como a Union Suisse de Producteurs [União Suíça de Produtores], membro da Ifap e da Copa, na esperança de apresentar uma declaração conjunta da Ifap e da Via para Renato Ruggiero, diretor-geral da OMC. Gérard Vuffray, um líder agrícola da Uni-Terre, explica que em nível nacional as organizações rapidamente chegam a um acordo, e com um compromisso significativo de que a declaração fosse aprovada na Europa; mas a iniciativa fracassou do ponto de vista internacional. Após longas deliberações internas, que levaram a uma posição cada vez mais crítica a respeito da OMC, a Via optou por não assinar a declaração e não se encontrar com Ruggiero. Essa foi uma decisão significativa porque demarcou claramente o campo entre as organizações agrícolas trabalhando dentro e fora da OMC: dentro estava a Ifap, que era mais bem equipada e mais bem situada (geográfica e ideologicamente) para "participar"; fora estava a Via, defendendo firmemente suas posições. A Via Campesina escolheu a não participação em um esforço para deslegitimar a OMC, influenciar a opinião pública e mobilizar ações coletivas.

Para a Via Campesina, a participação é carregada de consequências políticas e econômicas. Ela tem uma consciência nítida de como a participação pode ser utilizada para cooptar um movimento, assim diluindo ou silenciando a oposição efetivamente. A sua própria participação pode ajudar a legitimar a instituição – incluindo seus processos e políticas – que está tentando atraí-la. Isso se torna especialmente preocupante quando as instituições internacionais tentam fundir os interesses empresariais, as ONGs e os movimentos sociais em um foro "multilateral". Como afirma Paul Nicholson:

As instituições multilaterais tendem a nos amontoar em um espaço único, no qual também temos de coabitar com o agronegócio. Esse processo de amalgamento é a burocratização da participação. Isso cheira mal e serve efetivamente para distanciar da base. Não é apenas um problema de metodologia: vai muito mais fundo. É um processo que dilui e esmaece o conteúdo; torna-o politicamente correto e, finalmente, torna o resultado inútil.

Ainda mais importante, esse tipo de "participação" pode minar os movimentos populares facilmente. A Via tem um sistema elaborado e cuidadosamente arranjado para consultar e manter-se afinada com as suas organizações de base. Claramente, essa estrutura representacional e vários processos de consulta elevam a legitimidade da organização como representante autêntica dos interesses dos camponeses e pequenos agricultores na arena internacional. Mas também torna o processo de tomada de decisões um esforço mais complicado e lento, com frequência provocando a impaciência das ONGs e outras instituições que não se incumbem dessas estruturas e que buscam dar respostas mais imediatas para os eventos mundiais. A Via preferiria abdicar da participação em certos fóruns internacionais a ceder no seu compromisso de construir um movimento agrícola com base em relações de confiança, respeito, igualdade de gênero e etnia, e prestação de contas.

A Via Campesina assume a representação com muita seriedade; ela também defende com afinco a sua autonomia na tomada de decisões sobre as questões da participação e da representação. Por exemplo, quando o movimento recebe um convite para estar presente em um evento, ela tenta gerar uma tomada de decisão democrática para a escolha da melhor pessoa para representá-la. Nesse processo, o Secretariado Operacional, ou qualquer uma das representações regionais para a CCI, normalmente envia uma carta fornecendo detalhes sobre o convite. As decisões sobre a conveniência da participação da Via ou a respeito de quem deveria ser o representante podem ser feitos por correio eletrônico em um período de duas semanas. A decisão final pode depender de uma série de fatores. Por exemplo, a CCI pode acreditar que uma região particular tem mais conhecimento sobre o tema, ou necessita receber mais exposição e experiência na arena internacional. Outras dinâmicas internas também podem estar em jogo, como o compromisso da Via com a equidade de gênero, ou o desejo da CCI de fazer uma escolha estratégica de apoiar uma luta nacional enviando um representante engajado em uma luta semelhante. Ainda assim, essa dinâmica interna pode ser minada quando a instituição ou ONG que organiza o evento seleciona um representante da Via, ou quando chega um convite de última hora que não permite que a organização gere um processo de decisão democrática. Para evitar esse tipo de cenário na medida do possível – e para proteger a sua estrutura coletiva e processos de decisão interna –, a Via Campesina (2000b, p.2) defende o seu direito de definir os termos e condições da sua participação:

> A Via Campesina deve ter autonomia para determinar o espaço que ocupará com o objetivo de assegurar que esse será bastante para influenciar o evento. É inaceitável participar de acordo com termos de convite que anulem ou subsumam nossa identidade, ou utilizem a nossa credibilidade sem dar-nos espaço para articular nossos próprios interesses e selecionar os nossos próprios representantes.

Dada a importância da agricultura nas negociações comerciais, os governos nacionais e a OMC reconhecem, compreensivelmente, que é do seu melhor interesse serem vistos consultando os agricultores do mundo todo quando adotam políticas comerciais mundiais. Mas a participação ativa nesse nível requer uma gama substancial de recursos financeiros e humanos, algo que as organizações de base, como a Via Campesina, simplesmente não têm. Dentro da OMC não há espaço para a Via assegurar controle e influência sobre o resultado final das decisões; as suas posições questionam seriamente a ortodoxia neoliberal e a dissidência raramente é permitida, se alguma vez o é, nas delegações governamentais nacionais. Como resultado, enquanto a Ifap tem assento na OMC e na OCDE representando os agricultores do mundo, a Via Campesina está nas ruas fazendo manifestações de massa para tentar influenciar a opinião pública. As organizações da Via também trabalham para influenciar as posições de seus governos nacionais. A julgar pela legitimidade cada vez mais frágil da OMC e a queda continua de sua credibilidade tanto junto a (certos) círculos governamentais como junto ao público em geral, a tática da Via Campesina pode ser vista como bem-sucedida.

Construindo alianças estratégicas com ONGs selecionadas

Embora as relações entre a Via Campesina e as ONGs tenham sido marcadas de tempos em tempos por tensão e conflitos, elas também são uma fonte de muita força. A Via, consciente de suas limitações, convenceu-se de que a construção de alternativas à agenda neoliberal que a OMC, o FMI e o Banco mundial promovem só pode acontecer em uma convergência transcultural e trans-setorial de movimentos sociais de base trabalhando junto com ONGs mais profissionalizadas (mas críticas). Como argumentam as linhas de orientação internas da Via sobre relações internacionais e o estabelecimento de alianças estratégicas (2000b, p.1):

> Em menos de uma década de trabalho, a Via Campesina teve sucesso em se estabelecer como uma importante voz mundial para os camponeses e pequenos agricultores. Ela o fez articulando uma poderosa agenda camponesa, mobilizando e trabalhando com solidariedade em todo um panorama de extensa diversidade geográfica e cultural. Para consolidar essas conquistas e tornar-se uma força mais efetiva, é imperativo continuar a construir relações estratégicas com outros que apoiem a nossa agenda, e a efetuar mudanças nas instituições e agências internacionais que estão destruindo a agricultura camponesa atualmente.

Enquanto os trunfos da Via Campesina eram a legitimidade, a prestação de contas, a vivência concreta da vida rural e a capacidade de mobilização de massa, as ONGs progressistas poderiam contribuir com *expertise* extremamente necessária para *lobbies*, conhecimento de tendências mundiais e a capacidade de acesso a fundos profundamente necessários para campanhas e mobilizações. Consequentemente, a Via buscou criar relações de trabalho estreitas com um grupo cuidadosamente selecionado de ONGs que, além de compartilharem de uma análise e visão semelhantes, também almejavam uma participação maior dos movimentos sociais.

Todavia, os desequilíbrios e as relações de poder assimétricas existentes entre as ONGs e as organizações camponesas (veja o Capítulo 3) tornaram desafiadores a criação e o trabalho de coalizões. Foram necessários anos de trabalho conjunto antes de a Via Campesina conseguir construir relações de confiança e respeito com ONGs cruciais. Igualmente, ela precisava construir e consolidar-se mais como um movimento internacional, de modo que pudesse expressar com mais confiança posições que refletissem com precisão as necessidades e os interesses da sua base constituinte. Somente então ela poderia avançar mais facilmente na direção da construção de alianças estratégicas com ONGs. Com efeito, somente depois da conferência ministerial da OMC em Seattle, ela começaria a trabalhar de modo coordenado com ONGs na arena internacional sobre temas de comércio e agricultura. Assim, a Via não apenas ajudaria a legitimar campanhas de ONGs, como lhes proveria conteúdo e direção.

Na conferência ministerial de Genebra, em maio de 1998, a Via Campesina dedicou a maior parte do seu tempo para deliberações internas para definir uma posição comum na OMC. Ela também trabalhou mais estreitamente com os movimentos sociais ligados à Ação Global dos Povos do que havia feito com ONGs. Após as reuniões de Genebra, muitos dos grupos que haviam ajudado com sucesso a derrotar o Acordo Multilateral sobre Investimento ingressaram em uma campanha de um ano: "No New Round: Turn Around Campaign" [Chega de Rodadas: Campanha por uma Reviravolta]. Posteriormente, essa campanha juntou 1.500 organizações de 89 países de todo o mundo; elas exigiam uma moratória para novas negociações da OMC, uma avaliação do impacto das decisões tomadas até então e a rejeição da introdução de novas questões nas negociações, como investimento e competição. Enquanto muitas organizações da Via participaram ativamente dessa campanha nacionalmente, em nível internacional, a Via não esteve plenamente engajada.

Todavia, em Seattle, a Via Campesina adotou sua estratégia: "globalizar a luta, globalizar a esperança"; ela forjou alianças com ONGs importantes e consolidou a articulação com outros setores em um esforço para constituir um movimento mundial para desenvolver alternativas ao modelo neoliberal advogado pela OMC. A Via enfocou no trabalho com uma série de ONGs e movimentos sociais selecionados estrategicamente que compartilhavam ideologias comuns e visões semelhantes de mudança social. Cerca de três meses depois, a Via juntou aqueles que haviam trabalhado na campanha Chega de Rodadas (No New Round) para elaborar uma nova estratégia: "Our World Is Not for Sale: WTO – Shrink or Sink! The Turn Around Agenda" ["O Nosso Mundo Não Está à Venda: OMC – Encolha-se ou Recolha-se! A Agenda da Reviravolta"]. Nicholson explica que, embora a Via não tenha assinado esse documento, o movimento certamente estava ligado ao processo. Na época em que essa declaração foi reconfigurada para "Our World Is Not for Sale: WTO Shrink or Sink!" ["O Nosso Mundo Não Está à Venda: OMC Encolha-se ou Recolha-se!"], a Via estava disposta a tornar-se signatária.

A OMC, reconhecendo a necessidade de abrir espaço e engajar-se em uma discussão com as organizações da sociedade civil, organizou um simpósio a ser realizado em julho de 2001. Contudo, aos olhos de muitos movimentos sociais e ONGs, a OMC – mesmo depois de ter assumido compromisso em Seattle de ser mais transparente e democrática – não estava demonstrando nenhuma reforma mensurável. O Focus on the Global South, um instituto de pesquisa e política sediado em Bangkok com equipe em Genebra, preparou relatórios mensais sobre as negociações e interações da OMC. Os artigos explicavam detalhadamente os processos e as práticas sigilosos, exclusivos e nada transparentes do organismo multilateral na organização da 4ª Conferência. Ainda mais perturbadoramente, os

poderosos atores da OMC e o próprio Secretariado da OMC estavam impulsionando o lançamento de uma nova e abrangente rodada
no Catar – um movimento que indicava claramente que a OMC
estava ignorando as demandas de mais de 1.500 organizações de 89
países que apoiavam os apelos de numerosos países em desenvolvimento para que fosse avaliada a implementação dos acordos antes da
definição de uma nova rodada.

Sem nenhuma possibilidade real de reforma à vista, muitos
movimentos sociais e ONGs concluíram que o simpósio da OMC
com a sociedade civil era simplesmente um exercício de relações
públicas. Consequentemente, a Via Campesina, trabalhando em
coalizão com outros movimentos sociais, chamou uma conferência de imprensa e lançou a estratégia "O Nosso Mundo Não Está
à Venda: OMC – Encolha-se ou Recolha-se!" centrada em onze
demandas que objetivam reduzir o poder e a alçada da OMC,
resistindo ao lançamento de uma nova rodada abrangente, e desenvolvendo um sistema de comércio sustentável, socialmente justo e
democraticamente responsável.

Dadas as restrições impostas pela realização da conferência
ministerial em Doha, a Via Campesina trabalhou como parte de
um grupo da coalizão "Nosso Mundo Não Está à Venda..." no
desenvolvimento de uma estratégia de três faces.[5] Primeiro, seriam
organizados eventos locais e nacionais para coincidir com as reuniões
em Doha, com o objetivo de educar o público em geral e as autoridades nacionais. Segundo, um grande fórum das organizações da
sociedade civil sobre a globalização e a OMC ocorreria em Beirute,
para reunir movimentos locais e regionais, fortalecer os seus laços

---

5   Algumas das principais organizações responsáveis por liderar as estraté-
    gias e ações da campanha *Nosso mundo não está à venda* com vistas a Doha
    foram: Arab NGO Network for Development [Rede de ONGs árabes para o
    desenvolvimento], Friends of the Earth International [Amigos da Terra Inter-
    nacional], International Forum on Globalization [Fórum Internacional sobre
    Globalização], Public Citizen's Global Trade Watch [Observatório Público
    Cidadão Sobre Comércio Global], Council of Canadians [Conselho de Cana-
    denses], Focus on the Global South [Foco no Sul Global], Via Campesina e
    World Forum of Fisher Peoples [Fórum Mundial de Pescadores].

internacionais com seus pares e atuar como um contraponto da sociedade à conferência da OMC. A estratégia final, e certamente a mais criativa, era organizar uma Armada Ativista que navegaria de Al Ácaba, na Jordânia, para Doha, levando cerca de trezentos ativistas, e uma Flotilha de Pescadores, que partiria de Mumbai. A Via consolidou laços com o Fórum Mundial dos Pescadores e, posteriormente, os agricultores e pescadores acordaram em colaborar na organização de ações contra a OMC. Todas as organizações envolvidas na coalizão "Nosso Mundo Não Está à Venda..." comprometeram-se com protestos pacíficos e não violentos; seria pedido a todos a bordo dos barcos que assinassem um Juramento à Paz (Peace Pledge), distanciando-os efetivamente dos grupos isolados engajados em táticas violentas.

Quadro 4 – Onze exigências da campanha "Nosso mundo não está à venda..."

- Não à expansão da OMC.
- Proteger os direitos sociais básicos e a sustentabilidade ambiental.
- Proteger os serviços sociais básicos e [...] a capacidade dos governos e do povo de regular a fim de proteger o meio ambiente, saúde, segurança e outros interesses públicos.
- Deter o protecionismo corporativo de patentes: sementes e remédios são necessidades humanas, não *commodities*.
- Não às patentes sobre a vida.
- Alimentação é um direito humano básico [...] proteger a soberania alimentar genuína.
- Não ao investimento em liberalização: o Acordo sobre Medidas de Investimento Relacionadas ao Comércio (Trims, sigla em inglês) deve ser eliminado.

- Comércio justo: [...] direitos especiais e diferenciados para os países do Terceiro Mundo.
- Priorizar os direitos sociais e ambientais.
- Democratizar a tomada de decisão.
- Disputar o mecanismo de resolução de conflitos.

Fonte: Para o texto completo da campanha, consulte a página do Conselho dos Canadenses: http://www.canadians.org.

Os ataques de 11 de setembro nos Estados Unidos forçaram a coalizão a abandonar o plano da Flotilha e, assim, reduzir substancialmente a presença e as ações dos movimentos sociais e ONGs em Doha; mas a mobilização não cessou. Com efeito, como nunca antes, mais pessoas tomaram as ruas em mais lugares no mundo todo. A resistência à OMC nunca fora tão forte e, agora, as posições e as alternativas eram mais claramente definidas. Por exemplo, a apenas alguns dias do começo da Conferência de Doha, os apelos outrora solitários da Via Campesina (iniciados ainda antes da conferência de Genebra) exigindo soberania alimentar e a saída da OMC da agricultura, agora eram apoiados por numerosos movimentos sociais e ONGs de todo o mundo com o lançamento em 26 de novembro de 2001 da campanha "Prioridade para a Soberania Alimentar dos Povos – OMC Fora da Agricultura e da Alimentação" [Priority to Peoples' Food Sovereignty – WTO out of Food and Agriculture][6]. Um comunicado à imprensa explicava:

---

6 Na primavera de 2001, a Via Campesina e os Amigos da Terra convocaram uma reunião com organizações de agricultores e ONGs para discutir estratégias comuns para o comércio, agricultura e soberania alimentar. Após esta reunião, um subgrupo foi formado para elaborar o Documento sobre a Soberania Alimentar dos Povos (Verhagen, 2001). Organizações participantes da campanha "Nosso mundo não está à venda" formaram, então, a Rede de Povos pela Soberania Alimentar, para se concentrar mais especificamente em questões de agricultura, alimentação e globalização. Esta rede é agora chamada de Grupo Agrocomercial. A campanha "Prioridade para a Soberania Alimentar dos Povos – OMC fora da Agricultura e Alimentação" foi desenvolvida pelo grupo

A soberania alimentar dos povos é um apelo aos governos para adotarem políticas que promovam uma produção sustentável, baseada na agricultura familiar em vez da produção guiada pela indústria, a exportação e altamente dependente de insumos. Isso requer preços adequados para todos os agricultores, a gestão do abastecimento, a abolição de todas as formas de subsídio à exportação e a regulação da importação para proteger a produção nacional de alimentos. Todos os produtos alimentares deveriam adequar-se a padrões ambientais, sociais e de saúde superiores. Isso inclui a eliminação dos organismos geneticamente modificados (OGMs) e da irradiação dos alimentos. A soberania alimentar dos povos também inclui acesso equitativo à terra, às sementes, à água e a outros recursos produtivos, bem como a proibição do patenteamento da vida. (Peoples' Food Sovereignty, 2001a, p.1)

A campanha enfatizava que, para assegurar a soberania alimentar, os governos deveriam agir imediatamente para retirar a agricultura e os alimentos da jurisdição da OMC e começarem a trabalhar em uma nova estrutura multilateral para gerenciar o comércio de alimentos e uma produção agrícola sustentável.

Todavia, depois do fiasco da conferência de Seattle, outro colapso nas negociações comerciais simplesmente não era aceitável para os proponentes da liberalização. E, apesar da resistência interna e externa, a 4ª Conferência Ministerial da OMC em Doha encerrou-se com uma declaração de dez páginas. Ao retornarem a seus países, algumas autoridades governamentais mostravam-se eufóricas que Doha não fora uma repetição de Seattle. Por exemplo, Robert Zoellick, Secretário de Comércio dos EUA, declarou: "os membros da Organização Mundial do Comércio enviaram um sinal poderoso

---

Agrocomercial e lançada pela Via Campesina, Collectif Statrégies Alimentaires, Grupo ETC (anteriormente Rafi), Focus on Global South, FoodFirst / Instituto de Alimentação e Políticas de Desenvolvimento, Amigos da Terra América Latina e Caribe, Amigos da Terra Inglaterra, País de Gales e Irlanda do Norte, Grain, Instituto para Agricultura e Política Comercial, Fundação Ibon e Programa Cidadão Público de Meio Ambiente e Energia.

para o mundo. [...] Removemos as manchas de Seattle". O ministro do comércio internacional do Canadá, Pierre Petitgrew reiterava: "Viramos a página do fracasso em Seattle" (Morton, 2001, p.1-2). Outros ligaram a oposição ao terrorismo e cunharam os novos passos da liberalização como "desenvolvimento". Como disse o Presidente Bush, a OMC prometera trazer "prosperidade e desenvolvimento para todos". E prosseguiu para afirmar que a declaração da reunião:

> Envia um sinal poderoso de que as nações mercantes do mundo apoiam o intercâmbio aberto e pacífico e rejeitam as forças do medo e do protecionismo [...]. A decisão de hoje oferece uma nova esperança para as nações em desenvolvimento do mundo [...]. Isso reflete o nosso entendimento comum de que uma nova rodada comercial pode dar maior acesso aos mercados mundiais aos países em desenvolvimento e melhorar a vida daqueles milhões de pessoas que hoje vivem na pobreza. (Office of the Press Secretary, 2001, p.1)

De modo semelhante, Franz Fischler, Comissário de Agricultura da UE, rejubilava-se ao declarar:

> Hoje, começamos uma festa onde todos ganham presentes. A agricultura foi um, mas não o único ponto no jogo. Não sei se escrevemos a história do comércio hoje, mas sei que a história vai recordar esses dias em Doha, quando o mundo livre apoiou o multilateralismo ao opor-se ao isolacionismo, quando os países desenvolvidos e em desenvolvimento optaram pelo comércio em vez do terrorismo. (European Union, 2001, p.1)

A revista *The Economist* (2001, p.65-6) insistia que o acordo em Doha fora "uma grande vitória para os países pobres" e que "ao contrário do pensamento convencional, a OMC é amiga dos países pobres".

Quadro 5 – Propostas para uma soberania alimentar dos povos para um contexto alternativo

Uma alternativa internacional envolve:

- Uma Nações Unidas reformada e reforçada, com o compromisso de proteger os direitos fundamentais de todos os povos e responsável pelo desenvolvimento e negociação de regras para a produção sustentável e comércio justo.
- Um mecanismo de resolução de disputas independente, integrado dentro de um Tribunal Internacional de Justiça.
- Uma Comissão Mundial sobre Agricultura Sustentável e Soberania Alimentar para avaliar o impacto da liberalização do comércio sobre a soberania alimentar e segurança alimentar, que será responsável pela elaboração de propostas de mudança. Essa comissão poderia ser dirigida por organizações da sociedade civil e movimentos, representantes eleitos e instituições multilaterais apropriadas.
- Um tratado internacional e juridicamente vinculativo que defina os direitos dos camponeses e pequenos produtores, para os bens, recursos e proteções legais necessárias para exercer o seu direito de produzir. Tal tratado poderia ser enquadrado no âmbito dos Direitos Humanos da ONU e ligado às já existentes e relevantes convenções da ONU.
- Uma Convenção Internacional para substituir o atual Acordo sobre Agricultura e outras cláusulas relevantes em outros acordos da OMC. Em um quadro político internacional que incorpore as regras da produção e comercialização agrícola e de alimentos, essa Convenção colocaria em prática o conceito de soberania alimentar e os direitos humanos fundamentais de

todos os povos à alimentação segura e saudável, além de garantir digno e pleno emprego rural, direitos trabalhistas e de proteção, e um meio ambiente natural, saudável, rico e diversificado.

Fonte: Adaptado de 2001b, *Povos soberania alimentar,* p.7. Para a declaração completa, consulte www.peoplesfoodsovereignty.org/new/statement.container.htm

Os sucessos em Doha não foram tão extensos assim; de fato, o processo e os resultados continuaram controversos e apontavam apenas para uma recuperação frágil da OMC. Mesmo o Comissário Comercial da UE, Pascal Lamy, descreveu o processo de Doha como "medieval" (apud Bello, 2001b). Como o próprio *The Economist* (2001, p.65) explicava, em Doha, a OMC "salvou-se do ostracismo ao qual um fracasso a teria condenado". Um acordo foi obtido apenas como resultado de negociações forçadas e "torturantes", entremeadas por momentos de "pânico dos minutos finais", desencadeadas pela recalcitrância da Índia. Analistas dos países desenvolvidos foram mais críticos a respeito do que aconteceu, como aconteceu e por quê. Shukla (2001, p.8) afirmou:

O que aconteceu em Doha foi o começo do último assalto do capital mundial sobre a soberania econômica dos Estados-nação, particularmente do Terceiro Mundo [...]. Uma das principais contradições do nosso tempo é a OMC. Ela tem na fachada estrutura e regras de funcionamento democráticas. Ao mesmo tempo, é uma instituição não transparente, não participativa e não democrática. O seu próprio nascimento foi ocasionado pelos processos e motivações caracterizados por esses atributos. Ela fala de um voto para cada membro e decisões por maiorias prescritas. Ela nunca se esquiva de impor a vontade das duas poderosas entidades capitalistas sobre a maioria relutante e colérica dos países do Terceiro Mundo. Ela advoga o consenso, mas chega a ele suprimindo ou ignorando as vozes discordantes. Ela vende os seus desígnios predatórios em nome da liberalização e de um comércio mais livre. A razão fundamental por que as coisas aconteceram e como aconteceram em Doha é o nosso fracasso em reconhecer a contradição e aproveitar a oportunidade que ela própria oferece para invertê-la.

Os movimentos sociais e as ONGs, incluindo a Via Campesina, estavam entre os poucos atores a desafiar publicamente a OMC a respeito do processo discriminatório e antidemocrático que levou a Doha, e a lançar luz sobre as táticas de manipulação e a permanente falta de transparência exibida pelo próprio encontro ministerial.[7] Contrariamente às promessas feitas de reformas às próprias práticas que precipitaram o colapso em Seattle, a OMC continuava como antes. Charlene Barshefsky, uma ex-representante comercial dos EUA que desempenhou um papel importante nas reuniões ministeriais de Cingapura, Genebra e Seattle, disse "que o processo da OMC era bastante exclusivo, todas as reuniões eram feitas entre vinte a trinta países principais... E isso significava que cem países nunca estavam na sala" (apud Bello, 2000, p.5). Walden Bello observou que nas tentativas de chegar ao consenso em Seattle, Barshefsky havia ameaçado delegados de serem excluídos, afirmando:

[Eu] deixei bem claro e reiterei a todos os ministros hoje que, se formos incapazes de atingir aquele objetivo, reservo-me todo o direito de também utilizar um processo mais exclusivo para chegar a um resultado. Não há dúvida sobre o meu direito como presidente para fazê-lo ou minha intenção como presidente para fazê-lo. (apud Bello, 2000, p.5)

---

7   KWA (2002) fornece uma análise em profundidade das práticas da OMC ao examinar de perto inúmeras contas pessoais dos negociadores da OMC em países em desenvolvimento. Para ver outras contas Focus on Trade [Foco no Comércio] (2002), os relatórios da Coalition of Civil Society groups in Doha [Coalizão de Grupos da Sociedade Civil em Doha] (2001a, 2001b), Agência France Presse (2001a), e a declaração conjunta de ONGs e Movimentos Sociais (2002).

De acordo com os representantes dos movimentos sociais e ONGs presentes em Doha, os esboços iniciais apresentados pela presidente para o Conselho Geral e o diretor-geral não continham as preocupações de muitos países em desenvolvimento, muito embora muitos deles houvessem apresentado propostas e posições concretas; nenhuma observação de ressalva ou carta de introdução acompanhava a minuta, assim dando a impressão de consenso. Além da prática da Sala Verde – que envolvia convidar governos cuidadosamente selecionados para "encontros informais" –, seis "amigos da presidente" foram indicados como facilitadores para ajudar a chegar a um consenso na declaração. Não havia critérios ou processo expressos para a seleção desses "membros verdes", e todos, exceto um, vinham do campo favorável a uma nova rodada. Finalmente, alguns delegados de países em desenvolvimento afirmaram que táticas violentas, como ameaçar cortar ajuda financeira, foram utilizadas para obter o apoio deles. Avaliando o processo e o resultado, a Via Campesina juntou numerosas organizações de todo o mundo para denunciar o resultado de Doha como "Tudo Menos Desenvolvimento" e, de novo, rejeitar a legitimidade da OMC:

> O resultado de Doha, especialmente a Declaração Ministerial e o programa de trabalho, não tem legitimidade pública [...].
> Condenamos os métodos e processos não transparentes, discriminatórios e sem regras ou arbitrários conduzidos pelo Diretor-geral e o Secretariado da OMC e dirigidos pelos principais países desenvolvidos. Esse comportamento e processos são particularmente vergonhosos para uma organização internacional que se gaba de que os seus princípios fundamentais são a transparência, a não discriminação e a legalidade. Portanto, comprometemo-nos a promover a conscientização mundial sobre as implicações desastrosas derivadas de Doha, e os processos vergonhosos que geraram esse resultado. (Declaração Conjunta das ONGs e Movimentos Sociais, 2002, p.3)

Como demonstra o trabalho da coalizão "Nosso Mundo Não Está à Venda", a resistência está ficando mais organizada, inclusiva, sofisticada e proativa. Logo depois de Doha, a coalizão reuniu-se em Bruxelas para analisar o contexto após o 11 de setembro e desenvolver estratégias mundiais para continuar a resistência e a mobilização contra a OMC. Dessa vez, a reunião incluiu a participação ativa da Via Campesina e do Fórum Mundial de Pescadores junto com o movimento sindical e ONGs. Foram feitos esforços coordenados para superar os desequilíbrios existentes, superar diferenças e explorar maneiras práticas de trabalhar mais estreitamente juntos. Apesar do aumento das medidas de segurança e da proscrição das dissidências que se seguiu ao 11 de setembro, os participantes da coalizão concordaram que a resistência continuaria. Como disse Tony Clarke, do Instituto Polaris, ao resumir os resultados de uma discussão sobre futuras estratégias a respeito da OMC: "Nós temos as ruas. A ação direta continua sendo um elemento fundamental dos nossos movimentos. Eles não nos tirarão as ruas".

O terreno da luta está se expandindo para incluir não apenas a resistência internacional contínua, mas também mais trabalho local e nacional. Contrariamente aos relatos da mídia dominante, a oposição à globalização e à liberalização não está restrita apenas a umas poucas centenas de anarquistas cuja única missão parece ser a destruição da propriedade e ganhar as manchetes. Os movimentos trabalhando em coalizões estão se distanciando publicamente daqueles que advogam a violência. A oposição pacífica à OMC cresceu dramaticamente e não há sinais de que vá diminuir no futuro. Como afirmado na última linha da declaração "Porto Alegre II: Apelo aos Movimentos Sociais" – assinado por milhares de representantes de movimentos sociais e de ONGs que haviam se reunido com os quatro representantes da Via Campesina em Porto Alegre em fevereiro de 2002 –: "Em algum momento, em algum lugar a OMC, o FMI e o Banco Mundial vão se reunir. E nós estaremos lá!".

As contínuas lutas por poder

Esses fatos não significam que todos os movimentos sociais e ONGs concordem sobre as estratégias a respeito da OMC e do comércio agrícola. Com efeito, diferenças de opinião vieram à tona e as divisões tornaram-se mais pronunciadas no Fórum sobre Soberania Alimentar ONG/CSO realizado em conjunto com a CMA+5 em Roma, em junho de 2002. Essencialmente, o principal conflito ocorreu sobre o enfoque conceitual para a ação futura. De um lado, estavam aqueles que acreditavam em uma abordagem reformista, que inclui aumentar o acesso ao mercado para os países do hemisfério sul; melhorar o Acordo sobre Agricultura (AoA) com a introdução de um "pacote de desenvolvimento" para permitir aos países em desenvolvimento a opção de proteger seus setores agrícolas e safras principais e para ajudar a assegurar a segurança alimentar e a adoção de um código, convenção ou pacto internacional de conduta sobre o direito à alimentação. Essencialmente, essa posição aceita a ideia de que aumentar o comércio agrícola internacional é benéfico; que é uma estratégia importante na melhoria do bem-estar das famílias agricultoras e aliviará a fome e a pobreza; e que a jurisdição da OMC sobre a agricultura e alimentação pode ser mantida (não obstante sob regras comerciais mais justas e uma governança mais democrática). (Por exemplo, veja Oxfam International, 2002; Christian Aid, 2001.) Defensores dessa posição veem o trabalho dentro da OMC como um importante lugar de luta.

Junto a outros movimentos sociais e ONGs críticos, a Via adota a abordagem mais radical da soberania alimentar, a qual, como expressa Nettie Wiebe (2002), "dá realmente uma nova perspectiva do problema".

A soberania alimentar desafia toda a agenda da globalização com base em que você poderia obter essa soberania em áreas locais e regionais, tanto em mercados como em governança, e também no acesso aos recursos. Isso é de longe a abordagem mais imaginativa e criativa; tem o maior potencial para mudar a história de fato. A soberania alimentar é um conceito muito mais amplo que cria um ambiente ou uma conjuntura mais colaborativa para a realização do direito à alimentação.

A abordagem de soberania alimentar envolve deslegitimar a OMC, retirando a agricultura da sua jurisdição – ou pela exigência mais recente e poderosa da Via Campesina: "tirar a OMC da agricultura" – em favor de construir estruturas alternativas, mais democráticas e transparentes. Também envolve a ratificação de uma Convenção Internacional sobre Soberania Alimentar para governar a produção de alimentos e o comércio agrícola internacional. A lógica da deslegitimação acarreta uma recusa em participar na própria OMC, trabalhar fora em momentos estratégicos para mobilizar ações coletivas, e finalmente mudar a opinião pública.

A ideia da soberania alimentar foi primeiro introduzida pela Via Campesina na Cúpula Mundial da Alimentação no Fórum de ONGs sobre Segurança Alimentar em 1996. Com efeito, uma das principais razões para a Via ter se recusado a assinar a Declaração das ONGs foi porque ela não oferecia uma alternativa real; a declaração estava restrita às estruturas existentes. De acordo com Wiebe, ao recusar-se a aceitar a Declaração das ONGs, a Via conquistou para si um espaço efetivo, colocando o conceito de soberania alimentar no mapa. O interesse no conceito disseminou-se rapidamente, e a ideia passou a ser cada vez mais encontrada em documentos que tratam de diferentes aspectos da segurança alimentar. Por exemplo, as ONGs europeias formaram uma Plataforma da Soberania Alimentar, sediada na Bélgica, especificamente para fazer a advocacia de temas relacionados à soberania alimentar; o conceito estava no centro das discussões no Fórum Social Mundial realizado em Porto Alegre, no Brasil, em janeiro de 2001; um fórum internacional sobre soberania alimentar foi organizado em Havana em agosto de 2001; o Partido Verde do Parlamento Europeu realizou uma conferência de três dias sobre o conceito em dezembro de 2001.

Na época do FSM:5+, a soberania alimentar havia se tornado o grito de guerra de um número cada vez maior de organizações camponesas e movimentos sociais em todo o mundo na busca de alternativas à OMC. Isso é evidenciado, entre outras coisas, pelo desenvolvimento da campanha "O Nosso Mundo Não Está à Venda: Prioridade para a Soberania Alimentar dos Povos – OMC Fora da Agricultura" e os resultados da Oficina de Estratégia sobre Tirar a OMC da Agricultura, organizado de 24 a 26 de julho de 2001, em Penang, na Malásia. Consequentemente, a Via Campesina trabalhou arduamente junto a outros membros do Comitê de Planejamento Internacional responsável pela organização do Fórum de ONGs para assegurar que a soberania alimentar iria enquadrar as deliberações no Fórum de ONGs/CSOs sobre Soberania Alimentar em Roma em 2002. Como o próprio nome do fórum sugeria e os resultados dele, intitulados "Soberania Alimentar: Uma Agenda de Ação", indicavam, a discussão havia passado claramente da segurança alimentar para a soberania alimentar.

O conceito de soberania alimentar agora ingressara em círculos mais oficiais. Por exemplo, Jacques Diouf, o diretor-geral da FAO, comunicou o compromisso em colaborar plenamente com as organizações da sociedade civil e os movimentos sociais sobre o plano de ação para a soberania alimentar (FAO Director General, 2003). Os relatórios para a Comissão sobre Direitos Humanos, submetidos pelo Relator Especial das Nações Unidas sobre o Direito à Alimentação, advogam a soberania alimentar como uma maneira de garantir o direito à alimentação das pessoas e à segurança alimentar (Ziegler, 2003, p.21, 2004).

Contudo, como podemos explicar a resistência de parte de muitas ONGs em adotar explicitamente a abordagem da soberania alimentar no Fórum de ONGs/CSOs sobre Soberania Alimentar? Wiebe sugere uma série de razões possíveis para essa resistência. Primeiro: uma vez que o conceito é relativamente novo, muitas ONGs simplesmente não compreendem totalmente a plena abrangência e o escopo deste. Antes e desde a Cúpula Mundial da Alimentação em 1996, muitas ONGs haviam adotado um discurso (mais restrito) de direito à alimentação e trabalhavam de acordo e arduamente para desenvolver instrumentos de coerção legal para garantir a realização do direito à alimentação em todo o mundo. Um avanço considerável foi conquistado nessa área e o direito à alimentação passou a ser percebido como um objetivo realista e realizável por cada vez mais pessoas.

No entanto, a Via Campesina havia iniciado discussões internacionais sobre a abordagem da soberania alimentar na 2ª Conferência Internacional, em Tlaxcala, em abril de 1996. Posteriormente, ela passou seis anos elaborando o conceito por meio de consultas e debates nos níveis local, nacional, regional e internacional. As organizações camponesas e agrícolas entenderam que era necessário nada menos que uma transformação radical para parar a atual marginalização, repressão, expulsão e o persistente empobrecimento dos povos do campo. Reformar ou "consertar" as estruturas existentes pouco serviria para parar os níveis crescentes de fome, despovoamento e devastação ambiental nas áreas rurais. Pela introdução da soberania alimentar, a Via Campesina estava desafiando claramente todos que se preocupavam em refletir para além dos limites – soluções tecnológicas, a liberalização, a desregulamentação e a privatização – que com frequência caracterizam as deliberações políticas sobre alimentos e agricultura. Ao avaliar a dinâmica das ONGs/CSOs, Wiebe afirma que na época da CMA+5, em junho de 2002:

> Nós [a Via Campesina] simplesmente assumimos que, porque o fórum de ONGs foi denominado soberania alimentar, esse seria o foco central da discussão. A Via apenas continuou colocando diferentes elementos da soberania alimentar na agenda. E foi nesse ponto que ela foi considerada escandalosa e desagradável, porquanto continuava fazendo intervenções nas oficinas e apresentando posições como se todos soubessem que estamos falando de soberania alimentar, sobre tirar a agricultura da OMC [...] Para a Via Campesina esse foi um grande começo.

Mas como ela mostrava, algumas ONGs estavam extremamente insatisfeitas com a abordagem da Via:

Subitamente, elas [ONGs] achavam que a linguagem havia mudado ao redor delas de modo que agora o direito à alimentação fora subsumido no interior de uma agenda maior e mais abrangente da soberania alimentar. Algo que parecia realista [o direito à alimentação] fora repentinamente subsumido pelo que lhes parecia absolutamente irrealista.

[Consequentemente], algumas ONGs sentiram-se desconformes, deslocadas e totalmente insatisfeitas com todo o processo. E, algumas sentiram-se ameaçadas, francamente ameaçadas. Elas sentiram-se inseguras, sentiram-se como tivessem sido reordenadas em uma categoria na qual não se sentiam autênticas e ficaram realmente ressentidas [...].

A ideia de que os camponeses que saíram da terra, que não entendiam de nada, agora iriam demandar todo tipo de coisas que, nós sabemos, institucionalmente nem mesmo são realistas [...]. Parece-me que há alguns lugares onde devíamos apenas olhar nos olhos e ver que aqui há pessoas que finalmente, em um local pequeno, chegaram numa força bastante grande e chegaram a conclusão de que não aceitarão mais [as coisas como estão]. Eles vão colocar coisas novas em jogo.

E, isso era particularmente bizarro. Na cúpula oficial, as pessoas podem ceder para os setores marginalizados. Mas na cúpula das ONGs, sempre houve toda essa linguagem de empoderar as pessoas e as pessoas falarem por si mesmas e dar voz e capacitar os marginalizados, então era mais difícil [...] ceder simplesmente.

Para algumas ONGs, era extremamente difícil (senão impossível ideologicamente) desistir do espaço que dominavam há tanto tempo. Era igualmente difícil para elas alterar as suas estratégias meticulosamente elaboradas a respeito da OMC, *embora* o principal movimento representante dos camponeses e pequenos agricultores tivesse deixado claras as suas exigências. De acordo com Gustavo Capdevilla (2002), duas semanas depois do Fórum de ONGs/CSO's sobre Soberania Alimentar, uma série de ONGs "falando em nome dos pobres agricultores" apresentou uma petição para a OMC que buscava o fortalecimento do Acordo sobre Agricultura (AoA) pela introdução de um pacote de desenvolvimento.[8] Parece que no momento final, novamente, as ONGs estavam convencidas que elas sabiam o que era melhor para os povos do campo.

A luta dentro-fora sobre as futuras ações novamente trouxeram à tona os diferentes aspectos das práticas tradicionais características das relações entre as ONGs e as organizações camponesas. Por exemplo, ao comentar sobre a resistência beligerante dos representantes dos agricultores ao discutirem a abordagem reformista em Roma. Um representante de uma ONG (que permanecerá anônimo) chegou ao ponto de sugerir que, simplesmente, o mais provável é que esses agricultores não eram verdadeiros representantes, que eles claramente não sabiam o que era melhor para eles mesmos e que precisavam ser educados:

Dado que eles [os que se opunham] não estavam prontos para discutir as visões postas em debate pelos Amigos do Pacote de desenvolvimento (PD), isso silenciou muitas vozes que talvez tivessem desejado contribuir. Que a PD reclame apoio aos agricultores, à segurança alimentar e ao desenvolvimento rural e, todavia, isso estivesse sendo rejeitado por esses grupos, coloca em questão se eles realmente são agricultores falando por si mesmos ou se são "representantes", que às vezes estão fora de contato com a situação na base e nem sempre estão imbuídos dos interesses dos agricultores. Agricultores no mundo todo estão clamando por apoio para a agricultura e a PD seria a ferramenta que tornaria possível para os governos apoiar os agricultores nos países em desenvolvimento [...].

---

8   A petição foi assinada pela Oxfam Internacional, Instituto de Agricultura e Políticas Comerciais (EUA), Conselho Australiano para a Assistência Externa, Fórum Alemão de Meio Ambiente e Desenvolvimento, Pesquisa e Sistemas de Informação (Nova Deli), Conselho Canadense de Cooperação Internacional, Rodi (Quênia), Banco Canadense de Grãos Alimentícios, Germanwatch, Rede Internacional de Gênero e Comércio da Europa e pela Coalizão Internacional para o Desenvolvimento Ação (Bruxelas).

Creio que o debate sobre a PD ainda é possível. Mas há necessidade de mais sensibilização da PD, especialmente entre os agricultores que são aqueles que sentem o tirão e são os maiores beneficiários do PD. *Podemos falar em nome deles*, podemos até politizar as questões (como foi parcialmente o caso em Roma), mas, para eles, não é política. É sobrevivência. (grifo da autora)

Aqui, a linguagem e a intenção são impressionantes: os representantes dos agricultores e dos camponeses simplesmente não entendem o que é melhor para eles mesmos. Portanto, esses "representantes" não são legítimos. As ONGs continuarão falando pelos agricultores até que sejam identificados representantes mais "sensíveis" e legítimos desses – pessoas que presumivelmente entendam que a cláusula do Pacote de Desenvolvimento e inclusão são o melhor para eles.

As forças externas disseminaram organizações agrárias no hemisfério norte e sul para construírem um movimento internacional de camponeses e agricultores. As posições e estratégias da Via Campesina diferiam de outros atores sociais envolvidos nas deliberações sobre a agricultura, os alimentos e o comércio internacional, o que ajudou a Via a consolidar-se como uma voz camponesa unida e forte. Enquanto a Ifap e muitas ONGs acreditam que é possível reformar a OMC, para a Via há poucas alternativas além da transformação radical. Essa é uma luta na qual as organizações da Via Campesina estão engajadas e com que continuam comprometidas. Desenvolver alternativas à globalização e à OMC é a própria razão de ser da Via Campesina.

5
Um balanço final: realidades locais e ações mundiais

Porém, há um problema crucial aqui. Seattle foi maravilhosa. E que maravilha tem sido a Índia na sua luta contra a Cargill e outras transnacionais. Mas e a respeito do processo de construção? O quanto avançamos nessa frente? Sim, estamos ganhando experiência; sim, há enfrentamentos; e, sim, há possibilidades de construirmos um movimento mundial. Mas isso depende de um processo mundial. A consolidação das alternativas reside completamente no que está acontecendo localmente; depende do desenvolvimento das organizações nas suas regiões, nos seus países. Isso dá viabilidade a um processo mundial.

Pedro Magaña Guerrero, antigo líder nacional
camponês, Unorca

As forças mundiais fluem para o nível local em uma miríade de maneiras diferentes. Portanto, lutas locais tomam formas diferentes e, às vezes, inesperadas.

Tempos atrás, quando comecei a pensar em como escrever um livro sobre as lutas dos agricultores, o meu plano era focar a pesquisa em três temas diferentes, mas cruciais, em três diferentes localidades: os esforços das organizações camponesas para colocar em vigor uma nova lei de desenvolvimento rural no México, a luta contra as sementes geneticamente modificadas na Índia e os esforços para manter a gestão do abastecimento e a organização da comercialização no Canadá. No final – muito embora eu houvesse consultado longamente os líderes da Via Campesina –, quando fui para o México para começar esse trabalho, os líderes agrícolas lá enfatizaram que olhar para apenas um aspecto do seu trabalho representaria de modo totalmente distorcido tudo o que sua organização significava. Parecia que eu precisava de uma agenda de pesquisa muito mais ampla. Os mexicanos argumentavam que, se realmente quisesse entender como a organização deles funcionava nacionalmente, eu deveria viajar para várias partes do país e examinar as questões, as estratégias e as alternativas sendo desenvolvidas localmente para a globalização da agricultura.

Essa mudança de foco reforçava a ideia de que a globalização toma formas diversas e depende de um contexto específico. Você não pode estudar os aspectos globais dos movimentos sociais isolados dos locais. Como Ann Florini (2000, p.218) expressa, "movimentos globais não flutuam livres num éter global". O que eu precisava entender ao observar o papel mais amplo da Via Campesina era essa relação dialética entre o local, o nacional e o global.

A significação da organização local e nacional

A Via Campesina depende de organizações camponesas locais e nacionais fortes. Contudo, algumas dessas organizações sofrem dos numerosos problemas – falta de recursos, lideranças fracas, disputas pessoais e regionais, rachas ideológicos, o encolhimento ou inatividade da base de membros e a cooptação pelos governos e ONGs – que têm afligido as organizações rurais em todos os lugares. De muitas maneiras, a força das organizações agrícolas nacionais depende amplamente da rapidez com que elas podem lidar com esse tipo de problema e se reposicionar em um ambiente que muda rapidamente.

O Movimento dos Trabalhadores Rurais Sem-Terra (MST), Coordenador Regional para a América Latina da Via Campesina, acredita que completar a tarefa de construir e manter organizações politizadas fortes no contexto da globalização da agricultura talvez seja uma das suas mais valiosas conquistas. Como diz João Pedro Stedile, líder do MST brasileiro:

> Pelo simples fato de existir, por dezoito anos, um movimento de agricultores [o MST] que contesta a classe dominante nesse país pode se considerar triunfante [...] Mas talvez o maior sucesso seja a dignidade que os sem-terra conquistaram para si mesmos. Eles podem andar de cabeça erguida, com autorrespeito. Eles sabem por que estão lutando. (apud *New Left Review*, 2002, p.91)

O MST tornou-se um dos movimentos sociais mais influentes e poderosos do Brasil em parte em razão do seu sucesso em empoderar as comunidades locais por meio da conscientização, da ação direta coletiva – como as ocupações de terra – e o estabelecimento de economias locais. Simultaneamente, ele também se concentra em conquistar a opinião pública nas áreas urbanas e em desenvolver uma rede de alianças internacionais amplas e diversificadas.

De modo semelhante, a Confédération Paysanne (CP) – membro da Coordenação Camponesa Europeia (CPE), a Coordenação Regional da Via Campesina para a Europa – está ganhando terreno na França ao trabalhar mais estreitamente com grupos urbanos sobre questões de saúde alimentar, transgênicos e campanhas contra os alimentos processados (*junk food, malbouffe*) e em favor da agricultura sustentável. José Bové e François Defour, dois dos seus líderes, definem a agricultura sustentável como a "agricultura que respeita o agricultor e satisfaz as necessidades da sociedade" ao reestabelecer laços diretos entre os produtores e os consumidores (Bové e Dufour, 2001, p.202). Conforme Dufour (ibid., p.26-7) explica:

Os habitantes da cidade entendem que um ataque ao campo e à qualidade do que ele produz é um ataque ao relacionamento entre o agricultor, a sua terra e o consumidor [...].

A identidade agrícola é parte disso: você não tem de ser um agricultor ou viver no campo para sentir-se enraizado na terra. Essas raízes conectam todas as partes do país em um todo unificador, e isso não pode ser minado pela Europa ou pela globalização. A questão do McDonald's chegou na hora certa para mexer com esses sentimentos. Mesmo o ambiente econômico mais liberal teve de admitir que o sucateamento da agricultura familiar e a sua apropriação pelas fábricas estava [sic] destruindo essas raízes. As pessoas não querem perder essas raízes. Foi essencialmente isso o que conquistou a opinião pública [...].

A Confédération Paysanne também acumulou mais suporte no campo, como ficou evidente pelos resultados das eleições para as Câmaras de Agricultura: a participação da organização subiu de 21% em 1995 para 28% em 2000. Sem dúvida, a crescente popularidade nacional da CP é devida também ao seu carismático porta-voz, José Bové, que se tornou famoso inicialmente quando ele e seus companheiros da organização engajaram-se em uma ação direta desmantelando uma loja do McDonald's na cidade de Milliau, na França.

Ninguém poderia prever o impacto que essa ação singular teria, não apenas na França, mas também ao redor do mundo, quando a prisão de quatro agricultores, incluindo Bové, ganhou as manchetes do mundo todo. Desde então, ele se tornou uma espécie de herói nacional, um agricultor militante combinado com astro da TV, e com frequência tem sido porta-voz da Via Campesina. As suas reuniões com outras celebridades, como Mike Moore (ex-diretor geral da OMC) e Hugo Chávez (presidente da Venezuela) são notícias de repercussão, bem como sua participação em missões de direitos humanos, reuniões de movimentos sociais e protestos contra a globalização em outros países, como Colômbia, México, Brasil e Palestina.

Quadro 1 – A Confédération Paysanne e o McDonald's

Em agosto de 1999, agricultores se reuniram em um ato em Millau, uma pequena cidade no sudoeste da França, na região de Larzac, uma área conhecida pelo seu queijo Roquefort. Eles estavam lá para protestar contra a retaliação do governo dos Estados Unidos contra a recusa da União Europeia de cumprir uma norma da OMC que permitiu a importação de carne bovina com hormônios para a Europa. Em resposta à UE, a posição do governo dos EUA foi colocar uma sobretaxa de 100% para a importação do queijo Roquefort. Como consequência dessa medida, as vendas haviam caído drasticamente, e os rendimentos dos agricultores igualmente. Tanto o governo francês como outros da Europa afirmaram que suas mãos estavam atadas: os agricultores não seriam compensados. A situação os deixou sem outro recurso que não fosse a ação direta.

Naquele dia, em Millau, membros de uma organização de produtores de leite de cabra e a Confédération Paysanne lideraram uma ação não violenta e simbólica: o desmantelamento uma loja do McDonald's ainda em construção. O grupo empilhou molduras de portas e divisórias em suas carretas e, em seguida, acompanhados por crianças, mulheres, agricultores e moradores da cidade, começaram uma procissão que foi até o escritório do governo local.

Para os agricultores organizados na Confédération Paysanne, o McDonald's era o alvo perfeito: representa a epítome da agricultura industrializada, do imperialismo econômico, do poder das transnacionais e da *malbouffe* [*junk food*].

Mas teria sido um erro focar em Bové como um indivíduo – afinal, o movimento não é em torno de um homem. Antes, o destaque dessa pessoa expressa a acuidade com que a Confédération Paysanne teve êxito em granjear mídia para alavancar a luta pela proteção dos interesses dos camponeses e dos pequenos agricultores, e construiu alternativas à agricultura corporativa. Ademais, a Confédération Paysanne foi extremamente habilidosa para atrair o interesse dos crescentes movimentos mundiais por justiça social e de utilizar os seus laços com a Via Campesina (por meio da CPE), com outros movimentos sociais e com ONGs em todo o mundo para tornar públicas e acumular apoio para as suas ações. Mais de cem mil pessoas (o dobro do número de manifestantes que havia na "Batalha de Seattle"), incluindo os líderes da Via Campesina, convergiram para Milliau para testemunhar o julgamento dos líderes da Confédération Paysanne, que enfrentaram acusações criminais pela sua ação no McDonald's. Como explicam Bové e Dufour (2001), o julgamento foi simbólico: na realidade, era a globalização, a OMC, e os alimentos processados que estavam em julgamento. A Confédération Paysanne usa ações diretas não violentas para atrair a atenção pública, educar os cidadãos a respeito de uma questão e estimular o debate público com o objetivo final de mudar a opinião pública e provocar ações. Se a mídia insistisse em personalizar temas e eventos – como sempre faz – o carismático Bové com facilidade desempenharia esse papel, mas sem jamais perder de vista a força coletiva que ele ajudou a construir.

Entretanto a globalização mina sistematicamente as organizações agrícolas que defendem a pequena agricultura. Stuart Thiesson sustenta que essa tendência torna uma luta permanente a manutenção de organizações agrícolas e camponesas nacionais fortes e coerentes. Conforme políticas agrícolas de apoio dão lugar a abordagens neoliberais, a infraestrutura rural e as estruturas de mercado favoráveis aos agricultores entram em colapso e os programas de apoio são desmantelados – levando ao empobrecimento e ao subsequente despovoamento das áreas rurais. Thiesson explica que aqueles que permanecem no campo são forçados a procurar trabalho fora das suas terras, limitando assim a quantidade de tempo disponível para participar nas organizações camponesas. Além disso, a falência das pequenas fazendas foi acompanhada pela consolidação das grandes propriedades, o que, por sua vez, torna cada vez mais difícil recrutar membros para uma organização que luta para proteger a pequena agricultura. Como resultado, muitas organizações agrícolas passaram por um declínio contínuo do número de membros e pela redução de suas atividades. Por exemplo, o número de membros do NFU caiu dramaticamente desde meados dos anos 1970.

Talvez seja ainda mais importante que, de muitas maneiras, a natureza das lutas dos camponeses e pequenos agricultores mudou consideravelmente. Por exemplo, o NFU e sua antecessora, o Saskatchewan Farmers Union [Sindicato de Agricultores de Saskatchewan], haviam mantido uma luta árdua e longa com os governos provincial e nacional para conseguir a construção de alternativas como diretorias comerciais organizadas e sistemas de gestão do abastecimento que fossem de acordo com os interesses dos agricultores. Com as estruturas do Nafta e da OMC, essas alternativas ficaram seriamente ameaçadas (Qualman, 2002, p.5).[1] Consequentemente, o NFU foi forçado a uma posição defensiva na qual ela despende recursos preciosos principalmente na proteção dos programas existentes. Em uma conversa com Nettie Wiebe, Winnie Miller, a velha líder dos pequenos agricultores de Saskatchewan, com seus 90 anos, explicou que a mudança entre serem construtoras de alternativas para se tornarem defensoras havia minado a energia das pessoas e a moral das organizações. Ela comparava as lutas dos velhos tempos com aquelas dos anos 1990:

> Os tempos eram muito mais difíceis, pois éramos pobres, mas os tempos eram muito mais fáceis, pois estávamos trabalhando para construir alguma coisa. E agora [...] temos de tentar proteger o que

---

1 Os Estados Unidos, por exemplo, atacaram (sem sucesso) o Canadian Wheat Board [Conselho dos Produtores de Trigo do Canadá] (CWB) onze vezes. Esses desafios do comércio internacional, que o CWB considera uma forma de assédio, pode custar ao conselho de entre 2 e 5 milhões de dólares (Branco, 2002, p.5). Jornais informaram recentemente, por meio de um documento vazado pelo governo, que burocratas estavam recomendando que o Canadá se dispusesse a desistir da administração de suprimentos na atual rodada de negociações da OMC (Wilson, 2002d, p.3).

construímos e é uma batalha quase perdida. Como as pessoas podem ter entusiasmo e ânimo e esperança quando o máximo que pode adquirir é ficar onde estão para protegerem o que têm?

Thiesson concorda que a mudança pode levar ao desempoderamento:

> Suponha que você perca batalhas o tempo todo. Isso faz que pareça que você é ineficaz. E torna difícil sair e afirmar como você é importante na proteção dos interesses dos agricultores. Assim, não é uma tarefa fácil quando você pode dizer, bem, venha e junte-se a nós, pois perdemos todas essas batalhas.

Além disso, no novo ambiente de negócios mundial, o governo canadense, como a maioria dos governos do mundo, atualmente enfrenta limitações consideráveis nos tipos de programas e estruturas que pode estabelecer no setor agrícola. Conforme a globalização mina o poder do Estado para definir as políticas nacionais, a maioria das organizações agrícolas – que haviam desenvolvido uma capacidade considerável de pressionar as autoridades governamentais – agora deve encontrar formas novas para trabalharem.

Trazendo o global de volta para o local

Para ser efetiva, a Via Campesina deve assegurar que o seu trabalho internacional está enraizado firmemente nas realidades locais. De outro modo, ela tem uma relevância nula ou pequena para as organizações camponesas e de pequenos agricultores em nome de quem ela fala na arena internacional. Talvez seja igualmente importante que os esforços internacionais da Via Campesina também devem ser levados de volta ao nível local. Ao fazê-lo, as organizações locais são fortalecidas. De acordo com Víctor Suárez, da Anec,

Por meio da Via Campesina, podemos nos sentir parte de um esforço internacional ou mundial pela defesa de preocupações comuns. Você adquire o sentido de que a sua organização e o seu trabalho são compartilhados com outras pessoas em muitos países. Isso é muito importante, esse sentido de fazer parte de uma luta internacional em torno de objetivos comuns. Isso lhe dá força, lhe dá confiança, lhe dá mais influência. Também a perspectiva que você ganha por ter acesso à informação sobre a conjuntura internacional e mundial desde a lógica dos pequenos produtores de todos os lugares – isso gera uma perspectiva muito importante de socialização durante o processo de globalização. Se você tem elementos da situação global, você tem instrumentos para negociação nas suas lutas locais e nas políticas públicas no seu próprio país – isso é muito valioso.

Esse impulso para a coesão é mais ou menos o que aconteceu, por exemplo, quando o NFU, depois de participar de numerosas visitas a diferentes países, finalmente consolidou o seu trabalho internacional, criando vínculos institucionais com a juventude da Winfa, no Caribe, e as mulheres da Unag, na Nicarágua (veja o Capítulo 3). De 1993 a 1996, o NFU auxiliou a Asocode na coordenação da região da Via Campesina abrangendo a América Central e do Norte e o Caribe assumindo as tarefas de coordenação e comunicação com as organizações nos países anglófonos. Entre 1996 e 2000, o NFU desempenhou um papel de liderança crucial na Via Campesina como coordenador regional, membro da CCI e coordenador da Comissão de Mulheres da Via Campesina. Também foi representante da Via Campesina no Sustainable Agriculture/Food Systems Caucus [Caucus de Sistemas Sustentáveis de Agricultura/ Alimentos Sustentáveis] na Comissão das Nações Unidas sobre Desenvolvimento Sustentável. Na 3ª Conferência Internacional da Via Campesina, em Bangalore, o NFU foi reeleito como uma das coordenações regionais para a Região da América do Norte.

Ao reposicionar-se no contexto do aumento da globalização, o NFU adotou uma estratégia de duas faces: ela buscava fortalecer os seus laços internacionais por meio da Via Campesina; mas, de igual importância, ela determinou que o trabalho internacional deve retornar ao local de maneiras concretas. Wiebe descreve como isso ocorreu:

> Ficou claro para nós que, longe de se tratar de um tema provincial ou mesmo regional, estávamos em uma luta internacional e isso nos levou a nos comprometermos com a Via Campesina. Tivemos de encontrar parceiros em outros lugares do mundo que também compartilhassem os nossos claros objetivos de proteger o campo e a possibilidade da agricultura familiar e das pequenas comunidades rurais, e entender que isso valia a pena. Agora, o desafio para o NFU é se engajar naquele nível de modo tal que os agricultores locais vejam isso como um caminho para o possível reempoderamento. Por meio de nossas conexões na Via Campesina, os agricultores podem sentir genuína e literalmente que têm vozes que os representam, por exemplo, na OMC em Seattle, ou em fóruns internacionais como a Cúpula Mundial da Alimentação. Mas também é importante que as pessoas que se reúnem em seus grupos locais tenham espaços e lugares onde podem ter conversas reais sobre o que as está afetando. O poder das organizações locais e daquelas de base comunitária é que permitem que as pessoas tomem algumas daquelas informações e experiências internacionais e nacionais e, coletivamente, deem sentido a elas no seu chão.

Para assegurar que o global ressoaria localmente, o NFU criou o International Program Committee [Comitê de Programas Internacionais] (IPC) em 1995.[2] Como coordenadora do Projeto Mundial de Agricultura da Oxfam, facilitei o trabalho do IPC e testemunhei, em primeira mão, como o NFU mudou conforme

---

2   A seguinte descrição e análise do IPC foi facilitada pelo acesso a todos os arquivos e documentos relacionados ao NFU, tais como minutas do IPC e atas de reuniões de diretoria nacional. Eu também revisei os arquivos dos projetos de agricultura da Oxfam Global, que forneceram informações detalhadas sobre diversas atividades do IPC.

ganhou mais experiência internacional. Pelo IPC, o Sindicato Nacional de Agricultores (NFU) expandiu o seu programa de educação e desenvolvimento internacional para além do escritório nacional em Saskatchewan, onde a maior parte das atividades fora concentrada anteriormente. Ela também democratizou o programa, conforme representantes regionais de todo o Canadá ficaram responsáveis pela tomada e concretizações de decisões; os distritos e bases do NFU foram ligados ao IPC por meio de presidentes regionais. O IPC realizava duas reuniões por ano para planejar e avaliar um programa que enfocaria na participação do NFU na arena internacional e ajudar a organizar visitas de delegações da Via Campesina ao Canadá para encontrarem membros locais do NFU. O IPC era diretamente responsável e aconselhava a Direção Nacional do NFU sobre todas as ações internacionais. Ele desenvolveu critérios de seleção para os representantes do NFU nos eventos e reuniões internacionais organizados, nos quais esses representantes poderiam trazer a sua experiência internacional de volta para as suas comunidades. O programa internacional do NFU também envolvia conferências e oficinas e a distribuição regular de boletins para os membros – por exemplo, resenhando debates internacionais importantes sobre comércio agrícola e segurança alimentar. Os boletins também mantinham os membros a par das posições e ações da Via Campesina. Pelo IPC, a Articulação das Mulheres da Unag-NFU (Women's Linkage) foi expandida para além de Saskatchewan para incluir as mulheres do NFU na Ilha Príncipe Edward. As delegações das organizações da Via Campesina da América Central, do Caribe ou das Filipinas encontravam-se primeiro com dirigentes do NFU e depois viajavam para diversas províncias para encontrar-se com membros locais.

Ainda mais importante, por meio do IPC, o NFU ganhou total controle decisório sobre todos os aspectos do seu trabalho internacional. Essa foi uma mudança significativa de dez anos para cá, quando as metas, objetivos e itinerários dos visitantes internacionais (incluindo os líderes camponeses) chegando ao Canadá eram primeiramente determinados por ONGs que tinham programas de desenvolvimento rural. Embora as viagens determinadas pelas ONGs incluíssem com frequência encontros com representantes do NFU, e esses eventos com certeza expunham as suas lideranças a outras situações e realidades, os encontros permaneciam eventos um tanto isolados e específicos. Além de tudo, as atividades eram planejadas mais para satisfazer as metas de levantamento de fundos das ONGs e/ou legitimar os seus esforços do que para ajustarem-se à agenda do NFU em busca de mudança social nas áreas rurais canadenses. Para o NFU, o trabalho internacional era uma parte integral da sua visão de longo prazo pela mudança social; mas o trabalho internacional só fazia sentido se fosse embasado nas realidades locais, e se os debates internacionais fossem levados de volta para o nível local de maneiras concretas. Consequentemente, o NFU buscava estabelecer um programa internacional nos seus próprios termos e de forma a satisfizer as suas necessidades mais adequadamente. (Curiosamente, a Unorca do México passou por um processo semelhante. Pedro Magaña explica que a exposição inicial da Unorca às questões internacionais e organizações agrícolas de outros países também foi mediada por ONGs, mas que, durante os debates em torno do Nafta, a Unorca procurou quebrar o ciclo de trabalhar somente por meio de ONGs e efetivamente estabeleceu linhas de comunicação direta com organizações camponesas de outros lugares.)

Expandindo o seu trabalho para várias regiões do Canadá por meio do IPC, o NFU aumentou o seu nível de atividade consideravelmente. Em um período de apenas dezesseis meses (1996-1997), por exemplo, as ações incluíram:

- uma delegação de quatro membros que participou de uma viagem de trabalho ao México recepcionada pela Unorca, que levou à elaboração de um projeto conjunto NFU-Unorca para estabelecer laços comerciais alternativos com os agricultores mexicanos organizados nas duas instituições;
- um representante da Belizean Agricultural Producers Organization (Bapo) [Organização de Produtores Agropecuários de

Belize] discursou na convenção do NFU e, depois, três membros dela viajaram a Belize para participar de um intercâmbio organizado pela Bapo.

• dois representantes do NFU foram às Filipinas para reunir-se com membros da dKMP e para planejarem a Cúpula do Povo e outras atividades do Fórum de Cooperação Econômica Ásia-Pacífico programadas para ocorrer em Vancouver em novembro de 1997; e

• o NFU recepcionou uma delegação de duas pessoas da Associação Nacional Cubana de Pequenos Agricultores, que se reuniram com representantes do NFU em três províncias canadenses (NFU International Program Committee, 1997).

Os esforços do NFU foram reconhecidos como inovadores, participativos e relevantes para as lutas locais e internacionais. Em 1995, as mulheres do NFU em Saskatchewan venceram o Prêmio Cidadão Mundial do Conselho de Saskatchewan para a Cooperação Internacional e, três anos depois, o Conselho Canadense para a Cooperação Internacional concedeu ao NFU o Prêmio de Cooperação Internacional pelo seu trabalho com a Via Campesina e os agricultores de base.

Quanto mais o NFU trabalhava com as organizações da Via Campesina, mais radicais se tornavam as suas posições no Canadá. Wiebe diz que, embora no Canadá o NFU seja frequentemente vista como "passando dos limites", na arena internacional ela é "constantemente lembrada como uma conservadora" organização canadense. Nesta arena, ela diz: "estou sempre aprendendo".

As organizações da Via Campesina são muito mais radicais nas análises delas do que o NFU [...]. Foi preciso que esses movimentos camponeses dissessem inequivocamente que a OMC é uma agenda maléfica contra os pequenos agricultores de todo o mundo, e que queremos a agricultura fora da OMC. Foi preciso a Via Campesina dizer isso para fortalecer a posição do NFU aqui no Canadá a respeito da OMC. Acho que, no nosso contexto, jamais teríamos ousado tomar essa posição por conta própria. Teríamos sido expulsos com risadas; seria uma posição improvável e marginal no Canadá.

De acordo com Wiebe, depois que a Via, "apoiada por milhões e milhões de famílias camponesas", exigiu que a agricultura fosse retirada da OMC, "essa posição adquiriu muito mais credibilidade e deu-nos confiança para sermos capazes de fazer uma análise mais radical e fazer a mesma exigência em casa".

A Via Campesina também teve um efeito radicalizador sobre a posição do NFU sobre os organismos geneticamente modificados (OGMs), os transgênicos. O NFU havia combatido, e perdido, uma batalha de quinze anos contra a introdução dos direitos dos desenvolvedores de variedades vegetais no Canadá, o que deixou a organização com pouca energia para reativar o debate. Entretanto, o NFU foi forçado a definir mais a sua posição quando a luta a respeito dos direitos de propriedade intelectual e os OGMs intensificou-se internacionalmente como resultado do acordo dos Trips. Como coordenadora regional da Via, o NFU achou cada vez mais difícil justificar o apoio às exigências internacionais da Via Campesina por uma moratória total da produção, comercialização e distribuição de transgênicos (e derivados) a menos que o próprio NFU tivesse uma posição sólida sobre o tema. Wiebe diz que foi o trabalho de algumas organizações da Via Campesina, como a KRRS da Índia e da Confédération Paysanne da França – as quais estavam se engajando em ações diretas contra as transnacionais para resistir à entrada de sementes genéticas – que deu ao NFU o ímpeto para ser mais crítico da Monsanto no Canadá e para articular uma posição mais firme sobre o uso de modificações genéticas na agricultura.

Definir a política do NFU sobre tecnologias geneticamente modificadas não foi fácil. Por um lado, alguns membros opunham-se totalmente ao seu uso na agricultura e nos alimentos. Por outro lado, como diz o vice-presidente do NFU, Terry Boehm, alguns membros do NFU estavam completamente convencidos dessa tecnologia e, como resultado, haviam alterado seus sistemas de produção. Em reconhecimento ao envolvimento do NFU com a Via Campesina, as mulheres do NFU haviam preparado um texto de debate político sobre agricultura e biotecnologia em 1996 (Roppel, 1996), mas não foi antes de novembro do ano 2000 que o NFU (NFU, 2000b, p.2) finalmente articulou uma política sobre alimentos transgênicos, exigindo, entre outras coisas, "uma moratória da produção, importação, distribuição e venda de alimentos geneticamente modificados até que questões a respeito da aceitação dos consumidores, saúde humana, implicações ambientais, propriedade da tecnologia e lucratividade agrícola fossem respondidas para a satisfação da maioria dos canadenses". Como a Via Campesina havia argumentado antes, as políticas que determinaram que as tecnologias "'Terminator', 'Traitor' e outras semelhantes de Restrição do Uso Genético, junto ao acordo dos Aspectos dos Direitos de Propriedade Intelectual Relacionados ao Comércio (Trips), restringiam o direito dos agricultores guardarem, comercializarem e reutilizarem sementes. Portanto, elas são inaceitáveis".

Unorca – gerenciando a diversidade

As lideranças da Unorca com quem conversei no México descreveram muitas das mesmas preocupações que foram levantadas pelo NFU em torno das dificuldades de organização na era neoliberal. Diante das contrarreformas abrangidas nos programas de reestruturação voltados para o mercado, as organizações camponesas em muitos países em desenvolvimento achavam-se em uma posição defensiva nas suas lutas para defender as débeis reformas agrárias, que haviam sido introduzidas nos anos 1970 e 1980. Luis Menezes, um coordenador executivo da Unorca afirma:

> A cena rural mudou substancialmente, contudo queremos nos organizar como fazíamos no passado [...]. As mudanças estão ocorrendo tão rapidamente e em uma extensão tão grande que as organizações dos agricultores não têm capacidade de controlar

ou influenciarem a extensão e a velocidade da mudança. É isso o que reside por trás da crise no movimento camponês no México. Estamos todos numa posição defensiva, respondendo ao embate do livre mercado e ao embate das transnacionais.

A globalização neoliberal levou a uma mudança rápida e dramática no campo mexicano, forçando a Unorca a repensar como ela se organiza.[3] Por exemplo, o *ejido*, outrora a sua principal unidade organizacional comunitária, está sendo desmantelada em alguns estados. Durante os anos 1980, ela enfocou controlar vários aspectos da produção e da comercialização pela formação de associações e cooperativas. Com a liberalização econômica, essas pequenas unidades simplesmente não podem competir e muitas faliram.

A mudança rápida nas políticas não foi alcançada por alterações suficientemente rápidas nas estratégias por parte das organizações agrícolas. Algumas organizações perderam o seu foco, enquanto outras continuaram tentando encontrar um modo de avançar. Alberto Gómez, da Unorca, diz que o grupo achava cada vez mais difícil organizar-se no campo como resultado da desintegração social das famílias.

Não apenas o *ejido* está sendo desmantelado em muitas áreas pela reestruturação da agricultura e da economia em geral. Isso também está levando à desintegração do que é mais íntimo no tecido social, a família. Esse é um processo importante de desintegração que está nos deixando com uma área rural desmobilizada, paralisada, dispersa.

---

3 Ver David Myhre (1994) para uma discussão dos esforços da Unorca em reestruturar o sistema de créditos agrícolas. Neil Harvey (1990) faz uma boa análise dos movimentos agrários no México durante o período de 1979-1990; e, para discussões sobre mudanças nas políticas agrícolas e o impacto da liberalização na agricultura camponesa, veja Barry (1995), de Ita Rubio (1994), Randall (1999), Comisión de Agricultura (2000) e Public Citizen's Global Trade Watch (2001).

De acordo com Gómez, dada essa situação, a Unorca está concentrando os seus esforços em fortalecer a organização. Agora, ela direciona mais recursos para a formação de novos líderes e lideranças local e regionalmente, de modo que as organizações de base comunitária estejam mais bem equipadas para trabalhar em alternativas de desenvolvimento de base local. Suárez, da Anec, mostra que algumas pessoas criticaram a Unorca por não participar nas principais campanhas e mobilizações, por não estar na mídia – essencialmente por não ser mais visível e ativa como fora no passado. Mas Gómez argumenta que a viabilidade, a própria razão de ser da Unorca depende exclusivamente da extensão em que ela está conectada com as organizações locais e regionais e representa os seus interesses nacionais. Rogélio Alquisiras Borgos, um dos coordenadores da Sociedade pela Solidariedade Social do Titekite Sankezan Timeme, em Guerrero, o coloca assim:

> A Unorca serve-nos de muitas maneiras: mantém-nos informados, fornece-nos treinamento, aprendemos com as experiências de todo o país, e dá-nos representação nacional. As organizações regionais, bem, elas são a carne da tua carne e o sangue do teu sangue. A Unorca não teria significado se não houvesse organizações regionais. As experiências e projetos acontecem, todos, em nível local. A expressão concreta do desenvolvimento regional alternativo acontece aqui local e regionalmente.

Além do fortalecimento institucional e da construção de capacidade de liderança, a Unorca e as suas afiliadas têm adotado numerosas estratégias diversas e multifacetadas no esforço para manter as pessoas na terra e melhorar o bem-estar das comunidades rurais. As estratégias diferem de região para região e de organização para organização. Por exemplo, como explica Ernesto de Guevara Ladrón, do escritório nacional, em Chiapas, as organizações da Unorca estão trabalhando principalmente em questões da reforma agrária, da autonomia indígena, da gestão dos recursos naturais e dos direitos humanos. Em Michoacán, a organização local da Unorca criou uma organização de comércio de frutas que obteve escala para exportar aos Estados Unidos. No processo, a organização adquiriu uma visão empresarial, conhecimento e experiência, e a comunidade local agora exibe uma estabilidade econômica maior por meio do maior número de empregos. Em Quintana Roo, a Organización de Ejidos Productores Forestales de La Zona Maya está envolvida em projetos agroflorestais envolvendo o conceito de *milpa melhorada*. Os grupos de mulheres de lá criam e comercializam artesanato e a organização está explorando a viabilidade do ecoturismo. Em Guerrero, as organizações da Unorca produzem artesanato e café orgânico para o mercado de comércio justo. Magaña explica que nacionalmente a Unorca agora está trabalhando com outras organizações camponesas, como membro da plataforma nacional de organizações agrícolas onde ela tenta "unorquizar" (de modo verdadeiramente pós-moderno, tornando a sua organização um verbo) as organizações agrícolas de direita para pressionar por programas rurais mais equitativos.

A Unorca reconhece plenamente que, embora a globalização tenha minado o poder do governo mexicano, o Estado continua um ponto de referência fundamental. Como diz Servando Olivarria Saavedra, coordenador regional da Unorca em Sinaloa:

> Não podemos colocar de lado o trabalho que precisa ser feito no México. Precisamos continuar a nossa luta interna aqui, porque há muitos problemas na Lei do Desenvolvimento Rural e outras políticas públicas que são responsabilidade única e exclusivamente do nosso governo nacional. Sim, agora, algumas questões são ditadas pelas organizações nacionais, mas precisamos pressionar o nosso governo constantemente, de modo a que essas instituições internacionais comecem do ponto de vista no nacional. Parar de trabalhar nacionalmente [...] Acho que não. Precisamos estar como estávamos na reunião da OMC em Seattle, não podemos abandonar o que é nacional. Precisamos estar em todo lugar!

Finalmente, em 1997, conforme se abriu espaço democrático no México, os líderes da Unorca entraram no processo eleitoral concorrendo por diferentes partidos para ganhar assentos nos níveis local, estadual e federal. De janeiro a abril de 2000, cinco de seus líderes nacionais foram eleitos para os congressos estaduais e para o nacional. Só no estado de Sonora, eles ganharam quatro presidências municipais, uma posição federal e três legisladores estaduais (Molina, 2000, p.8). Essa estratégia, como explica Magaña, objetivava definir um novo relacionamento entre o Estado e as organizações camponesas para assegurar que os problemas rurais, os eleitores rurais e os seus interesses foram postos na agenda política. Dessa maneira, as organizações camponesas poderiam ganhar mais acesso e controle sobre a distribuição dos recursos disponíveis para as comunidades rurais.

Os membros da Unorca estão conscientes de que são novatos no jogo da política eleitoral e reconhecem a necessidade de observarem atentamente o impacto dessa estratégia política sobre a organização como movimento social. Outra preocupação é a extensão na qual essa estratégia ajudou a organização a influenciar a materialização de políticas agrícolas progressistas. Luis Meneses, um dos seus cinco líderes nacionais que ganhou assento no Congresso mexicano, contou-me que por causa do desencantamento com sua experiência nos partidos existentes, alguns líderes da Unorca estavam considerando formar um partido político alternativo. Magaña, que também ganhou um assento federal, pergunta:

O que nós aprendemos com isso? Qual tem sido o relacionamento entre a organização camponesa e o governo, onde tivemos sucesso em ganhar poder local? Como ficam todos os nossos princípios, como a autonomia, por exemplo, agora que a Unorca está no governo municipal? Subitamente, temos um líder importante na administração municipal, mas isso deixa um grande buraco na liderança da organização local, porque não temos sido capazes de preencher esses espaços. Com que tipo de relações você termina – de crítica, reconhecimento, apoio – do governo para a organização e vice-versa? Como você apoia as ações do governo a partir da organização camponesa, e como o governo apoia as organizações camponesas?

Assim a Unorca continua a lutar com a infinidade de tarefas que o seu trabalho exige. Os seus membros sentem a necessidade de lutar em muitas frentes diferentes. Certamente, essas tarefas poderiam ser mais fáceis, mais gerenciáveis, se a organização fosse centralizar a tomada de decisão e melhorar as suas estratégias nacionais, para diluir a diversidade em nome da eficiência. Mas se o fizesse iria definitiva e fatalmente se enfraquecer; então, não iria mais representar verdadeiramente os interesses diversos dos seus membros.

A Unorca reúne cerca de 2700 organizações – elas são uniões de *ejidos*, cooperativas ou associações de produção e associações rurais – com um número total de membros de mais de 400 mil filiados (Molina, 2000, p.3). Os quinze anos de experiência que ela ganhou na construção e manutenção da unidade amalgamando essa diversidade permanecem uma inestimável dádiva para a Via Campesina.

O poder dos conflitos domésticos

Outras organizações não tiveram sucesso em gerenciar a diversidade nacional. Os conflitos e as divisões existentes entraram em jogo na vida da Via Campesina quando as organizações tentaram usar a arena internacional para ganhar espaço na disputa doméstica. O primeiro desses casos foi a divisão no Kilusang Magbubukid ng Pilipinas no final de 1993.[4] Primeiramente, o racha levantou questões sobre a representação das Filipinas na Via Campesina, dado

---

4 As divisões entre os movimentos camponeses nas Filipinas ocorreram no contexto de grandes rupturas na esquerda do país, incluindo o Partido Comunista das Filipinas, a Frente Nacional Democrática e o Exército Nacional Popular. Veja Rocamora (1993, 1994), para uma análise dessas lutas, e dKMP (1993), para uma breve visão geral da divisão KMP-dKMP.

especialmente a eleição de 1993, na conferência de Mons, do KMP como coordenador regional para a Ásia. Cerca de quatro meses depois, uma série de líderes do KMP, que estavam entre os membros fundadores da Via Campesina, saíram para formar o Demokrati-kong Kilusang Magbubukid ng Pilipinas. Subsequentemente, os líderes remanescentes do KMP abordaram a Via para desafiar a legitimidade do dKMP como representante do movimento cam-ponês filipino (KMP, 1994). Depois de ouvir ambos os lados, a Via Campesina decidiu que o dKMP deveria continuar a participar na Comissão Coordenadora Internacional (CCI) até que fossem rea-lizadas eleições na próxima conferência internacional. Ademais, a CCI esclareceu:

> Deve-se tomar grande cuidado para não deixar que problemas e conflitos nacionais sejam trazidos para o interior da Via Campesina. Nem ela pode "intervir" em questões domésticas nacionais. A Via quer abrir o espaço para que muitas organizações juntem-se a ela. As divisões no movimento camponês nas Filipinas só pode ser resolvido pelos filipinos. Contudo, a Via Campesina [...] deve discutir as ques-tões filipinas na medida em que elas se relacionem com o trabalho da Via Campesina. (Via Campesina 1995, p.3)

Contudo, nesse ínterim, o dKMP e o KMP foram incapazes de reconciliar as suas diferenças – com efeito, foram incapazes de trabalhar juntos – e o conflito impediu enormemente o trabalho preparatório da Via Campesina para a 2ª Conferência Internacional e o Fórum Paralelo de ONGs, levando ao adiamento e à transferência da atividade para o México. O conflito persistente também signi-ficou que nenhuma das organizações foi eleita como coordenadora regional. Em vez disso, a região designou essa responsabilidade para a Assembleia dos Pobres Rurais da Tailândia.

Outra preocupação para a Via foi uma crise interna na KRRS da Índia. Como coordenador regional para o sul da Ásia, a KRRS foi esco-lhida para hospedar a 3ª Conferência Internacional da Via Campesina em outubro de 2000. Durante o ano anterior à conferência, os líderes receberam diversas comunicações de ex-membros da KRRS que haviam sido expulsos da organização. Essas cartas pareciam ser voltadas especificamente para desacreditar o presidente da KRRS, M. D. Nanjundaswamy, na arena internacional. Baseado na sua experiência com o caso filipino, a Via ignorou o problema, decidindo que se tratava claramente de algo interno e não dizia respeito a ela.

Todavia, no final, o conflito interno da KRRS afetou a Via Campesina. O Fórum Internacional sobre a Globalização, cujo vice--presidente na época era Vandana Shiva, alinhou-se com a facção dissidente da KRRS para organizar o Tribunal Internacional da Semente e um grande protesto de agricultores apenas alguns dias antes e no mesmo lugar que a conferência internacional da Via. O Tribunal Internacional da Semente foi organizado para realizar-se em concorrência e em oposição ao Fórum da Semente 2000, um importante evento internacional que buscava promover o avanço da introdução da biotecnologia na agricultura. Parecia totalmente bizarro que uma ONG progressista profundamente preocupada com as dificuldades dos agricultores do mundo não tenha buscado a plena colaboração da Via Campesina no planejamento de um encontro enfocado na proteção e fortalecimento dos recursos gené-ticos e nas ameaças apresentadas pelas transnacionais. Interessante, mas não surpreendentemente, enquanto o Fórum internacional sobre a Globalização havia convidado lideranças agrícolas como a Confédération Paysanne, a Coalizão Nacional de Agricultores Familiares (NFFC) e o NFU para participarem como represen-tantes das suas organizações nacionais, a cobertura de imprensa em torno do evento referia-se claramente a eles como representantes da Via Campesina (*New Indian Express*, 2000, p.4), dando assim a impressão de que ela como organização apoiava tanto o encontro como o grupo dissidente.

O conflito interno na KRRS, combinado com as diferenças cada vez mais visíveis entre os dois renomados ativistas indianos, levou a tensões dentro da Via Campesina. Nanjundaswamy advertiu as organizações da Via para boicotarem o Tribunal Internacional da Semente, e aqueles que escolheram ir ao Tribunal foram informados mais tarde que não receberiam apoio logístico para chegar ao local da conferência da Via Campesina. Entretanto, algumas organizações, como a NFFC, já tinham trabalhado e estabelecido boas relações com o Fórum Internacional sobre a Globalização. Dena Hoff, representante da NFFC para a Via Campesina, diz que a NFFC acreditava que o Tribunal da Semente devia escutar sobre as experiências negativas dos agricultores dos EUA com a Monsanto como uma maneira de encorajar mais resistência à introdução de sementes geneticamente modificadas na Índia. Ademais, os membros da NFFC não queriam ser forçados a tomar um dos lados em um problema sobre o qual pouco sabiam e que, à distância, parecia ser um conflito de personalidades entre dois ativistas indianos internacionalmente conhecidos. Depois de procurar esclarecimentos (e não receber quaisquer respostas adequadas) do Fórum Internacional sobre a Globalização, Nettie Wiebe, do NFU, decidiu finalmente não ir ao Tribunal Internacional da Semente. Dada essa situação, na qual parecia que as organizações camponesas estavam sendo usadas para marcar pontos, Wiebe expressou, em uma carta para Nanjundaswamy, as frustrações sentidas por muitos outros:

> Não posso apoiar uma iniciativa que parece catapultar as disputas internas da Índia para a arena internacional com o potencial de prejudicar a efetividade das redes internacionais de ativistas progressistas como temos sido capazes de construir até agora. Espero sinceramente que os problemas possam ser resolvidos no interior das suas organizações na Índia sem intervenção externa e sem se agravarem. (Wiebe, 2000, p.1)

Tensões e responsabilidades nacionais

Caciques e gargalos também existem nas esferas nacionais. Pedro Magaña explica que se a Via Campesina quer crescer, ela tem de desenvolver relações diretas com as organizações estaduais em vez de trabalhar somente com as nacionais:

Também há uma tendência nas organizações para concentrarem poder e oportunidades, o que afinal torna alguns indivíduos mais indispensáveis que outros. Você realmente tem de socializar o relacionamento internacional de modo que termine por fortalecer a organização nacional. Conforme mais pessoas ganham experiência internacional, isso ajuda a ampliar as discussões internas, pois elas retornam com outras visões e outros pontos de vista.

A Via Campesina reconhece a grande necessidade de "socializar" o movimento para além daqueles que têm oportunidade de participar nas suas conferências, delegações ou ações, ou aqueles que representam a Via nos eventos internacionais. Enquanto algumas das suas organizações têm feito um grande esforço para socializar a Via Campesina do nível nacional ao local, outras não o fazem. Para a Via, representar algo localmente depende fundamentalmente da existência de estruturas decisórias e mecanismos participativos democráticos nas organizações nacionais. Claramente, se o objetivo da Via Campesina é ajudar a fortalecer as organizações que a compõem, o movimento como um todo não pode negligenciar o nacional e ir diretamente para o local. Esse trabalho é responsabilidade das próprias organizações nacionais.

Às vezes, é mais fácil trabalhar com organizações distantes do que com aquelas mais próximas, do seu próprio território. O caso do México oferece um exemplo das dificuldades que a Via enfrenta nacionalmente. Como resultado da 2ª Conferência Internacional realizada em Tlaxcala, cinco organizações mexicanas ingressaram nela.[5] Ao longo da sua história, essas organizações trabalharam juntas com graus variados de intensidade sobre diferentes questões. Mas, no final dos anos 1990, uma delas, a Unorca, voltou-se para o interior para focar com mais intensidade no fortalecimento da sua

---

5   As cinco organizações mexicanas são Unorca, Associação Nacional de Empresas Comercializadoras de Produtores do Campo (Anec), Associação Mexicana de Uniões de Crédito do Setor Social (Amucss), Central Independente de Operários Agrícolas e Camponeses (Cioac) e a Coordenação Nacional Plano de Ayala (CNPA).

estrutura à custa dos laços que mantinha com as outras. É claro, essa estratégia organizacional alterou a capacidade da Unorca para coordenar o trabalho da Via Campesina entre as organizações mexicanas; levando a menos comunicação, consultas e colaboração. Como destaca Suárez, da Anec:

> Certamente, o problema é que, em nível nacional, as organizações da Via Campesina não se engajam em trabalho conjunto. Não temos a perspectiva de trabalhar juntos muito embora teoricamente compartilhemos orientações e uma agenda semelhante. Nunca trabalhamos juntos – não para um projeto mexicano [...]. Não há comunicação, nem relação, nem coordenação das organizações que pertencem à Via Campesina no México. Se o elo entre todos deve supostamente ser a Unorca, que nos chama para nos dizer que haverá uma reunião da Via e que haverá uma discussão de uma certa posição, [...] nunca. Quando os canadenses [uma equipe patrocinada pela Cuso baseada no escritório da Unorca] estavam no México, havia um elo, mas era, na verdade, uma conexão externa que executava a sua função em nome da coordenação regional, o NFU, o Secretariado Operacional [...] mas o elo não era interno ao México e não fora estabelecido pelas organizações mexicanas.

Parte do problema derivava da falta de recursos: o NFU, como coordenadora regional da América do Norte simplesmente não tinha recursos suficientes para fazer um trabalho efetivo de coordenação na região como um todo e também no México. Consequentemente, o NFU trabalhou com êxito com a Unorca para assegurar um grupo de trabalho com a expectativa de que a organização mexicana poderia então garantir a comunicação e a coordenação dentro do país. Ao fazê-lo, não levou em conta a possibilidade muito real de tensões e conflitos nacionais entre as organizações mexicanas. O NFU, como estrangeira, não tinha como entender ou lidar com as tensões que eram resultado de experiências históricas, manobras para ganhar posições em lutas agrárias nacionais, diferenças nas estratégias políticas, intervenção externa ou conflitos de personalidade. Com certeza, alguns desses fatores estavam no coração da crescente tensão entre a Anec e a Unorca durante esse período.

De acordo com Pedro Magaña, outro fator que levou à falta de coordenação nacional no México foi que a Unorca não tinha claramente definidas quaisquer expectativas, obrigações e responsabilidades do seu papel como coordenadora "informal" mexicana. Tudo isso mudou consideravelmente quando ela foi formalmente eleita na 3ª Conferência Internacional como uma das coordenadoras regionais. Desde então, a coordenação e a comunicação entre as organizações mexicanas parecem ter melhorado.

A experiência mexicana aponta para uma série de problemas importantes para o funcionamento de um movimento internacional. Primeiro, se um dos objetivos básicos da Via Campesina é articular um movimento internacional unificado, como vamos entender a falta de solidariedade, cooperação e colaboração, seja local ou nacional? Suárez argumenta:

> Isso coloca em questão os próprios princípios da Via Campesina. Na realidade, o problema reside nas organizações mexicanas. O melhor cenário imaginável é que algum dia criaremos um tipo de Via no México – ou seja, um processo de convergência e ação nacional que expressa as características mexicanas, que gera estratégias de intercâmbio e de solidariedade, constrói momentos e espaços para a coordenação da ação sobre os mesmos problemas que a Via Campesina está abordando – sempre respeitando a identidade, a autonomia, os espaços e a liderança de cada organização.

Embora a Via Campesina certamente não possa forçar as organizações nacionais a trabalharem juntas, qual é o papel dela – se é que tem um – quando as tensões e conflitos nacionais inflamam-se? No passado, a Via evitou consistentemente "se intrometer". Todavia os conflitos, tensões e diferenças nacionais podem e têm impacto sobre a Via Campesina internacionalmente – como no caso do conflito entre KMP e dKMP. Certamente, a falta de coordenação e comunicação também limitaram a Via no México

Finalmente as organizações mexicanas terminaram trabalhando em um projeto conjunto. Defrontadas com o avanço da liberalização no campo, efetivadas pelos capítulos da agricultura do Nafta, todas as cinco organizações mexicanas da Via Campesina aglomeraram--se em uma forte coalizão chamada "El Campo no Aguanta Más [O Campo Não Aguenta Mais]", a qual liderou mais de dois meses de mobilização e negociação contínuas com o governo mexicano. Embora numerosos fatores tenham levado à formação dessa coalizão, as experiências internacionais das organizações, ganhas pela participação delas na Via Campesina e Cloc, foram um fator que contribuiu. Outro importante fator que contribuiu foram os anos de experiência da Unorca na gestão dos diferentes interesses dos seus próprios membros, os quais ajudaram para que fosse uma liderança fundamental no interior da campanha.

Realidades locais e ações globais

O potencial transformador da Via Campesina reside na maneira na qual ela dirige as suas ações em todos os níveis – local, nacional, regional e internacional. Mas quando as organizações engajam-se em ações coletivas no interior das suas fronteiras nacionais, elas o fazem com o conhecimento de que elas estão conectadas às ações das organizações de homens e mulheres a meio mundo de distância. Como Wiebe explica:

A dificuldade para nós, como agricultores, é que estamos enraizados nos lugares onde vivemos e plantamos nosso alimento. Por outro lado, o mundo corporativo tem mobilidade mundial. Essa é uma grande dificuldade. Mas a nossa maneira de abordar isso não é nós mesmos nos tornarmos mundialmente móveis, o que é impossível. Não podemos mover as nossas roças mundo afora. Nem queremos fazê-lo. A maneira na qual temos abordado isso é reconhecer que há pessoas como nós em todos os lugares que são agricultoras, que têm raízes, raízes culturais nas suas localidades. E o que precisamos fazer é construir pontes de solidariedade uns com os outros que respeitem aquele lugar singular que cada um de nós tem nas nossas próprias comunidades, nos nossos próprios países. Essas pontes nos unirão a respeito desses problemas ou naqueles lugares onde temos que nos encontrar em nível mundial. (apud Arcellana, 1996, p.10)

Construir essas pontes exigiu o reconhecimento de questões fundamentais em torno das quais todos os membros da Via Campesina podem se organizar, não importa de onde sejam.

Após numerosas discussões em cada uma das suas oito regiões e entre elas, a Via Campesina começou a enfocar o seu trabalho em oito temas cruciais para repercutir nos níveis local, nacional e global: a soberania alimentar, a reforma agrária, os recursos genéticos e a biodiversidade, os direitos humanos, gênero e desenvolvimento rural, o desenvolvimento de um modelo agrícola camponês sustentável, a migração (urbana/rural e internacional) e os direitos dos trabalhadores agrícolas (Via Campesina, 1998b, 2001b). O movimento reconhece que cada um desses temas poderia não ser uma preocupação proeminente em todos os lugares para todos os seus membros. O que é importante é que todas as regiões da Via reconheçam a validade e a importância dessas questões para os camponeses em todo o mundo e dediquem-se a apoiar as lutas ao redor desses temas.

Historicamente, as organizações agrícolas e camponesas tiveram muito sucesso em causarem mudanças quando conseguiram fazer que questões comunitárias se tornassem preocupações nacionais. Talvez a mais importante dessas questões tenha sido a reforma agrária. Com efeito, para a maioria das organizações agrícolas e camponesas existentes, foi um problema de acesso a terra e garantia de posse que alimentou o ativismo camponês – nas esferas comunitárias e nacionais – e levou o clamor por justiça social no campo. Esse enfoque continua, mas, em vista da dramática globalização da economia agrícola, as organizações camponesas também reconheceram a necessidade de fazer as questões comunitárias, como a reforma agrária e o acesso a recursos (sementes, crédito, tecnologia, mercados e água, por exemplo) não apenas preocupações nacionais, mas também internacionais.

Como uma maneira de fazer isso acontecer, em 12 de outubro de 1999, a Via Campesina, junto a uma organização internacional de direitos humanos, a Rede de Informação e Ação pelo Direito a se Alimentar (Fian, sigla em inglês), lançou a Campanha Mundial pela Reforma Agrária. Sob o lema "Alimento, Terra e Liberdade", os camponeses uniram-se aos ativistas de direitos humanos em doze países da Ásia, América e Europa em mobilizações, ocupações de terra e outros eventos públicos para demandar o direito à terra e a garantia da posse de terra como um pré-requisito do direito humano à alimentação como estipulado no Artigo 11 da Cidesc (Via Campesina, 1999a). A Campanha Mundial pela Reforma Agrária envolve trabalho em uma diversidade de frentes diferentes: apoio a organizações envolvidas em lutas nacionais em favor da reforma agrária; intercâmbio entre organizações camponesas para examinar a natureza particular da luta pela terra em vários países, pressionar governos e instituições internacionais; e estabelecer uma rede de emergência para facilitar a intervenção internacional em casos de violações de direitos humanos em conflitos pela terra.

Para prover informação de apoio para as reuniões anuais da Comissão de Direitos Humanos da ONU,[6] a Via Campesina começou a publicar um relatório anual destacando vários casos de violações contra os direitos dos camponeses. Por exemplo, o *Violations of Peasants' Human Rights: A Report on Cases and Patterns of Violence 2006* [Violação dos Direitos Humanos dos Camponeses: Um Relatório sobre Casos e Padrões de Violência] discute como os representantes de Bangladesh, Indonésia e Tailândia foram tratados enquanto estavam detidos e eram interrogados pela polícia de Hong Kong durante o sexto encontro ministerial da OMC lá realizada em dezembro de 2005. Os relatórios anuais fornecem

---

6 Como parte da reestruturação das agências da ONU, a Comissão da ONU para os Direitos Humanos não existe mais e foi substituída pelo Conselho de Direitos Humanos. O primeiro encontro ocorreu em junho de 2006.

documentação extremamente necessária de violações de direitos humanos que as comunidades camponesas vivenciam na sua luta pela terra, pelos recursos naturais e pela proteção da biodiversidade. Eles também apoiam os esforços da Via para assegurar um tratado internacional ou declaração dos direitos dos camponeses.

17 de abril – Dia Internacional da Luta Camponesa

O trabalho da Via Campesina e o seu crescimento – colhidos necessariamente das sementes plantadas nas especificidades dos lugares e comunidades – obrigatoriamente acarretam um intrincado ato de equilíbrio: com respeito à autonomia de cada organização contrastada com a necessidade de coordenação e ação coletiva internacional.

Um ímpeto fundamental para o trabalho na esfera da coordenação transnacional veio na tarde da 2ª Conferência Internacional do movimento, realizada em Tlaxcala em 1996. No Brasil, no dia 17 de abril, um dia antes da abertura da conferência, a polícia abriu fogo sobre um grande grupo de manifestantes na pequena cidade de Eldorado dos Carajás, no estado do Pará, matando dezenove camponeses (membros do MST). Os representantes da Via Campesina, de mais de 69 organizações agrícolas de 33 países diferentes que haviam se reunido para a conferência no México foram rápidos na resposta. Eles marcharam até a Embaixada do Brasil na Cidade do México denunciando os assassinatos e exigindo que o governo brasileiro conduzisse uma investigação profunda para garantir que aqueles que perpetraram a chacina fossem julgados. Mais adiante, líderes da Via Campesina reuniram-se com o embaixador brasileiro, que concordou com uma futura reunião com o presidente do Brasil. Vários meses depois, a Via Campesina enviou uma delegação para reunir-se com autoridades do governo e o presidente para discutir a situação da investigação.

Quadro 2 – O massacre de Eldorado do Carajás

Em 17 de abril de 1996, de acordo com informações fornecidas pelo MST, a Polícia Militar abriu fogo contra um grupo de 1.500 pessoas que estava em uma marcha para Belém, capital do Pará, para exigir uma solução legal para uma ocupação de terras que mais de 4 mil pessoas haviam realizado na fazenda Macaxeira (território de Curionópolis) – a cerca de 650 quilômetros do destino planejado. Sob o pretexto de garantir que os manifestantes não interrompessem o trânsito, o governador do Pará enviou um batalhão de 2 mil soldados bem armados. Quando os manifestantes se recusaram a sair da estrada a polícia abriu fogo, matando dezenove camponeses e ferindo trinta mais.

O governo brasileiro mostrou pouco interesse em levar os autores deste ato brutal e repressivo a julgamento. O MST, por meio de sua presença e ações nacionais, juntamente com os seus parceiros internacionais com fortes conexões, persistentemente exigiu que a justiça fosse feita. Essa pressão fez que as autoridades brasileiras percebessem que não poderiam simplesmente colocar o crime por debaixo do tapete. Procedimentos legais começaram no início de 1997, mas métodos e decisões questionáveis realizadas pelas autoridades permitiram que ninguém fosse levado a julgamento. O MST levou o caso à Comissão de Direitos Humanos da ONU para revisão e, em fevereiro de 2000, a Comissão notificou o ministro da Justiça do Brasil, advertindo que vários aspectos do procedimento legal eram inaceitáveis. A Comissão das Nações Unidas sobre Direitos Humanos também encorajou a Organização dos Estados Americanos a examinar o caso.

Em 2002, uma sentença foi finalmente entregue a um dos três policiais julgados. No entanto, nenhuma das autoridades locais que eram responsáveis, incluindo o governador do Pará, o secretário de Segurança Pública, e o coronel da Polícia Militar foram levados à justiça.

Em homenagem aos dezenove camponeses brasileiros massacrados, a Via Campesina declarou o dia 17 de abril como o Dia Internacional da Luta Camponesa, contra todas as formas de opressão dos trabalhadores do campo – um evento voltado para denunciar as violações dos direitos humanos no campo e enfocar a atenção mundial sobre as demandas das famílias rurais do mundo todo. Nos anos que se seguiram, o número de organizações que participaram em vários eventos nesse dia aumentou substancialmente. Por exemplo, em 17 de abril do ano 2000, centenas de milhares de camponeses e agricultores europeus, centro-americanos, mexicanos, brasileiros, tailandeses e indianos participaram de alguma forma de manifestação pública nos seus países.

Entretanto, de algumas maneiras, durante os primeiros anos, as ações no dia 17 de abril permaneceram um esforço coletivo limitado: cada região era encorajada a mobilizar-se, cada uma era livre para escolher o foco da ação coletiva, e o Secretariado Operacional da Via Campesina simplesmente faria um relatório sobre essas diferentes ações. Depois da conferência em Tlaxcala, a Via afirmou consistentemente o seu desejo de trabalhar em coalizão com outros movimentos para construir um movimento mundial visando transformar a agenda neoliberal, mas a organização mostrou poucos sinais de avanço nessa área. De muitas maneiras, ela continuou em uma fase autodelimitadora, enfocando em criar e definir um espaço para si mesma – um espaço distinto e singular que poderia ser preenchido pelas vozes camponesas – e construir de dentro para fora. Foi uma época de construção e fortalecimento institucional. A Via Campesina só poderia se estender para trabalhar com outros setores depois que se tornasse um movimento mais confiante e maduro.

Um ponto de virada no enfoque e na participação transnacional aconteceu em 2001, começando com o Fórum Social Mundial em Porto Alegre, no Brasil (25-29 de janeiro de 2001), onde a Via Campesina trabalhou como parte do comitê organizador e também realizou oficinas sobre três temas: a luta contra os OGMs e em favor das sementes crioulas; a OMC e a soberania alimentar; e a articulação das lutas camponesas. No final do Fórum Social Mundial, mais de 184 organizações haviam se comprometido em apoiar o dia internacional de luta da Via Campesina. Ela havia ampliado a participação nas atividades do 17 de abril para além das organizações que a compõem.

Naquele momento, a Via Campesina iniciou esforços concertados para enfocar as ações do 17 de abril sobre o problema da soberania alimentar. A ideia era montar uma campanha unificada contra as importações de alimentos subsidiados (*dumping*) e a introdução e imposição de sementes geneticamente modificadas ou transgênicas. A CCI preparou uma lista sucinta de demandas da Via e encorajou todas as organizações participantes a procurarem os seus governos nacionais e exigirem deles o desenvolvimento de políticas agrícolas e de alimentos baseadas no princípio de soberania alimentar. Em fevereiro de 2001, a Via Campesina instalou um endereço de internet viacam17april@yahoogroups.com para promover o 17 de abril como dia de mobilização mundial e para facilitar a discussão de estratégias e ações. O grupo eletrônico não apenas proveu um fórum para as organizações da Via Campesina compartilharem informações sobre as iniciativas do dia de luta, mas também demonstrou claramente o tipo de apoio amplo que o movimento estava angariando.

Não é um acidente o fato de que essa ampliação do apoio tenha ocorrido no Brasil. Certamente, a influência e a liderança do MST tiveram uma contribuição distintiva, porque uma das estratégias mais exitosas daquela organização é trabalhar transversalmente pela mudança social no Brasil. Como afirmou João Pedro Stedile no seu discurso para o quarto congresso do MST, em agosto do ano 2000, a mudança social não pode ser conquistada por um grupo ou um partido de vanguarda, mas por meio da unidade das forças e o trabalho árduo de organização local. Stedile argumenta:

> É um longo caminho que será construído unindo todas as forças do povo, não por um grupo de intelectuais insistindo que essa é tarefa de milhões. Não é o MST, nem um partido político único; antes é o povo organizado em uma grande força popular que efetuará a mudança [...]. O trabalho acarreta retornar ao trabalho de base,

priorizando a formação política dos nossos militantes, implementando a pedagogia do exemplo na prática diária e consolidando a consulta popular com o objetivo de transformar as forças existentes para introduzir mudanças políticas, sociais e econômicas. (apud Alai-*Amlatina*, 2000, p.1-2)

Para a Via Campesina, a combinação de uma campanha mais focada em torno do 17 de abril e a disposição de aproximar-se dos seus aliados levou a mais atividades públicas depois de 2001. Em alguns casos, as organizações da Via Campesina trabalharam juntas entre diferentes regiões. Por exemplo, a NFFC, dos Estados Unidos, e a CPE emitiram um comunicado à imprensa condenando a Política Agrícola Comum Europeia (CAP) e o Ato Americano da Liberdade de Plantio (American Freedom to Farm Bill) como contrário aos agricultores, enquanto exigiam que os seus governos adotassem o conceito de soberania alimentar. O NFU-Canadá trabalhou com a Cloc organizando o Fórum de Agricultores na Cidade de Quebec para expressar a promoção da soberania alimentar e a rejeição do Acordo de Livre Comércio das Américas (Alca) pelos líderes camponeses e agricultores. Entretanto, na maioria dos casos, as organizações da Via Campesina mobilizaram-se nos níveis local e nacional com os camponeses se engajando de várias formas de ação coletiva – abrangendo de manifestações, trabalho na mídia, oficinas e conferências até reuniões com responsáveis por políticas para discutir propostas alternativas de desenvolvimento agrícola – em um amplo leque de países. Somente na França, a Confédération Paysanne e aliados dela organizaram mais de cinquenta manifestações – incluindo ir aos supermercados e colar adesivos nos alimentos que continham transgênicos.

Em 17 de abril de 2002, agricultores de todo mundo – apoiados por um número crescente de organizações urbanas, ambientalistas e ativistas de direitos humanos – de novo ganharam as manchetes. Uma enorme quantidade deles tomou as ruas, engajou-se em ocupações de terra, lotou auditórios e prefeituras e organizou reuniões públicas e conferências de imprensa. Eles realizaram entrevistas com autoridades governamentais e fizeram oficinas de aprendizagem. As organizações da Via Campesina (e aliados) em mais de trinta países engajaram-se em ações coletivas na sua luta permanente contra a imposição da tecnologia geneticamente modificada. Na Holanda, os líderes da Via Campesina da Indonésia e de Bangladesh juntaram-se a agricultores e ativistas holandeses da rede internacional Resistance is Fertile [A resistência é fértil] para "alterar" um laboratório de testes de sementes geneticamente modificadas e convertê-lo em um local de biodiversidade sustentável. Na Áustria, conforme o governo realizou discussões públicas sobre biotecnologia e alimentos, os agricultores lá distribuíram centenas de *myosotis* em vidrinhos para os membros do parlamento para lembrá-los do 1,2 milhão de pessoas que havia assinado o referendo austríaco contra a tecnologia genética cerca de cinco anos antes. O NFU e a NFFC anunciaram que estavam explorando ações conjuntas para banir a introdução de trigo geneticamente modificado da Monsanto (NFFC e NFU, 2002). Em 2002, em todo o continente americano, agricultores e ativistas, provocados pelas notícias da contaminação de sementes de milho geneticamente modificadas no México, engajaram-se em uma campanha continental de uma semana contra os OGMs.[7] Em alguns países, como a Guatemala e o Brasil, a luta em torno das sementes é feita com a luta pela terra. Na Guatemala, no anoitecer de 17 de abril de 2002, organizações indígenas camponesas haviam ocupado 14 *fincas* [latifúndios] que cobriam mais de 5.076 hectares. As ocupações de terra envolveram mais de 1.250 famílias camponesas. No Brasil, as ocupações de terra e as manifestações em apoio à continuidade das ocupações ocorreram em nove estados.

---

7 Uma controvérsia internacional eclodiu no início de 2002, quando os resultados de um estudo científico revelaram que, em algumas áreas remotas de dois estados mexicanos (Puebla e Oaxaca), encontraram-se variedades de milho contaminadas por espécies geneticamente modificadas, com taxas de contaminação até 60%. Isso ocorreu em um país onde é ilegal o cultivo de milho transgênico. Veja FoodFirst Backgrounder (2002) e Declaração Conjunta sobre a Escândalo Mexicano do Milho Transgênico (2002) para discussão completa.

No dia 17 de abril de 2002, ações também protestaram contra a continuidade da repressão contra líderes agrícolas. Um comunicado de imprensa da Via Campesina nesse dia listava os nomes daqueles que haviam sido presos nas Filipinas, Colômbia, Brasil, Bangladesh, Indonésia, França e Bolívia pela sua luta pelos recursos produtivos. Ela também exigiu que os que perpetraram os massacres de famílias camponesas que ocorreram no Brasil e na Colômbia fossem levados a julgamento. Dois meses mais tarde, os apelos por justiça da Via Campesina foram trazidos a público novamente. No dia 8 de junho de 2002, antes da abertura da CMA+5, milhares de pessoas de uma diversidade de organizações da sociedade civil marcharam nas ruas de Roma sob o lema de "Terra e Dignidade! Soberania Alimentar para Todos!" para denunciar as violações de direitos humanos e a repressão sofrida pelos camponeses, agricultores, povos indígenas e trabalhadores.

Enraizada localmente – trabalhando globalmente

Quando a Via Campesina foi formada, ela concentrava grande parte dos seus recursos no seu fortalecimento interno. Ela definia estruturas participativas e inclusivas para a comunicação, consulta e coordenação. Os intercâmbios entre as organizações participantes, encontros regionais, conferências internacionais e a organização de delegações da Via Campesina eram eventos cruciais para fomentar o entendimento das realidades uns dos outros e estabelecer uma base comum. Somente então a Via era capaz de identificar, analisar e articular posições sobre os problemas comuns enfrentados pelas famílias agricultoras em todos os lugares.

Uma vez consolidada internamente, a Via Campesina começou a abrir-se estrategicamente para estabelecer alianças com outros movimentos sociais, ONGs e instituições de pesquisa progressistas que compartilham uma visão semelhante. Ela desempenhou um papel crucial em trazer as perspectivas dos camponeses e agricultores para as redes transnacionais como a coalizão "Nosso Mundo Não

Está à Venda", a Alliance on Agricultural Research [Aliança para a Pesquisa Agrocultural], grupos trabalhando sobre patentes e recursos genéticos e a ONG da FAO, International Planning Committee [Comitê de Planejamento Internacional] da Cúpula Mundial da Alimentação: Cinco Anos Depois (Via Campesina, 2003a). Ela ajudou a criar redes novas como a Agritrade Group, para enfocar a atenção mais especificamente no comércio e na agricultura. Ela também lançou campanhas internacionais como a Campanha Mundial pela Reforma Agrária com a Fian e a Campanha Internacional da Semente com a Amigos da Terra Internacional. Assim, a Via Campesina tornou-me mais estreitamente ligada aos movimentos mundiais por justiça social e ampliou seu papel neles.

Como resultado de ter se posicionado firmemente no cenário internacional, o movimento passou a sofrer grande pressão para estar em todos os lugares. A Via Campesina tem atraído a atenção de instituições mundiais e ONGs internacionais que procuram ganhar legitimidade conquistando a participação dela. O simples ato de tomar café em um restaurante com um representante de uma ONG financeiramente abastada tem sido interpretado como uma parceria (Via Campesina, 2002h). Semanalmente, a Via recebe convites para participar de eventos, entrar em grupos de trabalho e redes internacionais e encontrar-se com representantes de ONGs que estão tratando de problemas relacionados à agricultura e à alimentação.

A capacidade da Via Campesina para responder adequadamente a essas demandas reside essencialmente nas questões da extensão e da capacidade dos recursos humanos disponíveis e da coordenação internacional. Dado que a maioria dos seus representantes são líderes camponeses nacionais reconhecidos nos seus próprios países, os quais todos têm agendas já sobrecarregadas, a sua capacidade para deslocar-se para eventos internacionais é extremamente limitada. Mesmo quando e se os coordenadores regionais da Via Campesina ou membros de um grupo de trabalho concordam em representar a organização em algum evento internacional, às vezes eles têm de cancelar a sua participação no último minuto em razão do surgimento de urgências no trabalho em suas bases. É claro, isso não beneficia à reputação de confiabilidade e organização. Embora compromissos não cumpridos não sejam um problema tão grande como quando a Via formou-se, isso ainda mostra a necessidade de construir um entendimento melhor da dinâmica de um movimento internacional de raízes locais.

Enquanto fortalecia o seu trabalho nacional, a Via Campesina pode ter sacrificado espaços extremamente necessários para o debate interno e o fortalecimento organizacional. Suárez comenta:

> Compreensivelmente, a Via Campesina tem se orientado para campanhas e mobilizações como uma maneira fundamental de trabalhar. Há a campanha da OMC, a da reforma agrária, essa e aquela campanha. Mas não há uma reflexão sobre o funcionamento interno, nem discussão sobre as maneiras de trabalhar que desejamos para os níveis nacional, regional e internacional. Aqui, não estou falando de uma instituição rígida ou uma organização totalmente burocratizada. Temos clareza a respeito do fato de a Via Campesina ser um movimento. Essas são questões de estratégia para a construção interna.

Essas questões surgem quando os membros da Via Campesina são convidados para participar de eventos internacionais. Os seus delegados são muito demandados como palestrantes e organizadores de oficinas e mobilizações; mas, com frequência, a própria organização não tem tempo suficiente para debates internos extensivos sobre os problemas, sem falar na discussão de mecanismos organizacionais (Via Campesina, 2003a).

Conforme a Via Campesina tornou-se um ator mais proeminente no palco internacional, houve sinais de que ela havia regredido internamente. Alberto Gómez expressa a percepção de que a falta de uma atenção especial para o fortalecimento interno da Via resultou em menos comunicação e menos espaços para o debate interno. Pedro Magaña argumenta que as próprias reuniões da Via Campesina não necessariamente facilitam uma troca profunda do grande leque de experiências, informação e ideias dos seus membros:

A Via Campesina deveria oferecer oportunidades melhores de aprendizagem e conscientização. Por exemplo, eu gostaria de saber qual é a experiência do NFU com política eleitoral. Eu poderia prover a Via com um relatório sobre o nosso trabalho legislativo – o nosso trabalho na elaboração de uma nova lei do desenvolvimento rural no México. Também há contribuições para o processo da Via Campesina. É o resultado de uma análise coletiva, da discussão de políticas, de ter a possibilidade – sem jamais ter frequentado Harvard ou outra universidade – de conhecer como as políticas de governo estão afetando as pessoas em diferentes países. A nossa experiência na elaboração dessa lei também foi um produto da nossa experiência dentro da Via Campesina. Mas não houve uma discussão real, nem foi dada atenção séria às experiências que tínhamos no México. Na Comissão Coordenadora Internacional (CCI), os relatórios regionais parecem ser mais uma formalidade do que qualquer outra coisa. Eles não são estruturados de maneira a efetivamente facilitar intercâmbios reais.

Ademais, como mostrou M.D. Nanjundaswamy, nem toda informação é disseminada e também há uma falta de consultas consistentes, o resultado são decisões menos democráticos. Em um cenário em permanente mudança, esse é um terreno perigoso. Concentrando informação e a tomada de decisões em menos mãos, a Via Campesina arrisca-se a não refletir as necessidades e interesses dos seus membros. Ela reconhece que essa tendência também é uma receita para criar distância dos membros e potencialmente alimentar conflitos no interior do movimento.

A necessidade e o compromisso expressos pela Via Campesina de compartilhar informação e fazer consultas de base ampla supõe certa capacidade para a coordenação internacional no Secretariado Operacional. Mas, mesmo ali, os líderes e a assessoria têm dificuldade em separar o local do mundial. Por exemplo, no antigo secretariado em Honduras, tanto o representante da Via como a assessoria estão estreitamente envolvidos na política agrícola local e em política partidária, o que lhes exige muito tempo. Para Doris

Gutierrez de Hernandez, assistente técnica da Via, o movimento internacional "não pode e não deve existir apenas no ciberespaço. A Via Campesina existe por causa das suas organizações locais e nacionais, assim o nosso trabalho aqui também deve ser embasado localmente".[8] Mas o tempo despendido na organização do local significa menos tempo dedicado à coordenação internacional.

Embora a Via Campesina tenha uma estrutura mundial, ela está claramente consciente da importância das regiões e da base. Quando ela vai à OMC, à Comissão para o Desenvolvimento Sustentável da ONU ou à FAO, ela o faz continuando profundamente enraizada em problemas e realidades locais e sempre ativa nas lutas locais. Com efeito, o trabalho internacional das organizações agrícolas só é possível se e quando essas organizações são fortes e consolidadas nos níveis local e nacional. A base, articulada por meio de seções nacional e regionais, é o coração e a força propulsora do movimento; os problemas locais e o ativismo local guiam as suas intervenções mundiais. De igual importância, a experiência que as organizações locais e nacionais ganham na Via Campesina ajuda a fortalecer o seu trabalho doméstico. Em alguns casos, essa experiência também contribui para a adoção de posições mais radicais.

Então, o que é necessário é verdadeiramente um equilíbrio delicado: para ser representativa e responsável, a Via Campesina deve estar enraizada nas realidades locais; todavia, como um movimento transnacional, ela deve se engajar na consulta, comunicação e coordenação regular com toda a sua ampla base. Essa é a única maneira na qual ela pode continuar a entender e a situar as especificidades das situações e interesses locais no centro dos debates internacionais. A capacidade da Via Campesina para continuar firmemente embasada no local enquanto mantém suas credenciais na esfera global talvez seja uma das contribuições mais significativas para o nosso entendimento da natureza, extensão e complexidade do ativismo agrário.

---

8 Doris Gutierrez de Hernandez foi eleita pela primeira vez ao Congresso Nacional de Honduras como uma deputada substituta pelo departamento de Francisco Morazan. Posteriormente, foi eleita pelo período de 2002-2006 como deputada no Congresso pelo mesmo departamento.

6
Cooperação, colaboração e comunidade

Para unir com sucesso organizações de camponeses, agricultores, trabalhadores rurais e comunidades agrárias indígenas de uma ampla diversidade de lugares e culturas, como faz a Via Campesina, o caminho nem sempre foi tranquilo. Geralmente, as estradas do interior não são pavimentadas.

Para construir a colaboração e cooperação entre os seus membros, a Via Campesina usa várias estratégias e mecanismos que têm intersecções nos níveis local, nacional e internacional. O trabalho estratégico do movimento sobre as questões da desigualdade de gênero e sobre as diferenças regionais é uma parte fundamental dessa ação de equilíbrio, parte do seu objetivo de construção de uma comunidade.

A Via Campesina e o gênero

As mulheres rurais desempenham um papel crítico na produção agrícola e na manutenção do tecido econômico e social das comunidades rurais. Contudo, as mulheres rurais ainda têm acesso limitado ao poder econômico e político. Em muitos casos, as mulheres continuam a ser excluídas das posições decisórias ou do envolvimento no desenvolvimento de políticas sobre questões que influenciam o bem-estar das comunidades agrícolas.

No começo, nem tudo era igual quando se tratava de gênero. Os oito representantes que assinaram a Declaração de Manágua e todos os coordenadores regionais eleitos na Primeira Conferência Internacional em Mons eram homens. Com efeito, a Declaração de Manágua de 1992 não faz menção às mulheres ou à questão de gênero e a Declaração de Mons no ano seguinte menciona as agricultoras mulheres somente uma vez. Todavia, a Conferência de Mons assistiu a um envolvimento crescente por parte das líderes agrícolas, que compunham 20% das participantes. De modo muito interessante, essa conferência também identificou uma necessidade específica de integrar as organizações camponesas indígenas na organização – um objetivo ligado, nas discussões, com um entendimento dos desafios enfrentados pelas mulheres indígenas camponesas. Em uma série de ocasiões, famosas líderes camponesas da região andina – mais notavelmente, Camila Choqueticlla, da Confederación Nacional de Mujeres Campesinas da Bolivia [Confederação Nacional de Mulheres Camponesas da Bolívia], e Paulino Guarachi, da Confederación Sindical Única de Trabajadores Campesinos da Bolivia [Confederação Sindical Única de Trabalhadores Camponesas da Bolívia] – articularam firmemente a situação e os problemas específicos dos camponeses indígenas, incluindo as mulheres, que decorreram da implementação das políticas neoliberais no campo. A luta mundial das comunidades indígenas pela propriedade e controle dos recursos produtivos é criticamente importante – levantando questões tais como a Via Campesina lida com as relações sociais de etnia e contribui para essa luta. Embora preocupações indígenas tenham sido levantadas em Mons, Consuelo Cabrera Rosales, uma líder camponesa maia da Guatemala, sugere que a Via Campesina ainda tem um longo caminho pela frente. Ela argumenta que se a Via Campesina tivesse incorporado uma identidade indígena bem como a camponesa, toda a sua abordagem da terra, do planeta e do território, e a sua visão da prática da agricultura seria consideravelmente diferente do que é agora.

A Via Campesina tem dado passos concretos para tratar das preocupações de gênero. O Framework for Action [Bases de Ação] (PFS, 1993c), que foi pactuado em Mons, especificava a inclusão da defesa dos direitos dos homens e mulheres na sua luta pela terra, reconhecia o papel crucial que as mulheres e os jovens desempenham nas organizações rurais e enfatizava "a necessidade de garantir a plena participação deles". Todavia, a primeira Conferência Internacional fracassou em identificar mecanismos que assegurassem a participação e a representação significativa das mulheres. Como resultado dessa omissão, três anos depois, na realização da 2ª Conferência Internacional, a representação das mulheres não havia melhorado: continuava em 20% de todos os delegados. As mulheres que se reuniram em Tlaxcala haviam lutado por anos nas suas próprias comunidades e organizações para integrar as questões de gênero nos debates em torno da política agrícola. Para a maioria, essa era uma luta permanente travada nos níveis local, nacional e regional. Em Tlaxcala, as delegadas não exigiam menos em nível internacional e a Via Campesina era levada a realizar ações diretas nessa área.

Após um quente e longo debate, tanto entre as próprias mulheres e subsequentemente entre todos os delegados, a conferência estipulou passos concretos na direção da igualdade de gênero. Essencialmente, o debate centrou-se em qual mecanismo poderia assegurar melhor o aumento da participação e da representação das mulheres. Alguns participantes defendiam uma estratégia de ação afirmativa pela qual as mulheres teriam automaticamente dois assentos na CCI. Outros afirmavam que a participação efetiva das mulheres naquela instância tinha de ser baseada primeiramente nas suas capacidades de liderança e nas posições no interior dos seus próprios países e regiões. Igualmente significativo, esse ocorreu em meio a luta por poder interno entre grupos filipinos no seio da região do Leste e Sudeste da Ásia (veja o Capítulo 5). Uma estratégia de ação afirmativa teria permitido que uma dessas organizações ganhasse lugar na CCI. Para alguns delegados, esse era um caso claro das mulheres sendo usadas para perseguir uma agenda alheia. Finalmente, a conferência de Tlaxcala – informada pelas conclusões de uma reunião convocada pelas mulheres e as propostas de um grupo de trabalho da conferência sobre Desenvolvimento Rural, Condições de Vida e de Trabalho e as Mulheres – concordou com a formação de um comitê especial para trabalhar com as mulheres na Via Campesina (1996b, p.41). Especificamente, como a Via Campesina afirmou, o mandato desse comitê era:

- examinar as necessidades, preocupações e interesses específicos das mulheres da Via Campesina;
- desenvolver estratégias, mecanismos e um plano de ação para assegurar a participação e a representação igualitária das mulheres em todos os níveis da Via Campesina; e
- estabelecer linhas de coordenação e comunicação entre as mulheres da Via Campesina. (Via Campesina Women's Working Group, 1996, p.1)

Além disso, a conferência designou o único membro mulher da recém-eleita CCI – Nettie Wiebe – como presidente desse comitê especial, posição que ela ocupou até o ano 2000.

Para a maioria das mulheres, a formação de um comitê especial para tratar especificamente com as mulheres não era visto como uma meta em si ou por si mesma. Muitas dessas camponesas e líderes rurais haviam tido a vivência direta e estavam agudamente conscientes das numerosas limitações das auxiliares mulheres ou das secretarias de mulheres em organizações mistas. Raramente essas estruturas garantem um *status* de igualdade; com frequência, elas estão subordinadas e desempenham um papel secundário em organizações dominadas por homens. Entretanto, as mulheres consideraram esse passo como um meio, um processo, que poderia integrar as mulheres – e as suas preocupações, necessidades e interesses – em um movimento, facilitar a análise coletiva e a ação coletiva entre as mulheres (como mulheres) e potencialmente desafiar a dominação masculina nas organizações rurais e no interior da própria Via Campesina. Assim, a formação de um comitê especial deu às mulheres um espaço importante no qual podiam se organizar, com o objetivo final de eventualmente alcançar a igualdade de gênero no seio da Via Campesina.

A Comissão de Mulheres reúne-se em San Salvador

As mulheres da Via Campesina foram rápidas em tirar vantagem do espaço que tinham conquistado. Apenas quatro meses depois da conferência de Tlaxcala, representantes das mulheres da Europa, América do Norte e América Central encontraram-se em San Salvador, capital de El Salvador, para a primeira reunião do Grupo de Trabalho de Mulheres da Via Campesina, o qual rapidamente se tornou conhecido como a Comissão de Mulheres da Via Campesina. Representantes da Europa Oriental, de duas regiões asiáticas e da América do Sul não puderam estar presentes. Para algumas delas, foi um caso de insuficiência de verbas, doença ou impossibilidade de conseguir o visto a tempo. No entanto, duas das regiões ainda não haviam indicado as suas representantes das mulheres.

O primeiro encontro, cuja anfitriã foi a Comissão de Mulheres da Asocode, foi expandido para uma consulta regional e incluiu diversas líderes camponesas de cada um dos sete países centro-americanos. A reunião, que abrangeu um território considerável, deu o tom para a colaboração futura entre as mulheres da Via Campesina.

Conforme as mulheres relatavam as suas próprias vivências de trabalhar em organizações camponesas e agrícolas, um senso de camaradagem, compartilhamento de visões e respeito umas pelas outras permeou as discussões dos potenciais modelos e planos para trabalhar no interior da Via Campesina. Para muitas participantes, essa era a primeira exposição ao movimento – a maioria delas não havia ido à conferência de Tlaxcala –, o que significou que elas passaram um bom tempo aprendendo mais sobre a própria Via Campesina – como foi formada, quem estava envolvido e os seus objetivos e fundamentos ideológicos. Elas reviram as conclusões do grupo de trabalho da conferência sobre o Desenvolvimento Rural, Condições de Vida e de Trabalho e as Mulheres, discutiram os resultados gerais da conferência e expandiram o mandato original da recém-formada Comissão de Mulheres para incluir o aprimoramento da capacidade de liderança entre as líderes agrícolas. Além disso, as mulheres contribuíram entusiasticamente para aprofundar a definição da Via Campesina sobre a soberania alimentar, a qual seria apresentada na Cúpula Mundial de Alimentação em Roma em novembro daquele ano. Elas estudaram a posição preparatória com detalhes e destacaram uma série de questões adicionais. Por exemplo, as mulheres afirmaram que no coração da soberania alimentar estava a noção de que as pessoas agricultoras "têm o direito de produzir o nosso próprio alimento em nosso próprio território" (Via Campesina Women's Working Group, 1996, p.6). A posição preparatória reconhecia a necessidade das práticas agrícolas sustentáveis para assegurar a sustentabilidade ambiental, e a isso as mulheres acrescentaram a dimensão da saúde humana. Para as mulheres, como as primeiras responsáveis pelo bem-estar das suas famílias, a soberania alimentar deve também incluir um movimento para a produção orgânica ou certamente uma redução drástica do uso de insumos químicos perigosos para a saúde, e a interrupção imediata da exportação de agroquímicos banidos. Finalmente, dado o impacto das políticas agrícolas nas vidas diárias das mulheres e do acesso desigual delas aos recursos produtivos (relativamente aos homens), as mulheres insistiram que a soberania alimentar só poderia ser alcançada por meio da sua maior participação no desenvolvimento das políticas no campo. Todas essas preocupações foram posteriormente incorporadas ao esboço final, vindo a integrar efetivamente uma análise de gênero na posição da Via Campesina.

A Comissão de Mulheres concordou em trabalhar com três ONGs – Isis International-Manila, e duas organizações sediadas nos EUA, a People-Centered Development Forum e a Women, Food and Agriculture Network – para organizar uma Oficina de Mulheres Rurais sobre Segurança Alimentar de três dias, pouco antes da CMA (WFS). Os membros da Comissão de Mulheres achavam que era importante que as próprias camponesas estivessem envolvidas no comitê organizador do evento, em vez de deixar o planejamento somente para as ONGs. A Comissão de Mulheres contribuiu muito para essa oficina: dezoito líderes camponesas de oito regiões da Via Campesina participaram e as organizações da Via Campesina escreveram quatro dos artigos regionais apresentados, fornecendo informações e análises inestimáveis do que estava acontecendo nas áreas rurais em cada uma dessas regiões. A Comissão de Mulheres argumentava que a Oficina de Mulheres Rurais, junto com a sua solicitação para a CCI de que cada região deveria enviar um homem e uma mulher, ajudaria a assegurar a paridade de gênero na delegação da Via para Roma.

Finalmente, a primeira reunião da Comissão de Mulheres também desenvolveu um plano de ação o qual incluía uma série de objetivos: conseguir uma Comissão de Mulheres funcional e operante, com representantes de cada uma das oito regiões da Via Campesina; estabelecer linhas de comunicação e coordenação abertas entre os membros da Comissão de Mulheres; comunicar-se regularmente com a CCI, para manter aquele organismo a par das preocupações, necessidades, interesses e contribuições das mulheres; e disseminar os resultados da reunião de San Salvador para todas as regiões. Baseados no sucesso dessa abordagem de consulta regional, os participantes concordaram que esse tipo de encontro seria mais útil do que se eles restringissem as reuniões às oito representantes da Comissão de Mulheres.

A primeira reunião da Comissão havia sido planejada para coincidir com dois outros eventos significativos realizados em San Salvador: uma oficina de gênero da Asocode e uma reunião da CCI. Como resultado, a discussão de questões de gênero foi além daquele grupo particular. As vozes das mulheres foram infundidas nas deliberações da CCI, e os homens participaram na oficina de gênero. Talvez, com ainda mais significado, a reunião da Comissão de Mulheres alicerçou a Via Campesina nas realidades locais. Como o seu relatório final afirmava:

Ficou absolutamente claro para todos os presentes que colocando a oficina de gênero na agenda [da reunião da Comissão de Mulheres], estávamos conseguindo tornar uma questão local, o trabalho da Asocode nesse caso, em uma questão internacional. É precisamente disso que trata a Via Campesina. O trabalho dela não é algo que acontece fora do trabalho de cada uma das organizações participantes. Quaisquer que sejam as questões sobre as quais a Via Campesina se debruça, elas deveriam vir diretamente da base, diretamente do nível local. (Via Campesina Women's Working Group, 1996, p.6)

Essa afirmação trouxe a Via Campesina de volta às origens, direto para as comunidades rurais locais, para as casas das mulheres e as suas vidas pessoais. Ao avaliar a reunião da Comissão das Mulheres, uma líder camponesa observou: "Aprendi muito mais sobre a Via Campesina agora e sinto que sou parte de algo muito maior do que apenas a minha organização". Outra mulher disse que a consulta regional havia tido êxito em trazer as mulheres para o movimento, fazendo-as sentir-se como se realmente fizessem parte de uma força poderosa e cada vez maior. Outra disse ainda: "Sinto-me mais confiante; posso enfrentar mais desafios agora".

No fim das contas, os três eventos em San Salvador provaram serem oportunidades excelentes para construir capacidade de liderança, com as mulheres tanto aprendendo sobre as realidades umas das outras como ampliando a posição da Via Campesina sobre a soberania alimentar ao inserirem as suas visões, vivências, perícias e exigências. As mulheres deixaram San Salvador convencidas de que havia um lugar para elas nesse recém-criado movimento internacional de camponeses e agricultores, e muitas delas acreditavam que haviam dado passos decisivos no sentido de "fazer da Via Campesina um movimento tanto de homens como de mulheres" (Via Campesina Women's Working Group, 1996, p.6). Contudo, elas também reconheceram que haviam enfrentado um longo processo que exigiria todo o seu engajamento em uma luta constante e árdua pela igualdade de gênero. Baseadas nas suas vidas cotidianas e experiências organizacionais, as mulheres estavam agudamente conscientes do seu acesso desigual ao poder econômico, político e social em relação aos homens no campo. Depois de anos de luta pela igualdade das mulheres, o envolvimento das mulheres rurais nos fóruns e estruturas responsáveis pelo desenvolvimento de políticas no setor rural continuava extremamente restrito. Na maioria dos países (se não em todos), as organizações camponesas e de agricultores ainda eram dominadas por homens. As mulheres envolvidas na Via Campesina recusavam-se a aceitar esses papéis e posições subordinadas. Embora reconhecessem o caminho longo e tortuoso pela frente, elas abraçaram entusiasticamente o desafio e prometeram assumir um papel de liderança na formação da Via Campesina como movimento comprometido com a igualdade de gênero.

As mulheres nas fronteiras da soberania alimentar

Desde a sua formação, a Comissão de Mulheres da Via Campesina teve grandes conquistas. A primeira tarefa foi simplesmente reunir as mulheres de culturas diversas e contextos diferentes. Porém, de 1996 a 2000, a Comissão concentrou o seu trabalho nas Américas, primariamente nas três regiões da Via Campesina na América Latina e México. A Comissão de Mulheres, com fundos da Promoting Women in Development [Promovendo Mulheres em Desenvolvimento] do Centre for Development and Population Activities [Centro para o Desenvolvimento e Atividades da População] (Cedpa) realizou uma série de três oficinas e intercâmbios regionais entre mulheres na América Central, América do Sul e Caribe. O objetivo principal desse projeto, intitulado "As Mulheres Camponesas nas Fronteiras da Soberania Alimentar" era aumentar a participação e representação das mulheres em todos os níveis e em todas as atividades da Via Campesina (Via Campesina Women's Working Group, 1997, p.1). As oficinas e os intercâmbios foram planejados especificamente para fortalecer o envolvimento das mulheres no desenvolvimento de políticas e ações sobre questões da soberania alimentar e reforçar a sua capacidade de organizar-se internacionalmente (ibid., p.4). Enquanto a Comissão de Mulheres da Via Campesina era responsável pela coordenação geral, as oficinas e os intercâmbios regionais eram organizados pelas líderes das três organizações de base regional: Cloc na América do Sul, Asocode na América Central e a Einfa no Caribe.

O projeto foi um enorme sucesso.[1] Trocando ideias, informação e experiências, as mulheres aprenderam sobre as realidades agrícolas em diferentes países, ampliaram o seu entendimento das questões enfrentadas pelas comunidades agrícolas locais, regionais e internacionais e engajaram-se em uma análise coletiva das forças, afetando as vidas diárias das pessoas que vivem em comunidades rurais. As discussões abrangiam de direitos humanos, lutas por reforma agrária genuína, recursos genéticos e biodiversidade, gestão de recursos naturais e o impacto do comércio agrícola, até diferentes aspectos da soberania alimentar. As mulheres também compartilharam experiências sobre produção alternativa e estratégias de comercialização, exploraram ideias sobre organização no campo e discutiram estratégias para tratar das desigualdades de gênero nas suas organizações locais e nacionais, tanto localmente como no seio da Via Campesina. Os encontros cara a cara entre as mulheres foram cruciais para facilitar um maior entendimento e construir a unidade entre as mulheres da Via Campesina nas Américas. Uma avaliação do trabalho feita pela Comissão de Mulheres concluiu:

> A base comum desenvolvida pelo projeto acabou com um sentido penetrante de isolamento e impotência entre as participantes, que

---

1 O NFU coordenou esse projeto. As seguintes observações foram feitas a partir de informações disponíveis no relatório final apresentado aos financiadores do Grupo de Trabalho de Mulheres da Via Campesina (1999). O projeto também produziu registros de cada um dos três *workshops*. Na qualidade de Suporte Técnico, eu também participei do primeiro encontro deste grupo de trabalho, seguido pelo encontro da CCI. A ata das reuniões reflete minhas observações e as informações compiladas no relatório do encontro realizado em San Salvador pelo Grupo de Trabalho de Mulheres da Via Campesina (1996).

viram o seu treinamento de formação de lideranças e intercâmbio de experiências como fundamentais para sua capacitação para assumirem responsabilidades de liderança nas suas próprias comunidades e organizações. Sobretudo, as mulheres aprenderam que elas tinham voz, experiência e perícia, a capacidade de compartilhar isso com outras. (ICRW e Cedpa, 1999, p.4)

As mulheres da Via Campesina acreditam que elas devem trabalhar juntas – em termos iguais – com os seus pares masculinos para construir um modelo agrícola alternativo. Portanto, conforme elas ganharam mais experiência e confiança em trabalharem além das fronteiras nacionais, as mulheres juntaram-se avidamente às delegações da Via Campesina em números crescentes para os eventos internacionais como – entre outros – a Cúpula Mundial da Alimentação e o Fórum de ONGs sobre Segurança Alimentar em Roma (1996), o encontro ministerial da OMC em Seattle (1999), a Conferência do Fórum Global sobre Pesquisa Agrícola em Dresden (2000), e a CMA+5 e o Fórum ONGs/OSC sobre Soberania Alimentar em Roma (2002). Organizar reuniões das mulheres imediatamente depois desses grandes eventos e/ou antes dos encontros da Via Campesina foi outra estratégia importante voltada para garantir a maior participação e o aumento da representação delas no seio da Via Campesina. Foi a estratégia primeiramente usada pelas mulheres da Via Campesina quando co-organizaram a Oficina de Mulheres Rurais sobre Segurança Alimentar pouco antes da Cúpula Mundial da Alimentação em 1996, e, três anos depois, a Comissão de Mulheres promoveu uma reunião antes dos eventos da OMC em Seattle. Como resultado, as mulheres constituíram 34,5% e 37,5% dos delegados da Via Campesina para Roma e Seattle respectivamente.

Essa mesma estratégia foi usada pelas mulheres latino-americanas quando promoveram a 1ª Assembleia Latino-Americana das Mulheres Rurais pouco antes do congresso geral da Cloc.[2] Embora

---

2 Há algumas discrepâncias a respeito dos números relatados. A documentação divulgada após esses acontecimentos registrou que 150 mulheres participaram

as mulheres da Cloc não tenham alcançado o seu objetivo de paridade de gênero, a extensão e o nível de participação das mulheres foram sem precedentes naquele que até então tinha sido um espaço amplamente dominado pelos homens. Como resultado direto da 1ª Assembleia Latino-Americana das Mulheres Rurais, as líderes chegaram bem preparadas para contribuir ativamente nas discussões do desenvolvimento de políticas e planos de defesa de direitos durante o congresso da Cloc. Elas se juntaram prontamente aos grupos de trabalho sobre reforma agrária, agricultura sustentável, povos indígenas e afro-americanos, trabalhadores rurais e temas organizacionais. A presença significativa das mulheres foi claramente visível conforme elas se juntaram aos homens na mesa principal para apresentarem relatórios sumários das sessões de grupos de trabalho e prontamente tomaram os microfones para expressar opiniões sobre vários tópicos.

Quadro 1 – Trechos das resoluções da 1ª Assembleia Latino-americana de Mulheres Camponesas

As organizações da Cloc/Via Campesina devem integrar plenamente as mulheres em todos os espaços em que as decisões são feitas por meio de – entre outras medidas – treinamento e formação técnica e política.

Devem garantir a igualdade de participação das mulheres – em 50% – nos espaços de coordenação e em todos os eventos.

Devem assumir o desenvolvimento de uma base de dados sobre as realidades dos trabalhadores rurais das Américas e do Caribe, especificando a situação das mulheres.

---

da Assembleia e do Congresso – ou seja, 44% de todos delegados. No entanto, como não houve acesso à lista completa dos delegados, os números aqui utilizados têm como base as informações fornecidas pelos registros oficiais. Veja Cloc (1997) e Cloc-Via Campesina (1997) para o registro completo da 1ª Assembleia Latino-Americana de Mulheres Rurais e do II Congresso da Cloc.

Devem organizar um evento internacional de mulheres camponesas, a fim de fazer suas realidades mais visíveis e projetar suas propostas para o mundo.

Fortalecer a escola de formação da Cloc – incluindo a participação de 50% das mulheres em suas atividades –, desenvolvendo cursos, oficinas e seminários de formação de líderes.

A Cloc deve desenvolver uma campanha em cada país para valorizar as formas de comunicação com as mulheres da base, a fim de recuperar sua autoestima e para reivindicar o direito delas à comunicação.

Fortalecer o Boletim Camponês [a *newsletter* da Via Campesina] e outros meios de comunicação direcionados a divulgar os temas e ações das mulheres.

A Cloc deve criar e fortalecer espaços que recebam e organizem, de forma sistemática, as denúncias de todos os tipos de violência sofridas por mulheres e jovens camponesas.

A Cloc e a Via Campesina deverão desenvolver campanhas contra a privatização dos serviços de saúde e educação, e lutar contra a esterilização forçada de mulheres camponesas, indígenas e negras.

A Cloc, em todos níveis, deve rever seus planos para assegurar que inclui um corte transversal de gênero e materializar estas resoluções por meio de ações diárias integralmente.

A assembleia das mulheres teve um impacto significativo sobre os resultados do congresso da Cloc porquanto refletiam uma análise de gênero, bem como uma análise de classe e etnia (Leon, 1997). Talvez ainda mais importante, todas as resoluções e propostas da 1ª Assembleia Latino-Americana das Mulheres Rurais foram aprovadas por todo o congresso da Cloc e muitas dessas eram de fato medidas para ajudar a alcançar a paridade de gênero e a igualdade de gênero, não apenas na Cloc, mas também na Via Campesina.

Claramente, as mulheres latino-americanas fizeram progressos significativos conforme ficaram mais visíveis e as suas vozes tornaram-se mais sonoras nas suas regiões e além delas. Na época do terceiro congresso da Cloc, celebrado no México em agosto de 2001, as mulheres ultrapassaram o seu objetivo, representando 56% dos delegados do congresso.[3] Elas também estavam fazendo contribuições importantes e influenciando a dinâmica de gênero da Via Campesina. No processo de organização da 1ª Assembleia Latino-Americana das Mulheres Rurais em Brasília e as oficinas de mulheres na América Central e Caribe, a Comissão de Mulheres da Via Campesina e a Comissão de Mulheres da Cloc começaram a trabalhar estreitamente juntas ao ponto das divisões entre as duas entidades tornarem-se bastante difusas. Com efeito, as líderes envolvidas começaram a referir a si mesmas como a Comissão de Mulheres da Cloc/1ª Assembleia Latino-Americana das Mulheres Rurais/Via Campesina conforme elas prometeram trabalhar juntas para assegurar o acompanhamento de resoluções, compromissos e planos acordados no congresso da Cloc, na 1ª Assembleia Latino-Americana das Mulheres Rurais e nas reuniões das mulheres realizadas por toda a América Latina e a trabalharem para coordenar o trabalho das mulheres da Via Campesina nas Américas.

A oficina das camponesas asiáticas

Embora a maior parte do trabalho inter-regional feito pela Comissão de Mulheres tenha ocorrido nas Américas, as mulheres do Leste e Sudeste da Ásia também fortaleciam os seus laços de comunicação e coordenação por meio da Oficina das Camponesas Asiáticas realizada em Bancoc, na Tailândia, em agosto de 1999.[4] Essa oficina – organizada em preparação para a 3ª Conferência Internacional da Via Campesina – foi a primeira do seu tipo na

---

3   De acordo com a declaração final dos eventos da Cloc no México, a 2ª Assembleia Latino-americana de Mulheres Rurais reuniu 180 mulheres. Um total de 320 delegados participou do terceiro congresso da Cloc.

4   As observações seguintes estão baseadas na análise dos procedimentos do Seminário sobre Mulheres Camponesas da Ásia (1999).

região e reuniu camponesas da Tailândia, Vietnã, Laos, Malásia, Indonésia, Filipinas, Coreia e Japão. Por meio de relatórios de situação sobre os seus respectivos, as mulheres identificaram uma série de questões comuns: 1) a "modernização" e liberalização da agricultura estava exacerbando a situação dos pequenos agricultores; 2) os conflitos entre governos, o setor privado e as comunidades locais sobre os recursos produtivos como água, terra, florestas e recursos costeiros estavam levando ao aumento da violência e da repressão das minorias étnicas que resistiam ao ataque; 3) projetos de desenvolvimento concentrados em grandes projetos de infraestrutura estavam resultando no deslocamento forçado de famílias camponesas; a globalização estava levando à adoção de valores ocidentais, com a consequente perda das culturas locais; 4) havia um aumento da violência doméstica; e 5) as mulheres rurais vivenciavam discriminação crescente conforme eram forçadas a condições de trabalho abusivas e mal remuneradas no meio urbano. (A situação diferia um pouco no Laos e especialmente no Vietnã, onde mais políticas favoráveis à agricultura haviam contribuído para um relativo fortalecimento dos sindicatos de mulheres camponesas).

A declaração da oficina (Asian Peasant Women's Workshop, 1999, p.12) demonstra como as mulheres estavam nitidamente conscientes das maneiras específicas nas quais a globalização e a liberalização estavam prejudicando as mulheres por causa dos seus papéis particulares na luta pela sobrevivência e o bem-estar das suas famílias e comunidades:

> Depois de anos de luta, as mulheres asiáticas ainda sofrem e são marginalizadas em todos os níveis da sociedade. As políticas econômicas têm causado a migração maciça de mulheres, seu deslocamento e a discriminação no emprego. Mesmo que elas estejam aptas a conseguir trabalho, as mulheres recebem menos pelo mesmo tipo de serviço, tornam-se vítimas do trabalho precarizado e sempre "os últimos contratados são os primeiros demitidos". A desigualdade de gênero enraizada no patriarcado ainda existe nas sociedades asiáticas. A sociedade considera as mulheres como uma

segunda classe e a participação delas na tomada de decisões ainda é limitada. Menos oportunidades de educação disponíveis para as mulheres têm bloqueado o seu acesso à informação, ao conhecimento e aos ofícios. A violência contra as mulheres continua um problema sério e nunca foi freada. Os povos indígenas, como uma minoria na sociedade, têm sido alvo de agressão do desenvolvimento, que ameaça não apenas as suas tradições, mas a sua sobrevivência também.

As mulheres camponesas na Ásia sofrem camadas de repressão. O controle dos meios de produção como a terra e o monopólio dos recursos naturais pelos proprietários e capitalistas pioraram ainda mais a pobreza dos camponeses. As mulheres que sabem como gerir recursos naturais são excluídas. O acesso limitado das mulheres ao conhecimento da tecnologia agrícolas, treinamento e capacitação forçou a deterioração da sua subsistência. Os serviços sociais como a saúde, a educação e os subsídios para mulheres não são prioridade para os governos. Muitas mulheres são forçadas a serviços degradantes e à prostituição, como resultado do aumento da pobreza. Essas condições das mulheres são o resultado direto da liberalização da agricultura nos países asiáticos [...].

Essa declaração assemelhava-se enormemente às conclusões da 1ª Assembleia Latino-Americana das Mulheres Rurais. As participantes da Oficina das Mulheres Camponesas Asiáticas, como aquelas envolvidas na consulta regional em San Salvador, também aprenderam sobre os esforços da Via Campesina para estabelecer um modelo alternativo de desenvolvimento – um modelo baseado, entre outras coisas, na igualdade de gênero. Reconhecido o papel crucial das lutas locais e nacionais, elas prometeram, como as mulheres da Cloc, desempenhar uma parte importante nesse movimento internacional.

No último dia da oficina, sessenta das participantes, armadas de faixas em várias línguas, fizeram uma manifestação em frente ao escritório do FMI para protestar contra os programas de ajuste estrutural da instituição. Depois, a maioria dos participantes viajou setecentos quilômetros para visitar e dar suporte moral aos manifestantes de Pak Moon – uma comunidade de mais de quatro mil famílias que estavam enfrentando a realocação forçada como resultado de um grande projeto de infraestrutura envolvendo a construção de seis barragens – que haviam ocupado a Barragem de Pak Moon desde março de 1998.

A Assembleia Internacional de Mulheres

A Comissão de Mulheres da Via Campesina, com a aprovação e o suporte da CCI, passou a organizar a 1ª Assembleia Internacional de Mulheres, imediatamente antes da 3ª Conferência Internacional da organização em Bangalore, no início de outubro do ano 2000. Novamente, essa estratégia levou efetivamente a um aumento considerável (embora com grande variação regional) no número de mulheres presentes na conferência em comparação com a anterior (veja o Gráfico 3).

Como uma das suas mais importantes conquistas, a 1ª Assembleia Internacional de Mulheres reuniu líderes camponesas de sete das oito regiões da organização e facilitou o seu engajamento em discussões e na tomada de decisões sobre futuras direções políticas. Para algumas mulheres, essa foi a primeira vez que elas saíram das fronteiras de seus países e pela Assembleia de Mulheres, foram expostas em um mundo inteiramente novo. As mulheres não apenas aprofundaram o seu entendimento sobre a situação que enfrentavam nas suas regiões, mas também aprenderam sobre as lutas das suas contrapartes de diferentes continentes. Como uma participante da Índia disse na sua avaliação da Assembleia das Mulheres: "sinto uma proximidade, quase como se eu estivesse estado nos países de todas sem ter pegado um avião. Não me sinto mais sozinha". Além de discutirem os vários esboços das posições da Via Campesina – sobre soberania alimentar e comércio, gênero, reforma agrária, direitos humanos e solidariedade, agricultura alternativa e biodiversidade de recursos genéticos – as mulheres analisaram as conquistas que

Regiões da Via Campesina

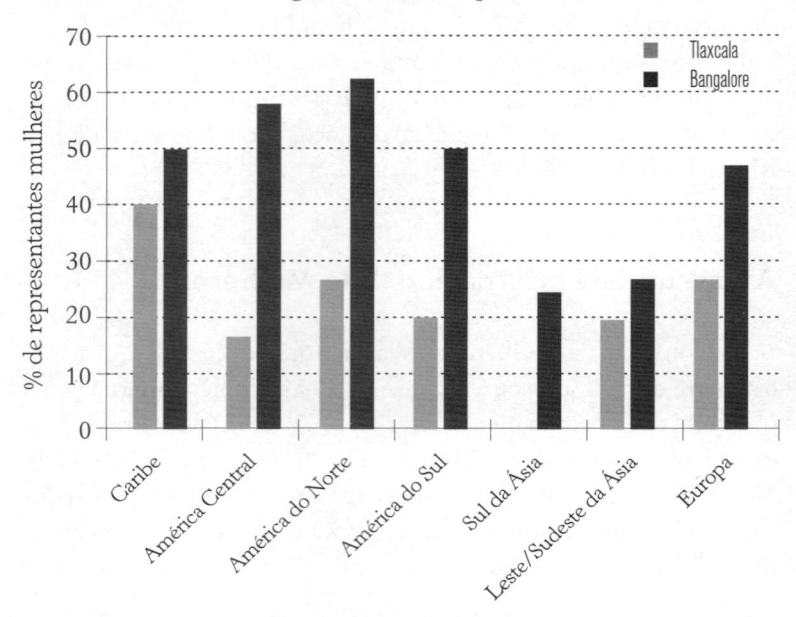

Gráfico 3 – Comparação da participação das mulheres nas Conferências de Tlaxcala e Bangalore

haviam vivenciado e as barreiras e desafios que elas compartilhavam no social, político, econômico e organizacional. A Assembleia das Mulheres concordou que para realizar a participação significativa das mulheres, a Via Campesina deveria, no mínimo:

- garantir 50% de participação das mulheres em todos os níveis de decisão e atividades da Via Campesina;
- manter e fortalecer a Comissão de Mulheres;
- assegurar que todos os documentos, eventos de treinamento e discursos da Via Campesina vão além dos conteúdos sexistas e da linguagem machista. (Via Campesina, 2000i)

Embora a 3ª Conferência Internacional não tenha conseguido alcançar o objetivo estabelecido pela Comissão de Mulheres e a CCI – de que 50% dos delegados fossem mulheres – ela deu passos importantes naquela direção. Durante a 3ª Conferência Internacional, os delegados foram unânimes em concordar com uma mudança estrutural para assegurar a paridade de gênero. Anteriormente, de 1966 a 2000, Nettie Wiebe era a única mulher na CCI. Em Bangalore, a Via Campesina decidiu expandir a CCI de oito para catorze coordenadores regionais – o qual mais tarde foi expandido para dezesseis, com a adição da África como a oitava região.[5] Cada região teria dois coordenadores regionais (um homem e uma mulher) eleitos pela região e responsáveis pela região. Ademais, as mulheres coordenadoras regionais se reuniriam antes dos encontros da CCI e assim continuaram a funcionar como a Comissão de Mulheres, mas agora o seu trabalho estava ampliado para abranger o trabalho geral da Via Campesina. Se essa nova estrutura funcionaria bem dependeria de ambos os coordenadores regionais assumirem responsabilidades iguais pela comunicação e coordenação no interior das suas regiões – evitando assim a situação na qual as coordenadoras regionais mulheres são relegadas a tomarem conta apenas das questões das mulheres e da organização delas nas regiões.

A 3ª Conferência Internacional também aprovou um "Via Campesina Gender Position Paper" [Documento Sobre a Posição de Gênero da Via Campesina], o qual claramente colocava as mulheres e as questões de gênero no centro do movimento.[6] A posição visava prover um prisma de gênero para ajudar a guiar as futuras deliberações da Via Campesina. O documento afirmava:

---

5 A 3ª Conferência Internacional também acordou em considerar conjuntamente a Europa Ocidental e a Oriental, reduzindo o número de regiões de oito para sete.

6 A 3ª Conferência Internacional discutiu e depois elaborou uma posição para todos os temas-chave da Via Campesina e gênero é um desses temas. O NFU, como coordenador da Comissão de Mulheres, circulou um primeiro esboço do projeto (em espanhol, francês e inglês) para membros da CCI e da Comissão de Mulheres no final da primavera de 1999, para que fosse discutido local, nacional e regionalmente.

A agenda econômica mundial neoliberal é planejada para reforçar o lucro corporativo e concentrar o poder a despeito da destruição da natureza, da cultura, da comunidade ou do bem-estar das pessoas. O impacto dessas mudanças [é] mais agudo nas áreas rurais onde a exploração brutal do ambiente e das pessoas do campo é uma experiência cotidiana para milhões. As mulheres vivenciam o impacto dessas de maneiras diferentes dos homens por causa da sua história, papéis e relacionamentos. Assim, é apropriado e necessário articular a análise de gênero para formatar soluções inclusivas, justas e viáveis de longo prazo.

A meta econômica atual predominante de aumento da produção de itens vendáveis designa mais valor para a produção industrial do que para a reprodução, para a fabricação que para o cultivo, para o lucro que para as pessoas. Isso desvaloriza as forças reprodutivas e regenerativas tanto do mundo natural como da sociedade humana. Como genitoras das crianças, todas as mulheres estão sofrendo por essa mudança fundamental de valores. Como aquelas que cultivam alimentos e cuidam da terra, as camponesas e mulheres rurais são duplamente oneradas e relegadas pelas políticas e as mudanças sociais baseadas nesses valores neoliberais. Essas mudanças negativas, combinadas com uma história de submissão e silêncio, frequentementem minam a autoestima e a autoconfiança na capacidade de liderança das mulheres rurais e camponesas.

Contudo, as mulheres do campo são fundamentais para a construção de comunidades rurais saudáveis e sustentáveis, cuidando da terra e atingindo uma segurança alimentar genuína e de longo prazo. As mulheres rurais produzem grande parte do alimento que nutre as famílias e comunidades locais. Elas são atual e historicamente responsáveis por protegerem e fortalecerem a biodiversidade que é vital para a sobrevivência humana. Elas são o coração pulsante das culturas rurais. O genuíno desenvolvimento rural, que inclui o rejuvenescimento cultural, social, econômico e ambiental depende de as mulheres rurais consciente e corajosamente assumirem um papel de liderança. (Via Campesina, 2000c, p.1)

Então, o "Gender Position Paper" [Documento Sobre a Posição de Gênero] era elaborado sobre três princípios e compromissos principais: igualdade e direitos humanos, justiça econômica e desenvolvimento social, cada um especificando claramente o papel, a posição, as necessidades e os interesses particulares das mulheres. O plano de ação da posição de gênero enfatizava que a Via Campesina não devia se restringir a integrar uma perspectiva de gênero, mas também incluir uma perspectiva de classe e uma perspectiva étnica. Ademais, ela apelava pela organização de oficinas de gênero para homens e mulheres, assegurando a paridade de gênero em todas as delegações, grupos de trabalho e intercâmbios da Via Campesina, integrando uma perspectiva de gênero em todas as posições da Via Campesina e cultivando a melhoria da coordenação e da comunicação entre todas as organizações da Via Campesina.

Quadro 2 – A ação Aracruz: mulheres revertendo a desertificação

Em uma rápida e bem coordenada ação, as mulheres da Via Campesina do Brasil, com apoio de alguns de seus homólogos internacionais, entraram em uma grande plantação de eucalipto de propriedade da Aracruz em Barra do Ribeiro, Rio Grande do Sul, e destruíram milhares de mudas bem como o laboratório local. Ao amanhecer, os quarenta ônibus que transportavam as mulheres estavam indo para Porto Alegre, onde as participantes se juntaram a uma marcha de celebração do Dia Internacional da Mulher. O barro foi lavado das mãos e sapatos, pequenos lenços violetas foram colocados nas mochilas e bolsas e as mulheres se uniram a outras milhares de mulheres e de homens em uma marcha rumo à Universidade Católica, onde as Nações Unidas para Agricultura e Alimentação (FAO) organizava uma conferência sobre a reforma agrária.

Quando chegamos ao local da conferência a pressão para que se pudesse entrar provocou uma onda intensa de negociações que resultou na permissão de cinquenta mulheres para entrar no local da conferência oficial. Duas integrantes do Movimento das Mulheres Camponesas (MMC) leram as demandas das mulheres para os delegados reunidos, pedindo reforma agrária integral, além do fim da violência contra as mulheres, igualdade de gênero, justiça e solidariedade:

> Somos contra os desertos verdes, enormes plantações de eucalipto, araucária e pinus que cobrem milhares de hectares no Brasil e América Latina. Onde o deserto verde prospera a biodiversidade está destruída, os solos estão deteriorados, os rios estão secos e a enorme poluição das fábricas de papel ameaça a saúde humana e a água [...]. Se o deserto verde continuar crescendo, em breve, não haverá água e terra para produzir alimentos. (apud Via Campesina, 2006a)

[...] O momento da ação ajudou a aumentar o impacto público e divulgar informações e diminuir o perigo imediato para as participantes. A conferência da FAO sobre Reforma Agrária em Porto Alegre garantiu que a ação ganhasse atenção internacional generalizada, pois a imprensa internacional já estava lá. A presença de dignitários internacionais e delegados para a conferência também limitava a possibilidade de uma imediata resposta policial violenta para a ação. Nem o governo estadual nem o nacional correriam o risco de ter imagens de policiais espancando mulheres camponesas desarmadas sendo transmitidas globalmente de Porto Alegre.

O 8 de março é o Dia Internacional da Mulher, quando as mulheres ao redor do mundo se lembram de muitas de suas lutas por igualdade, justiça e dignidade, para celebrar a alegria, a força e a beleza de suas aspirações e realizações.

As mulheres da Via Campesina – Brasil adicionaram uma página significativa a essa história cheia de orgulho com essa ação corajosa para proteger a ecologia, a terra e os direitos dos povos.

Fonte: Excertos de Wiebe, *Mulheres revertendo a desertificação* (no prelo).

Então, depois da sua concepção em 1996, a Comissão de Mulheres conquistou muito. Na época da 3ª Conferência Internacional, apenas quatro anos depois de a Comissão ter sido criada, as mulheres haviam ganho um espaço considerável na Via Campesina. Agora, participantes eram muito mais visíveis e ativas na tomada de decisões e em várias atividades organizacionais. Paul Nicholson diz que colocar o gênero à frente e no centro da agenda forçou as regiões e as suas organizações a considerar exatamente como iriam tratar da questão de gênero e quais ações eram necessárias para lidar efetivamente com isso. A direção da Via Campesina começou a fazer um esforço maior – com maior ou menor grau de sucesso – para selecionar mulheres e homens para representar o movimento em reuniões internacionais. Certamente, uma leitura cursiva dos documentos da Via Campesina demonstra uma mudança dos primeiros dias, quando as mulheres e o gênero eram raramente mencionados. As posições e ações mais recentes da Via Campesina refletem, em vários graus, uma análise de gênero mais apurada.

A recente ação direta das mulheres camponesas contra a Aracruz Celulose, a maior produtora de papel do Brasil, ilumina a crescente visibilidade e contribuições significativas das mulheres na Via Campesina. No dia 8 de março de 2006, mais de 2 mil mulheres camponesas (acompanhadas por alguns homens) participaram de um movimento estratégico bem planejado para parar a monocultura de eucalipto. A sua meta era proteger a biodiversidade, parar a degradação ambiental, garantir o acesso a terra e construir a soberania alimentar.

Após a ação na Aracruz, a polícia acusou 37 pessoas, a maioria mulheres. Duas semanas depois, em 21 de março, a polícia invadiu os escritórios do Movimento das Mulheres Camponesas (MMC), levando computadores e arquivos (Via Campesina, 2006b, 2006c). A Via imediatamente começou uma campanha internacional, que ganhou impulso em 17 de abril do mesmo ano, no Dia Internacional da Luta Camponesa. Os organizadores divulgaram uma lista daquelas indiciadas pela polícia, com um poema, "As mudas romperam o silêncio", escrito pelo MST. Eles pediam aos apoiadores para enviarem o poema para a governadora do Rio Grande do Sul pedindo o fim da repressão e da violência contra os camponeses brasileiros.

Quadro 3 – As mudas romperam o silêncio

Havia um silêncio, sepulcral
sobre dezoito mil hectares roubados
dos povos tupi-guarani
sobre dez mil famílias quilombolas
expulsas de seus territórios
sobre milhões de litros de herbicidas
derramados nas plantações

Havia um silêncio promíscuo
sobre o cloro utilizado
no branqueamento do papel
a produzir toxinas que agridem
plantas, bichos e gentes
sobre o desaparecimento
de mais de quatrocentas espécies de aves
e quarenta de mamíferos
do norte do Espírito Santo

Havia um silêncio intransponível
sobre a natureza de uma planta
que consome trinta litros de água-dia

e não dá flores nem sementes
sobre uma plantação que produzia bilhões
e mais bilhões de dólares
para meia dúzia de senhores

Havia um silêncio espesso
sobre milhares de hectares acumulados
no Espírito Santo, Minas, Bahia
e Rio Grande do Sul

Havia um silêncio cúmplice
sobre a destruição da Mata Atlântica e dos pampas
pelo cultivo homogêneo de uma só árvore:
o eucalipto.

Havia um silêncio comprado
sobre a volúpia do lucro
Sim, havia um silêncio global
sobre os capitais suecos
sobre as empresas norueguesas
sobre a grande banca nacional

Por fim
havia um imenso deserto verde
em concerto com o silêncio.

II
De repente
milhares de mulheres se juntaram
e destruíram mudas
a opressão e a mentira

As mudas gritaram
de repente
e não mais que de repente
o riso da burguesia fez-se espanto
tornou-se esgar, desconcerto.

III
A ordem levantou-se incrédula
clamando progresso e ciência
imprecando em termos chulos
obscenidades e calão

Jornais, rádios, revistas,
a internet e a TV,
as empresas anunciantes
executivos bem-falantes
assessores rastejantes
técnicos bem-pensantes
os governos vacilantes
a direita vociferante
e todos os extremistas de centro
fizeram coro, eco,
comício e declarações
defendendo o capital:
"Elas não podem romper o silêncio!"
E clamaram por degola.

IV
De repente
não mais que de repente
milhares de mulheres
destruíram o silêncio

Naquele dia
nas terras da Aracruz
as mulheres da Via Campesina
foram o nosso gesto
foram a nossa fala.

Fonte: Manifesto de Homens e Mulheres em Solidariedade às Camponesas da Via Campesina.

A luta pela igualdade de gênero continua

Todavia, ainda há muito trabalho pela frente – como é tipificado por eventos que continuaram de domínio dos homens. Por exemplo, quando os grupos de trabalho da Via Campesina sobre biodiversidade e recursos genéticos e agricultura alternativa tiveram seus primeiros encontros na Espanha em abril de 2002 e posteriormente se encontraram com uma série de ONGs para explorarem a possibilidade de estabelecer uma aliança internacional liderada por agricultores para promover pesquisa e desenvolvimento, somente 3 dos 12 representantes da Via Campesina eram mulheres (Toner, 2002). Somente 4 de 38 delegados da Via Campesina para a Cúpula Mundial pelo Desenvolvimento Sustentável realizado em Joanesburgo em 2002 eram mulheres (Via Campesina, 2002g). Enquanto a CCI agora tem paridade de gênero, nem todas as representantes mulheres são capazes de ir a todas as reuniões o tempo todo.

Há muitas razões por que as mulheres não participam nesse nível. Talvez o mais importante seja a persistência das ideologias e práticas culturais que perpetuam relações de gênero desiguais e injustas. Por exemplo, a divisão de gênero do trabalho significa que as mulheres rurais têm consideravelmente menos acesso ao recurso mais precioso, tempo, para se envolverem em posições de liderança nas organizações agrícolas. Porque as mulheres continuam primariamente responsáveis pelo cuidado com as crianças e os idosos, elas encontram muito mais dificuldade para saírem de suas casas para, por exemplo, uma reunião agrícola internacional de dez dias. A tripla jornada de trabalho – incluindo trabalho reprodutivo, produtivo e comunitário – também significa que elas têm menos probabilidade de ter tempo de participarem em sessões de treinamento visando à formação de lideranças. As mulheres também têm acesso desigual aos recursos produtivos, políticos e econômicos, os quais influenciam enormemente a sua capacidade de serem líderes efetivas. Elas ainda enfrentam atitudes e normas sociais persistentes que cultivam a dominação masculina na esfera pública. Como a 1ª Assembleia

Internacional das Mulheres da Via Campesina mostrou, enquanto as mulheres haviam feito alguns avanços na conquista de mais espaços conforme as organizações de mulheres e/ou em organizações mistas, a condição específica e a posição subordinada das mulheres em relação aos homens na maioria das sociedades (senão em todas) continua uma barreira fundamental para a igualdade de gênero (Via Campesina, 2000i).

O trabalho na Comissão de Mulheres também estava longe de ser completamente fácil. As mulheres da Via Campesina reconhecem – entre outras coisas – a existência de conflitos pelo poder que são destrutivos entre as próprias mulheres (Via Campesina, 2000h). Também, as mulheres nem sempre tiveram consciência da sua própria falta de compreensão e de suas propensões culturais, as quais levavam à insensibilidade cultural. Compreender diferentes dinâmicas de gênero em alguns países asiáticos era particularmente desafiador para algumas representantes. Algumas representantes da Ásia não tinham permissão para viajarem para todos os encontros – mesmo os encontros das mulheres da Via Campesina – sem os seus maridos estarem presentes. Consequentemente, na Oficina Continental das Mulheres Rurais da Via Campesina, organizada em preparação para a 1ª Assembleia das Mulheres e a 3ª Conferência Internacional, uma latino-americana, com pouca oportunidade para entender a dinâmica de gênero na Ásia, afirmou publicamente que as regiões latino-americanas eram muito mais avançadas na questão de gênero do que as da Ásia. (Eventualmente, ela foi substituída pela sua organização.)

A Assembleia das Mulheres ofereceu a oportunidade para vivenciar intercâmbios culturais ricos e para aprofundar entendimento e análises das relações de gênero desde diversas configurações. Contudo, o encontro não foi tão bem-sucedido como poderia ter sido. As delegações latino-americanas já haviam se reunido e vieram para Bangalore com propostas bem estabelecidas e desejavam que a Assembleia de Mulheres articulasse mais rapidamente demandas específicas e definisse estratégias. Essa não era necessariamente uma coisa negativa porque demonstrava a força, o compromisso e a exuberância das organizações latino-americanas na Via Campesina. Mas, conforme ficavam mais impacientes e frustradas com o ritmo do encontro, as delegações mais orientadas para resultados e mais eloquentes da América Latina tendiam a dominar a Assembleia das Mulheres. Com efeito, essa condição silenciou algumas participantes e deu menos espaço para as mulheres da Ásia participarem plenamente nas maneiras que lhes eram culturalmente mais aceitáveis, demonstrando a necessidade de que as variações étnicas e culturais fossem consideradas entre as organizações rurais em diferentes partes do mundo.

A maioria desses problemas poderia ter sido evitada se a Comissão de Mulheres tivesse realizado reuniões de planejamento presenciais nos meses que antecederam o evento em Bangalore. As mulheres que tinham organizado a Assembleia Latino-Americana das Mulheres Rurais haviam destacado a importância de organizar uma ou duas sessões preparatórias. Na sua experiência, essa antecipação contribuía enormemente para o sucesso da assembleia das mulheres na América Latina porque facilitava um maior entendimento entre as culturas, permitia que as lideranças conhecessem umas às outras e ajudava a consolidar uma equipe coesa (Desmarais e Wiebe, 1998, p.5). Se houvesse disponibilidade de fundos para a Comissão de Mulheres planejar antecipadamente, como a CCI fez em duas ocasiões que precederam à Conferência Internacional, a Assembleia de Mulheres de Bangalore poderia ter sido um evento mais unificador.

A Comissão de Mulheres da Via Campesina sofreu outras limitações e fragilidades importantes, a maioria das quais determinadas institucionalmente. Enquanto todos os outros membros da CCI foram responsáveis por trabalharem apenas no interior das suas regiões, o NFU – como coordenador regional da Comissão de Mulheres em nível mundial – tinha o dobro dos encargos. Embora a capacidade do NFU para manter essas responsabilidades de liderança fosse facilitada pela assistência técnica prestada pela Oxfam Global Agriculture Project, essa ainda era uma tarefa onerosa para uma organização com recursos humanos e financeiros limitados.

Então, diferentemente das coordenações regionais da CCI, as representantes da Comissão de Mulheres também não foram eleitas em Tlaxcala. De fato, nenhum processo formal havia sido definido para a indicação, seleção ou eleição das representantes para a Comissão de Mulheres. Em áreas onde as mulheres e/ou homens já estavam organizados regionalmente, ocorreu um processo democrático. Por exemplo, a CPE, Asocode e Winfa não elegeram ou indicaram as mulheres que as representaram. Mas nas áreas que haviam recém-começado o trabalho como região, essa ação com frequência foi deixada para a coordenação regional, que presumivelmente consultou a sua organização para fazer uma seleção. Um ano depois de a decisão de formar um comitê especial ser tomada em Tlaxcala, somente quatro das regiões tinham representantes mulheres. Em uma dessas regiões, a representante foi expulsa da sua organização pelo coordenador regional da CCI como resultado de um conflito interno. O movimento ocorreu apenas um ano depois da indicação dela e a sua substituta não foi indicada por um bom período. Por um longo período, não houve representante mulher para aquela região específica, uma situação característica de outras duas regiões.

O processo de seleção bastante informal também significava que a representante indicada viria a um encontro somente para ser substituída por outra no encontro seguinte. A cada encontro a Comissão de Mulheres tinha novas participantes ao redor da mesa. Além da falta de prestação de contas e legitimidade que isso criava, também havia uma significativa falta de continuidade. Consequentemente, menos trabalho era feito na Comissão de Mulheres porque uma quantidade de tempo considerável era gasta na orientação das novatas. A inconsistência também prejudicou enormemente a capacidade da Comissão de Mulheres para construir um grupo forte e coeso. Esse aspecto difere dramaticamente da experiência da CCI, cujos membros acumulavam anos de trabalho juntos como grupo, conheciam-se mutuamente como indivíduos e líderes e, consequentemente, haviam consolidado relações de camaradagem, confiança e respeito.

Na prática, a "não institucionalização" da Comissão de Mulheres levou a uma falta de clareza e eventualmente a conflito e tensão entre a Comissão de Mulheres e as lideranças de mulheres da Cloc. A maioria das organizações que pertencem à Cloc também participa da Via Campesina. Ambos os movimentos incluem visões e objetivos semelhantes, mas a Via Campesina trabalha a nível mundial, enquanto a Cloc funciona na América Latina. Neste continente, a Cloc tem estruturas regionais que são diferentes, mas justapostas às da Via Campesina. Às vezes, isso causa problemas. Por exemplo, no seu trabalho estreitamente enlaçado no projeto "Peasant Women on the Frontiers of Food Sovereignity" [Mulheres Camponesas nas Fronteiras da Soberania Alimentar] – o qual efetivamente levou à formação da Comissão de Mulheres da Via Campesina/Cloc – os problemas surgiram quando, no contexto de fundos limitados, foram feitas tentativas de sobrepor a estrutura da Via Campesina com a da Cloc. Por exemplo, quando os fundos da Via eram insuficientes para cobrir os custos dessa comissão ampliada, a Comissão de Mulheres da Via buscava assegurar a participação de suas próprias representantes em encontros de planejamento e coordenação, enquanto as mulheres da Cloc trabalhavam com o mesmo objetivo. Além disso, algumas destas argumentavam que a sua organização deveria ser reconhecida como a entidade regional responsável pela Via Campesina na América Latina e que, ao se criar a Comissão de Mulheres da Via, uma estrutura externa estava sendo imposta.

Interessantemente, as estruturas diferentes da Cloc e da Via Campesina não eram vistas como um problema entre os homens de nenhum dos movimentos e nenhuma proposta de mudança estrutura jamais foi posta na agenda da conferência da Via Campesina. Uma camponesa (preferiu ficar anônima) diz que a tensão em torno dos limites regionais e das estruturas organizacionais entre algumas mulheres também poderia ter mais a ver com lutas internas pelo poder e a dinâmica de gênero no interior da própria Cloc, porque na época, essa estava passando por um breve período de diminuição da atividade e da organização.

Claramente, a Via Campesina deu às líderes agrícolas oportunidades para se engajarem na advocacia e na ação coletiva sobre uma gama de temas internacionais. Por meio de encontros, oficinas, conferências e intercâmbios, as mulheres tiveram sucesso em estabelecer uma base comum. Através da Comissão de Mulheres, a Via Campesina aumentou a participação de mulheres e a sua representação como mulheres em números cada vez maiores. As mulheres juntaram-se aos seus pares homens no desenvolvimento de políticas e na ação coletiva. Contudo, o fracasso inicial em institucionalizar a Comissão de Mulheres dificultou enormemente o avanço da Via Campesina para a igualdade de gênero. A eventual mudança estrutural da Via Campesina introduziu a paridade de gênero na CCI, embora tenha ficado em aberto se esse mecanismo levaria à prática da igualdade de gênero. Mesmo a atual desigualdade das mulheres para o acesso e controle sobre os recursos produtivos, políticos e sociais permanece uma barreira significativa à participação e representação igual na Via Campesina. De muitas maneiras, o sucesso da Via Campesina em alcançar a igualdade de gênero reside primariamente nos esforços persistentes e concertados das organizações local e nacionalmente para tratar das barreiras à igualdade de gênero.

Articulações regionais – os vínculos mais fortes ou mais fracos?

A capacidade da Via Campesina para ser uma força efetiva para a mudança social na arena internacional depende de fortes organizações camponesas locais que trabalham juntas regionalmente. O desenvolvimento de regiões efetivas e coesas demanda comunicação, coordenação, discussão aberta, consultas e planejamento estratégico constantes. Significa manter compromissos e, talvez, sobretudo, respeitar estruturas e processos decisórios. Esse tipo de estrutura é baseado em uma série de pressupostos: por exemplo, que as organizações nacionais em uma região trabalharão bem juntas, e que as regiões serão capazes de encontrar recursos para construir, manter e fortalecer o seu próprio trabalho. Essas condições estão entre os desafios mais importantes para a Via Campesina.

Quando uma organização deseja vincular-se à Via Campesina, os membros daquela região onde o membro aspirante está localizado avaliam a candidatura e a aprovam ou não. Então a região informa a CCI da entrada do novo membro. A CCI reconhece provisoriamente o novo membro, mas o reconhecimento oficial vem somente nas conferências internacionais que ocorrem a cada quatro anos. Se necessário, a CCI pode intervir e anular a decisão da região – uma ação que deve também ser confirmada ou rejeitada em uma conferência internacional –, mas que raramente acontece por causa das tensões que poderiam surgir do bloqueio. O que esse processo de entrada faz é colocar maior poder decisório nos níveis nacional e regional. Ele respeita como os membros atuais, especialmente na esfera nacional, estão certamente mais familiarizados com a história e a política da organização candidata e, assim, mais aptos a julgar se a mesma incorpora verdadeiramente os ideais e princípios da Via Campesina.

O mecanismo de integração ajuda a impedir a entrada de organizações cujos interesses poderiam ser de desviar, subverter ou sabotar a Via Campesina. Mas o processo também pode ser usado para restringir as organizações cuja participação poderia formar uma contribuição significativa para o movimento. Por exemplo, por alguns anos, uma das prioridades expressas da Via Campesina era expandir a sua presença na Ásia; mas uma série de organizações camponesas sul-asiáticas interessadas em juntar-se teve seu caminho barrado regionalmente. K.S.Puttaniah, presidente de uma facção da KRRS, enfatizava que as divisões internas e os estilos de liderança eram um problema a esse respeito, enquanto M.D. Nanjundaswamy dizia que as diferenças políticas e a insuficiência de recursos para a coordenação e a comunicação regional eram razões cruciais para o baixo número de membros no sul da Ásia.

Em outras regiões, algumas organizações regionais que já pertencem à Via Campesina têm desejado participar ativamente, mas têm encontrado resistência dos outros membros nas suas regiões. Por exemplo, em duas ocasiões distintas a União Nacional de Pequenos e Médios Produtores Agropecuários (Upanacional), uma organização fundadora da Via Campesina com anos de experiência internacional, notificou a CCI que ela estava recebendo pouca informação a respeito da Via em geral, e que raramente era convidada a participar das delegações centro-americanas do movimento.[7] No centro do problema, sem dúvida, havia uma crise interna na Asocode, a coordenadora regional para a América Central, que resultou na saída da Upanacional da organização no final dos anos 1990. A Upanacional continuou pertencendo à Via, mas para todos os efeitos e propósitos estava sendo excluída de suas atividades. Embora o Secretariado Operacional tenha respondido às preocupações trazidas pela Upanacional, a CCI não foi capaz de resolver o problema, o que pode explicar porque a Upanacional não participou da 3ª Conferência Internacional.

As várias regiões também têm diferenças consideráveis de capacidade, o que, pelo menos em parte, é devido à história. Enquanto diversas regiões já tinham organizações que trabalhavam em nível regional antes da criação da Via Campesina, outras, não. Por exemplo, a CPE já em 1986 havia estabelecido uma estrutura e mecanismos de comunicação, coordenação e cooperação entre as organizações participantes em toda a Europa Ocidental. Similarmente, a Acocode se estabelecera como uma estrutura regional em 1991 e assim tinha dois anos de experiência regional na América Central antes de juntar-se à Via Campesina. Enquanto isso na América do Norte, as organizações agrícolas recém haviam começado a se conhecerem umas às outras no esforço comum de resistir ao Nafta. Havia tido muito pouca interação entre as áreas francófonas, anglofónas e hispânicas do Caribe. Ambas as regiões da Ásia não tinham virtualmente nenhuma história de integração regional.

---

7 Upanacional enviou duas cartas a Via Campesina: a primeira não tinha data, mas fez referência ao Furacão Mitch, o que sugere que provavelmente foi escrito em 1999; a segunda carta tem data de 14 de setembro de 2000.

A Via Campesina ainda não tratou plenamente dessas diferenças regionais. Nico Verhagen, assistente técnico da Via, explica que, embora se tenha alocado fundos para encontros regionais, dirigido recursos especificamente para as regiões asiáticas e apoiado esforços de arrecadação de diversas organizações, em geral esses foram esforços limitados. A construção de capacidade regional continua um desafio crucial. O Plano Trianual da Via Campesina (1999-2001) destacava a necessidade de fortalecer todas as regiões pelo estabelecimento de oito secretariados regionais para garantir mais coordenação e comunicação no interior de cada região (Via Campesina, 1998b). Contudo, até 2003, muitos poucos recursos foram de fato alocados para esse esforço. Ao contrário, o fortalecimento regional dependeu quase exclusivamente da habilidade de cada região para encontrar os seus próprios fundos para esse propósito.

Em alguns casos, isso se provou exitoso. Por um período de três anos, um responsável em tempo integral foi instalado no escritório da Unorca e o NFU recebeu um funcionário como suporte técnico. Mas no sul da Ásia pouco foi alcançado, porque o coordenador regional, a KRRS, depende inteiramente dos fundos levantados dos seus membros e lideranças voluntárias. A KRRS também não tinha experiência em captar fundos de fontes externas como as organizações não governamentais. Como Nico Verhagen aponta, o problema pode não ser simplesmente uma questão de falta de experiência. Em alguns casos, as organizações agrícolas na Índia não têm permissão para (ou podem não querer) receber financiamento externo – o que significa que elas só podem receber financiamento indiretamente por meio de ONGs ou tornando a Via Campesina responsável pelas atividades naquele país. A situação na região do Leste e Sudeste da Ásia melhorou desde a eleição da FSPI como coordenadora regional. Diferentemente da sua antecessora, a Assembleia dos Pobres Rurais da Tailândia, que funcionava de forma limitada, a FSPI designou um membro da equipe que era responsável especificamente pelo trabalho com a Via Campesina.

O desenvolvimento desigual entre as regiões contribuiu de algumas maneiras para a maior proeminência das regiões latino-americanas no seio da Via Campesina. Por exemplo, a Cloc contribuiu imensamente para reforçar os laços entre as organizações de camponeses, trabalhadores agrícolas e povos indígenas em toda a América Latina. Dado que a maioria das organizações da Via Campesina também são membros da Cloc, fortes relações de cooperação e colaboração foram estabelecidas no continente por meio das conferências e congressos da Cloc, e intercâmbios e mobilizações sobre temas comuns. Então, diferentemente das regiões asiáticas, o trabalho na América Latina foi enormemente facilitado pelas semelhanças culturais. Com efeito, em número cada vez maior de casos, as organizações de fala espanhola das regiões da Via Campesina da América do Sul, América Central e Caribe começaram a trabalhar como um bloco consolidado e não como regiões separadas.

Como resultado, algumas das posições e ações da Via Campesina refletem as experiências e perspectivas latino-americanas, causando a exclusão dos interesses e preocupações de outras regiões. Talvez o caso mais óbvio seja a Campanha Mundial pela Reforma Agrária conjunta da Via Campesina e Fian, a qual ainda tem de assegurar a participação de muitas organizações asiáticas da Via Campesina. Por exemplo, somente duas mulheres asiáticas participaram na Oficina Internacional sobre Reforma Agrária e Gênero, realizada em junho de 2003, na Bolívia, em comparação com as 49 representantes latino-americanas. Essa dinâmica de participação altamente desproporcional influenciou os resultados da oficina: foi dedicado muito menos espaço para as várias dimensões culturais e de gênero da posse da terra, do uso da terra e dos direitos da terra como vivenciados na Ásia. Henry Saragih, líder da FSPI e do Secretariado Operacional da Via Campesina, mostra que a "Posição sobre a Reforma Agrária" discutida inicialmente na 3ª Conferência Internacional refletia principalmente a vivência latino-americana e ainda tem de incluir uma perspectiva de direitos humanos como é enfatizada pela delegação do Leste e Sudeste da Ásia. Que as organizações latino-americanas dominem as discussões da reforma agrária é certamente compreensível dada a longa e intensa história de luta pela terra na região. Mas, para que a Campanha Mundial pela Reforma Agrária ou a "Posição sobre a Reforma Agrária" da Via Campesina sejam ferramentas efetivas para a mobilização mundial, elas devem refletir as histórias, vivências e perspectivas complexas e diversas de todas as suas regiões.

Mesmo a imagem predominante da Via Campesina reflete vários aspectos da cultura latino-americana: bonés verdes, lenços, lemas e *místicas* inspiradas no MST tornaram-se a marca registrada da Via Campesina. Em numerosas ocasiões, o espanhol tem sido a língua dominante dos encontros de delegações. Consequentemente, as delegações norte-americanas, europeias e asiáticas muitas vezes juntaram-se aos seus pares latino-americanos para levantar os punhos e gritar lemas em espanhol como "La lucha continua" e "Viva la Vía Campesina". Até recentemente, essa solidariedade raramente havia tido a reciprocidade de lemas cantados em tailandês, indonésio ou inglês canadense.

Sem dúvida, a localização do Secretariado Operacional – que tem sido em Honduras desde 1996 – também ajudou a fortalecer a presença do movimento na América Latina e o escritório desempenhou um papel importante no apoio à Cloc. De acordo com o estatuto da Via Campesina, o Secretariado Operacional deveria ser rotativo entre as várias regiões. No período até a 3ª Conferência Internacional, os membros da CCI expressaram a esperança geral de que o próximo Secretariado Operacional deveria ser instalado em uma das regiões da Ásia e daí melhorar significativamente a presença do movimento na Ásia. Por várias razões – a maioria delas relacionada à KRRS –, essas esperanças se desvaneceram na Conferência. Muitos delegados da Via Campesina chegaram à Índia tendo ouvido rumores de tensões no interior da KRRS. A voz principal, o presidente da KRRS Nanjundaswamy mostrou estar notavelmente contrário a discutir a questão ou explicar a situação, fazendo que os delegados ficassem diante de cenários contraditórios, o que levou à falta de clareza, suspeitas e desconfiança. Igualmente, antes da Conferência Internacional, Nanjundaswamy havia assegurado à CCI que a KRRS organizaria uma manifestação com um milhão de pessoas no dia 2 de outubro em Bangalore. Todavia, a KRRS não obteve nenhum número próximo desse de participantes. Por certo, a chuva torrencial provavelmente dificultou a vinda de membros da KRRS, mas alguns delegados da Via Campesina suspeitam que a baixa participação fosse devida a divisões internas na KRRS. Muitas pessoas acreditavam que as divisões eram muito mais profundas e fortes do que era retratado por Nanjundaswamy. O presidente da KRRS também excluiu uma série de delegadas mulheres ao assumir a responsabilidade de participar na cerimônia inaugural da Assembleia das Mulheres, mas depois atrasando a cerimônia por horas por causa da sua ausência e finalmente enviando outro representante masculino para substituí-lo. Muitas mulheres interpretaram essas ações como desrespeitosas e desdenhosas.

O coordenador recém-eleito para a região do Leste e Sudeste da Ásia, o FSPI, acreditava que faltava a experiência internacional e a capacidade para assumir o papel de Secretariado Operacional. No final, a decisão foi manter o Secretariado Operacional em Tegucigalpa até que houvesse sido estabelecida capacidade suficiente em algum outro lugar. "Enfim, essa não foi uma decisão sobre o lugar físico do Secretariado Operacional – se ele deveria ficar localizado em Bangalore ou Tegucigalpa", diz Nicholson.

Na época em que chegamos a Bangalore, sabíamos que havia uma série de problemas significativos. No final, essa foi uma decisão a respeito de "como trabalhar" que abrange transparência, decisões democráticas, construção de consenso e construção de relações de confiança e respeito.

A vitalidade, exuberância e as contribuições críticas das regiões da América Latina para a Via Campesina não estão em questão aqui. A Via não seria o que é hoje se não tivesse havido a participação significativa da América Latina. Conforme mais organizações da Ásia e da África juntam-se a ela, a Via Campesina com certeza passará por mudanças importantes. Um pequeno sinal do que vem pela frente aconteceu na CMA+5, quando alguns membros de delegações distribuíram chapéus da Via Campesina com design asiático – ou seja, um largo cone feito de juncos. Umas das reuniões da Via Campesina na Cúpula foi aberta por um camponês representante da Tailândia. Sentado na posição de lótus, com movimentos graciosos das mãos, ele demonstrou um exercício de elevação da consciência. Finalmente, a capacidade da Via Campesina para engajar-se em processos democráticos que asseguram uma distribuição igual da presença, influência, poder e participação entre todas as regiões depende amplamente de se ela reconhece ou não as desigualdades existentes e busca ativamente retificar esses problemas. Ademais, a extensão na qual o movimento consegue incluir novas organizações como membros depende dos mecanismos que institui para restringir o poder dos membros atuais para agirem como "porteiros" em áreas nas quais existem tensões e conflitos nacionais e regionais.

"Vamos organizar a luta – terra, dignidade e vida"

Conforme a Via Campesina continuou a crescer e trabalhou para consolidar alianças, as críticas e os conflitos internos tornaram-se mais pronunciados. Todos vieram à tona na 3ª Conferência Internacional, lançando luz sobre importantes lutas internas ao movimento. Com muita rapidez, a Via Campesina voltou seu olhar para si mesma.

Em junho de 2003, apenas dez anos depois da sua conferência constitutiva, cinco representantes de cada uma das sete regiões reuniram-se em Natoye, na Bélgica, para discutir a estratégia da Via Campesina. Lá, a organização deu-se conta do contexto mundial de refluxo após os ataques terroristas de 11 de setembro, avaliou vários aspectos do funcionamento interno, estabeleceu prioridades e desenvolveu estratégias para a coesão interna e o fortalecimento organizacional (Via Campesina, 2003a, 2003b). Os participantes identificaram toda uma gama de fragilidades: a falta do compartilhamento interno de informações combinada com coordenação e comunicação frágeis contradizia a exigência do movimento por decisões transparentes; uma concentração de expertise e responsabilidade entre muito poucos líderes centralizava a visibilidade e o poder; o fato de ter pouquíssimos recursos (humanos e financeiros) para o trabalho temático e regional enfraquecia a presença e a efetividade da Via Campesina em todos os níveis; e a falta de igualdade de gênero e de jovens dentro do movimento estreitavam claramente a sua visão e a sua análise. Os resultados desse encontro foram compilados na "4ª Conferência Internacional da Via Campesina: Temas e Questões para Discussão", um documento publicado para aprofundar o debate durante oito conferências regionais organizadas em preparação para a conferência, prevista para acontecer no Brasil em 2004 (Via Campesina, 2004a).

O processo preparatório e consultivo até a 4ª Conferência Internacional foi significativo. Principalmente, ele descentralizou efetivamente o debate a respeito das posições, estratégias e a dinâmica interna da Via Campesina, além da liderança nacional e internacional. Líderes e grupos baseados mais localmente em cada uma das regiões enfrentaram uma série de questões:

- Quais são os nossos valores comuns?
- Como podemos fazer agendas de ação internacional mais compatíveis com as lutas locais?
- Como podemos assegurar que a informação e as propostas nacionais sejam distribuídas regional e internacionalmente?
- Como podemos fortalecer a incorporação das mulheres [e dos jovens] na Via Campesina e integrar melhor os seus interesses nas atividades e posições dela?
- Qual é a melhor maneira de realizar mobilizações internacionais coordenadas? Estilos organizacionais diferem na Bolívia, México, Índia e Brasil. Deveríamos encontrar uma forma ou estilo de mobilização comum, ou cada organização deveria tomar as suas próprias decisões? (Via Campesina, 2004a, p.47-9)

As regiões foram fortalecidas pelo processo conforme cada uma delas desenvolveu um plano de ação para o futuro trabalho da Via Campesina na região e trouxeram novas organizações para o grupo, assim expandindo as perspectivas e as análises do movimento. Finalmente, o processo preparatório empoderou a Via como um todo. Já tendo tido discussões regionais extensas, os participantes chegaram à 4ª Conferência Internacional preparados para avançar em áreas importantes, tanto internas quanto externas.

Sob a bandeira "Organizar a Luta: Terra, Alimento, Dignidade e Vida", a 4ª Conferência Internacional da Via Campesina tomou posições fortes contra as instituições e políticas internacionais consideradas prejudiciais para a sobrevivência da agricultura familiar (Via Campesina, 2004c, 2004d). A Via Campesina prometeu tomar as ruas para continuar a opor-se radicalmente ao neoliberalismo exigindo que a "OMC saia da agricultura" e que os governos nacionais promovam a alternativa viável da soberania alimentar dos povos.

Tendo analisado o recente relatório da FAO sobre agrobiotecnologia, a Via Campesina declarou a posição da FAO como prejudicial para a agricultura camponesa e exigia que a instituição se retratasse publicamente da sua posição de promover os OGMs como solução para a fome mundial. Rejeitando os OGMs, a Via Campesina renovou o apoio à sua campanha mundial de sementes.

Por meio de um compromisso de reativar e fortalecer as suas comissões temáticas internacionais, a conferência da Via Campesina consolidou posições e futuros planos de ação sobre sete questões fundamentais: soberania alimentar e liberalização do comércio; biodiversidade e recursos genéticos; reforma agrária, gênero, agricultura camponesa sustentável, direitos humanos, e migração e trabalhadores agrícolas. Com a integração do Projeto Trabalhadores Agrícolas de Fronteira com sede nos EUA, que está trabalhando estreitamente com organizações de outros continentes, a Via Campesina agora estaria dando mais atenção para as migrações e os direitos dos trabalhadores agrícolas migrantes.

Uma das questões mais críticas para a Via Campesina continua sendo o acesso à terra. Afinal, um camponês sem terra não pode cultivar alimentos para levar ao mercado ou preocupar-se com sementes, e um pequeno agricultor precisa da segurança da posse da terra. Baseado nas experiências negativas de alguns países com o processo de reforma agrária auxiliado pelo mercado do Banco Mundial e a contínua violação dos direitos humanos relacionados às lutas por terra, a Via Campesina expressou a necessidade urgente de alternativas. Ela prometeu fortalecer e expandir a Campanha Mundial pela Reforma Agrária, primeiro lançada em 1999. Graças às contribuições significativas da região do Leste e Sudeste da Ásia, a reforma agrária agora é concebida a partir de uma perspectiva de direitos humanos. Os direitos dos camponeses aos recursos agrícolas estão no centro da petição da Via Campesina à Comissão de Direitos Humanos das Nações Unidas por um Estatuto ou declaração sobre os direitos camponeses.

Colocando em prática o seu compromisso com a igualdade de gênero, a 4ª Conferência Internacional da Via Campesina foi precedida pela 2ª Assembleia Internacional das Mulheres. Essa assembleia foi histórica por diversos motivos: as mulheres de todas as regiões participaram ativamente em todas as discussões; os painéis tinham representação de todas as regiões; e a Assembleia encorajou inúmeros intercâmbios culturais – particularmente danças, música e canções. Desde a conferência de 2000, a Via Campesina havia garantido a paridade de gênero na sua direção, expandindo a CCI para incluir um homem e uma mulher de cada uma das suas regiões. Mas como as delegadas para a 2ª Assembleia de Mulheres enfatizaram, a paridade de gênero formal não basta em si mesma. Dado que ao redor do mundo a política agrícola continua um campo dominado pelos homens, a Via Campesina deve continuar a trabalhar nos níveis local, nacional, regional e internacional para assegurar a igualdade das mulheres.

A Via Campesina também está agudamente consciente da importância da juventude para manter práticas agrícolas e culturas camponesas e rurais vibrantes. Nos esforços para aumentar a participação e a representação da juventude, na sua 4ª Conferência Internacional, a Via Campesina realizou a sua 1ª Assembleia

Internacional da Juventude, a qual reuniu 92 representantes de 35 países. A juventude encheu a conferência de imaginação, criatividade, energia, música e dança, quebrando efetivamente as barreiras linguísticas. A mensagem política da juventude também foi ouvida claramente: eles querem continuar na terra, querem produzir alimentos, estão convencidos de que "outra agricultura é possível" e, pela Via Campesina, irão se organizar internacionalmente para fazer isso acontecer.

O interesse em pertencerem à Via Campesina continua a crescer. A 4ª Conferência Internacional integrou formalmente a África como a oitava região da Via Campesina, a qual agora inclui organizações do Mali, Moçambique, Senegal, Madagáscar e África do Sul. A 4ª Conferência integrou outras 42 organizações ao movimento – mais da metade delas asiáticas – e mudou o Secretariado Operacional de Tegucigalpa para Jacarta. Sem dúvida, a presença da Via Campesina na Ásia será muito fortalecida como resultado.

Cada dia da 4ª Conferência começou com uma das regiões contando a sua história, as raízes camponesas e/ou as lutas atuais por meio do teatro, da dança ou de canções. Essas *místicas* ajudaram a quebrar a barreira linguística e estabeleceram uma base comum, acentuando a significação cultural das cerimônias do plantio e semeadura, uma história de opressão e repressão e uma determinação para sobreviverem contra adversidades enormes. Frequentemente, os procedimentos da conferência foram interrompidos por várias delegações levantando-se e cantando lemas em diferentes línguas. Painéis foram complementados com canções de várias partes do mundo. As sessões encerravam com todos dançando músicas do Brasil ou do Timor Leste. Em homenagem a Lee Kyung Hae, o agricultor coreano que morreu durante a Quinta Conferência Ministerial da OMC, a Via Campesina prometeu instituir o dia 10 de setembro como o "Dia Internacional de Protesto Contra a OMC" com mobilizações massivas pela soberania alimentar em Seul, na Coreia do Sul. Muitos participantes disseram que nunca tinham vivenciado uma sensação tão grande de comunidade em nível internacional. Claramente, o movimento estava mais preparado para abranger a diversidade, aprender com as experiências uns dos outros, estar aberto para diferentes estilos de liderança e preparado para ampliar a sua presença geográfica, cultural e política.

Rumo à construção de um movimento camponês internacional, a Via Campesina enfrentou desafios importantes. Apesar dos sonhos de autonomia do movimento, ela é enormemente afetada por fatores externos porque se move em um mundo muito real dos movimento sociais onde as condições políticas e econômicas ajudam a formar identidades, estratégias e ações coletivas. A dinâmica no seio do próprio movimento também influenciou o caminho que ele trilhou. As lutas internas fizeram parte da sua jornada, conforme diferenças, debates e conflitos inflamaram-se aqui e acolá. Ao mesmo tempo, a Via Campesina deu passos concretos para alcançar a igualdade de gênero e para lidar com diferenças e conflitos regionais e nacionais. O processo que levou até a 4ª Conferência Internacional capacitou as organizações locais e nacionais para refletirem cuidadosamente sobre como se organizarem melhor para construírem a soberania alimentar. Nesse trabalho, a Via Campesina reiterou um firme compromisso de construir a unidade na diversidade – e assim cultivar a comunidade.

7
REFLEXÕES SOBRE OS SIGNIFICADOS DA VIA CAMPESINA

> *Um camponês vem da zona rural. Sempre houve camponeses. O que não existia antes era investidores, industriais, partidos políticos etc. Os camponeses sempre existiram e sempre existirão. Eles nunca serão extintos.*
>
> Marcelo Carreon Mundo, antigo membro da Direção Nacional da Unorca e líder dos Ejidos Productores Forestales de La Zona Maya, Quintana Roo, México.

As famílias agricultoras do Norte e Sul responderam à expansão do modelo de agricultura corporativo e neoliberal estabelecendo bases comuns e desenvolvendo uma identidade camponesa coletiva – as quais capacitaram a Via Campesina a construir alternativas às forças poderosas da globalização. A experiência da Via tem muito a dizer sobre o papel e as respostas dos camponeses e agricultores à globalização na última década; tem muito a dizer sobre o relacionamento entre a agricultura e o desenvolvimento, e os movimentos sociais transnacionais.

Walden Bello (2003) argumenta que a capacidade de um movimento transnacional para atuar efetivamente depende amplamente da sua capacidade para analisar coletivamente o contexto mundial atual, definir metas e objetivos e elaborar estratégias e táticas apropriadas. Ela também depende crucialmente da habilidade do movimento para desenvolver estruturas, processos e mecanismos para assegurar a participação e a tomada de decisões democrática e inclusiva (Eschle, 2001a). Somente então ele pode continuar a representar com precisão os interesses e preocupações dos seus membros.

Então, um exame da política de alimentos nos força não apenas a observar a dinâmica do poder entre as organizações dos agricultores, o Estado, as instituições multilaterais, as corporações transnacionais do agronegócio e outros atores sociais. Ele também demanda um exame das relações de poder no interior do próprio movimento. O mais importante nesse processo são as maneiras pelas quais as organizações camponesas ao redor do mundo estão trabalhando juntas para garantir o bem-estar das comunidades rurais e negociam um modelo alternativo de desenvolvimento.

As políticas culturais dos movimentos sociais são complexas. Construir um entendimento delas começa por prestar uma atenção minuciosa ao cotidiano. Significa entender o impacto das forças externas sobre a vida diária das pessoas e como os movimentos dão nova forma ao mundo no qual elas funcionam todos os dias. Assim, a resistência é estendida além dos confrontos visíveis para incluir lugares, formas e estratégias parcialmente ocultas baseadas na tradição, nas culturas e em visões alternativas de como o mundo deveria ser. Sob essa luz, a resistência abrange um amplo leque de práticas, construindo identidades coletivas, definindo uma vontade coletiva, desenvolvendo uma voz coletiva e esculpindo espaços sociais e políticos. Como os movimentos organizam-se também pode ser um exercício profundo de política cultural porque mudanças efetivas requerem "fazer política" de modo diferente, por meio da inclusão e da participação. Essa abordagem representa um desafio direto à política excludente das estruturas e processos dominantes. Posto de outro modo, se um movimento social, confrontando uma ordem mundial que está se tornando cada vez mais excludente e no qual a homogeneidade é imposta, define a sua oposição pela defesa da participação efetiva e a diversidade abrangente, ele deve construir processos internos que reflitam esses valores. Ele deve proteger a inclusão e a diversidade nos seus próprios processos decisórios internos. O potencial transformador dos movimentos é influenciado enormemente tanto pelas relações de poder no interior dos próprios movimentos como pela dinâmica do poder no contexto social e político no qual o movimento funciona.

Um movimento político especial

Desde que a Via Campesina surgiu em 1993, a resistência à globalização neoliberal fortaleceu-se e os movimentos de resistência agora são mais organizados, coordenados e visíveis. Agora, esses movimentos estabeleceram os seus próprios espaços internacionais independentes – o Fórum Social Mundial e as suas edições regionais, por exemplo – para debaterem alternativas. Em 2001, o Fórum Social Mundial em Porto Alegre recebeu mais de 10 mil participantes; em 2002, o número subiu para 50 mil participantes. O evento tem atraído público recorde: em 2003, mais de 100 mil e, em 2005, cerca de 150 mil pessoas. Agora, edições regionais do Fórum Social Mundial estão sendo organizadas ao redor do mundo. Os movimentos de resistência são ativos nos níveis local, nacional e internacional, e a coordenação entre os diferentes setores da sociedade civil é melhor e mais forte (Via Campesina, 2003a). A participação entre diferentes setores da sociedade civil está mais forte e as ações de protesto são descentralizadas e coordenadas para ocorrerem em muitas partes do mundo no mesmo dia.

Em resposta à guerra impulsionada pelos EUA contra o Iraque, os movimentos mundiais por justiça e os movimentos pacifistas convergiram e demonstraram força claramente quando milhões de pessoas de todas as searas da vida marcharam nas ruas das pequenas e grandes cidades em todo o mundo. A despeito do aumento das medidas de segurança e da repressão (às vezes, brutal) dos dissidentes em numerosas regiões do mundo após os ataques terroristas de

11 de setembro de 2001, a resistência continua vigorosa e crescente – novamente, a despeito da previsão (talvez desejosa) em 2004 de que os movimentos mundiais que lutam por justiça tinham sucumbido.

Certamente, o protesto camponês continua firme. Por exemplo, no final de outubro de 2002, organizações camponesas latino-americanas e indígenas juntaram-se a outras para marchar nas ruas de Quito em protesto contra o Acordo de Livre Comércio das Américas (Alca) e exigiram uma reunião com os negociadores. Em 13 de janeiro de 2003, as organizações camponesas e sindicais bolivianas fecharam as principais estradas do país em rejeição à Alca e à venda do gás boliviano para investidores americanos e chilenos. O governo respondeu com o envio de 10 mil soldados e policiais. Não obstante, os protestos terminaram por levar à renúncia do Presidente Sanchez de Lozada. No México, em 2003, as organizações camponesas realizaram greves de fome e grandes mobilizações (com um vigor que não era visto desde os anos 1950) na tentativa desesperada de renegociarem as cláusulas agrícolas do Nafta. Na Índia, em fevereiro de 2003, crianças e agricultores, trabalhadores e outros ativistas sociais formaram uma corrente de 300 quilômetros para unir as cidades de Allahabad, Varanasi e Jaunpur, no estado de Uttar Pradesh para exigirem que as corporações transnacionais saíssem do país.

Durante a 5ª Conferência Ministerial da OMC, realizada em Cancun, a Via Campesina empenhou-se para assegurar que não haveria violência, negociando até a madrugada com o Bloco Negro anarquista e outros grupos de juventude urbanos. Após a morte de Lee Kyung Hae – um evento que reflete muito vividamente a violência infligida pela OMC contra os agricultores do mundo todo –, as manifestações lideradas pela Via Campesina ganharam mais poder e ajudaram a levar ao "colapso da OMC em Cancun". Uma nota de imprensa da Via Campesina (2003c) afirmava:

> A 5ª Conferência Ministerial da OMC acabou [...] em completo fracasso [...]. Desde o dia 8 de setembro, engajamos-nos em dias significativos de luta, primeiro, dentro dos marcos do Fórum

Camponês e Indígena Internacional e, mais tarde, em diversas manifestações de rua tanto dentro como fora do centro de convenções onde os negociadores estavam concentrados. A marcha dos camponeses e indígenas [...] deu o tom para a resistência e a luta nos dias seguintes.

No dia 13 de setembro (2003), com paciência e grande coragem, uma centena de mulheres de todo o mundo desmontaram peça por peça a barricada que impedia a entrada no centro de convenções. Os camponeses coreanos junto a uma grande parte da multidão uniram-se a essa ação e com cordas grossas derrubamos as paredes. Esse foi um símbolo da OMC que logo colapsaria em Cancun. Os milhares de policiais e militares permaneceram prontos para reprimir os manifestantes, mas nenhum tentou confrontá-los. O nosso enfrentamento não violento era com a OMC, não com a polícia ou os militares [...].

O colapso da OMC é o resultado de uma crise profunda no modelo neoliberal. É urgente que continuemos a fortalecer os nossos movimentos e as nossas propostas de alternativas. Criar um diálogo aberto, transparente e construtivo entre nós mesmos é extremamente necessário para avançar as nossas estratégias de luta.

Em meados de setembro de 2004, a delegação da Via Campesina chegou a Seul para juntar-se à Liga dos Agricultores Coreanos e à Associação das Agricultoras Coreanas em uma homenagem em memória de Lee Kyung Hae, seguida por manifestações de massa em protesto contra a importação de arroz pela Coreia do Sul. Essas manifestações enfrentaram violência e repressão (Via Campesina, 2004e). Mais tarde nesse mês, membros da FSPI celebraram o Dia Nacional do Camponês, organizando jornadas massivas em várias províncias da Indonésia para exigir respeito pelos direitos camponeses e uma reforma agrária genuína (FSPI, 2004).

A Via Campesina também teve uma presença significativa na conferência ministerial realizada em Hong Kong em dezembro de 2005 – uma presença que foi enfrentada por uma ação policial severa quando mais de 1.300 manifestantes foram presos e acusados de reunião ilegal. Alguns habitantes locais juntaram-se às ações não violentas da Via Campesina. Como disse uma mulher: "Caminho com a marcha porque compartilho as suas ideias e apoio a sua luta. Os agricultores na China enfrentam o mesmo problema que vocês, pois a China entrou para a OMC alguns anos atrás" (Via Campesina, 2005).

No Dia Internacional da Luta Camponesa, em 17 de abril de 2006, as organizações da Via Campesina e seus aliados foram às ruas na Palestina, nos Estados Unidos e em Moçambique para exigir que os direitos dos camponeses e agricultores fossem respeitados. Em Bangladesh e no Brasil, os camponeses engajaram-se em uma série de ocupações de terra. Em Honduras, eles demandaram uma reforma agrária genuína e, na Índia e no Equador, eles organizaram feiras tradicionais de sementes. Na Indonésia, a FSPI celebrou eventos culturais envolvendo uma cerimônia nacional da colheita do arroz para enfatizar a autossuficiência desse produto no país, rejeitando, assim, a importação do grão. Para homenagear os que foram mortos em Eldorado dos Carajás, uma década antes, muitos cidadãos da Itália, Espanha e França protestaram em frente às embaixadas do Brasil e nas ruas para exigir um final para os "Dez anos de impunidade de Eldorado". A lista de ações pacíficas da resistência camponesa é infinita – e com a formação da Via Campesina, quando camponeses e agricultores engajam-se nessas lutas locais, eles o fazem com o conhecimento de que estão interligados aos seus pares ao redor do mundo.

Amory Starr conclui o seu estudo de movimentos anticorporativos lembrando-nos das palavras premonitórias de Peter Kropotkin, escritas na virada do século XX; depois de tudo ser dito e feito, "a 'questão do pão' é a questão social preeminente". Ela sugere que no contexto atual "atentarmos aos alimentos nas análises econômicas e comunitárias é uma maneira importante para levar as pessoas a lidarem com problemas ambientais e econômicos" (Starr, 2000, p.224). Graças às conexões e interações diárias da humanidade com a alimentação, essa necessidade também pode destacar as ameaças bastante reais às raízes da comunidade e da cultura. Se os movimentos de resistência estão combatendo a privatização dos bens comuns, a imposição de OGMs, as investidas da indústria da nanotecnologia e tentativas de expandir o uso de irradiação nos alimentos, a negociação de acordos de comércio bilateral, regional e mundial – todas essas lutas estão profundamente conectadas à agricultura e àqueles que produzem alimentos. Cada um de nós nesse planeta está conectado a esse processo, porque precisamos comer esses alimentos. Todos dependemos dos agricultores; as lutas deles por lavouras "saudáveis" têm impacto sobre todos nós.

Em todos os lugares, os cidadãos estão expressando uma descrença crescente no sistema de alimentos. O surgimento da doença da "vaca louca" na Europa e no Canadá, a febre aftosa na Inglaterra, a contaminação dos estoques de milho por OGMs no México, o envenenamento por *escherichia coli* nos Estados Unidos, a gripe asiática nos aviários e as ocorrências de dioxinas na Bélgica trouxeram preocupações crescentes a respeito dos problemas da sanidade alimentar e da qualidade dos alimentos. Por sua vez, essas preocupações disseminaram um interesse cada vez maior por sistemas de alimentação alternativos. Está crescendo a demanda por alimentos saudáveis, de boa qualidade e cultivados na própria região em que são consumidos, como fica evidente pelo crescimento exponencial do mercado de orgânicos.

Todas essas condições representam um momento político importante para as organizações agrícolas progressistas. Em particular, a Via Campesina está estrategicamente bem posicionada para assistir as organizações de camponeses e pequenos agricultores para que desafiem diferentes aspectos dessa mudança estrutural mundial e para que difundam o ativismo camponês internacional. Por anos, ouvimos burocratas, representantes governamentais e líderes mundiais repetirem o mantra – *não há alternativa à globalização* (a síndrome "Tina": *there is no alternative*) – ou seja, a globalização é um modelo de desenvolvimento excludente que atende pelo nome de "liberalização econômica". É um alívio ver que os camponeses e os agricultores em todo o mundo têm mais imaginação e que estão participando ativamente na globalização de uma outra visão de

como o mundo poderia e deveria ser. Ao avaliar o trabalho da Via
Campesina, Servando Olivarria Saavedra diz que os membros dessa
organização chegaram a um novo entendimento da globalização e do
seu impacto:

> Aprendemos que nós não éramos os únicos que lutavam.
> A globalização tem significado o empobrecimento da maioria
> das comunidades. Todas as comunidades do mundo que foram
> profundamente afetadas, dominadas e esmagadas por essa glo-
> balização econômica – estamos nos organizando. Em outras
> palavras, precisamos globalizar essa luta por justiça, pela sobrevi-
> vência das comunidades, para o desenvolvimento das comunidades.
> Precisamos globalizar essa luta em todas as comunidades mais
> pobres em todos os lugares assim como os grandes capitalistas
> gobalizaram a economia.

Talvez a imaginação dos agricultores seja guiada com mais
frequência pelas preocupações práticas e imediatas. Afinal, são os
agricultores e camponeses que sabem, sentem e vivem as consequências diárias desse modelo corporativo de agricultura. Nenhum
agricultor em nenhum lugar quer de fato trabalhar em uma lavoura
tóxica e industrializada. Enquanto os governos continuam a abarro-
tar os meios de comunicação com boas notícias de que a globalização
econômica está levando ao aumento das exportações, eles raramente
se preocupam, se é que alguma vez fazem, em investigar o que realmente está acontecendo com as pequenas propriedades rurais. Em
todo o mundo, os modos de vida e de sobrevivência dos camponeses
e agricultores familiares estão ameaçados, assim como bem-estar do
meio ambiente. Com efeito, a própria existência de famílias agricultoras depende de um desenvolvimento alternativo guiado pelos
agricultores.

O significado de ser um camponês

Muitos anos atrás, Karl Marx previu que com o capitalismo agrário os camponeses poderiam simplesmente desaparecer. Hoje, os mestres da globalização esperam que eles sucumbam diante das grandes fazendas comerciais. Entretanto, os camponeses estão se recusando desobedientemente a desaparecer. Na realidade, diante do modelo de desenvolvimento voltado para garantir a extinção dos camponeses e pequenos agricultores, a Via Campesina está redefinindo o que significa ser um camponês ou pequeno agricultor. Está ocorrendo um processo de "recamponização" conforme as organizações nacionais e regionais orgulhosamente abraçam o termo "camponês" para se autodescreverem. Certamente, esse é o caso para muitas organizações latino-americanas formadas no final dos anos 1980, bem como recentemente no início dos anos 1990. Também organizações asiáticas, como a Federação Indonésia de Sindicatos Camponeses (Fipu) ou o Movimento Camponês das Filipinas, estão afirmando claramente a sua identidade "camponesa". Os camponeses e agricultores pertencentes à Via Campesina declaram com orgulho uma identidade alternativa – declaram-se "camponeses".

Na literatura de língua inglesa da Europa, o termo "camponês" tem um significado restrito ligado ao feudalismo. No contexto colonial, e especialmente em outras línguas, o seu significado expandiu-se. Assim, "paysano" e "campesino", em alguma medida, eram sempre categorias mais amplas. Mas mesmo no seu uso mais amplo – *campesino* na América Latina – os camponeses eram vistos como remanescentes do passado. O seu desaparecimento era celebrado pelos capitalistas, pelos planejadores de desenvolvimento nacional, na verdade, por quase todos, exceto pelos próprios camponeses. A ressurreição dos "camponeses" representa um ato de resistência. Como afirma Nettie Wiebe:

> Se você olhar realmente o que "camponês" significa, significa "gente do campo". Nós, agricultores canadenses, somos

"gente do campo"? Bem, claro que sim. E é importante retomar essa linguagem [...]. Nós também somos camponeses e é o nosso relacionamento com a terra e a produção de alimentos o que nos distingue [...]. Não somos parte da máquina industrial. Estamos muito estreitamente ligados aos lugares onde cultivamos alimentos e como o fazemos, e o clima que faz ali [...]. A linguagem é importante a esse respeito. Ela começa a nos fazer entender que a "gente da terra" – os camponeses de todos os lugares, os milhões de camponeses da agricultura de subsistência com quem pensamos ter tão pouco em comum – é a identidade deles e é a nossa identidade. (apud Edelman, 2003, p.187)

É essa visão que sugere o próprio nome da Via Campesina. Na conferência constitutiva de 1993, delegados da Grã-Bretanha declararam que a tradução literal – "Caminho camponês" ou "Trilha camponesa" – seria inadequada não apenas por causa da conotação pejorativa ligada ao termo "camponês", mas também porque, na verdade, os camponeses não existiam nas zonas rurais da Inglaterra. Jun Borras lembra que muitos outros delegados defenderam o uso do termo "camponês" porque um termo como "agricultor" tinha conotações "que não transmitiam a natureza e o caráter do setor agrícola que representamos". No final, foi alcançado um compromisso; os delegados optaram por não traduzir o termo "Via Campesina" para o inglês.

Reafirmar o significado de camponês talvez seja uma das mais importantes conquistas da Via Campesina. Seja você um camponês, um *paysano*, *paysana*, campesino, campesina, pequeno agricultor, pequeno produtor ou trabalhador rural ou indígena – todos abraçaram e foram abraçados pela Via Campesina. Aqueles envolvidos na Via Campesina não necessariamente distinguem entre esses termos. Como Karen Pedersen, presidente das mulheres do NFU (2002-2005), declarou orgulhosamente em uma reunião pública:

A linguagem ao nosso redor está mudando o tempo todo. Historicamente, somos camponeses. Então, quando o termo passou a significar "retrógrado", nos tornamos "agricultores". Atualmente, "agricultor" tem a conotação de ineficiência e somos fortemente encorajados a ser mais modernos, vendo a nós mesmos como gestores, empresários ou empreendedores capazes de cultivar áreas de terra cada vez maiores. Bem, eu sou uma agricultora e sou uma camponesa. Pela minha participação na Via Campesina, aprendi que eu tinha muito mais em comum com os camponeses do que com alguns dos meus vizinhos do agronegócio. Estou reafirmando o termo camponês porque realmente acredito que o pequeno é mais eficiente, é socialmente inteligente, é orientado para a comunidade. Ser um camponês responde ao tipo de agricultura e de comunidades rurais pelas quais estamos lutando.

Se algumas pessoas no Sindicato Nacional de Agricultores (NFU) estão redescobrindo as suas raízes camponesas, outras no México nunca tiveram dúvida delas. Por exemplo, Emiliano Cerros Nava, um membro da comissão executiva da Unorca no México, explica pacientemente, "esse debate na literatura [...] é uma produção de um nível mais alto, envolve aqueles que sabem mais. Lá no campo isso não existe. Continuamos a ser camponeses. É assim que acontece".

Essa é uma identidade politizada. Ela reflete pessoas que compartilham um compromisso profundo com o lugar, que são intimamente ligadas com um pedaço particular de terra, que todas são parte de uma comunidade rural específica, cujo modo de existência está ameaçado. Essa identidade vinculada a um lugar, o de "gente do campo", reflete a crença de que elas têm o direito de estarem no campo. Elas têm o direito e a obrigação de produzirem alimentos. Elas têm o direito de serem vistas como satisfazendo uma função importante na sociedade como um todo. Elas têm o direito de viver em comunidades viáveis e a obrigação de construírem comunidades. Todos esses fatores formam partes essenciais da sua identidade distinta como camponeses; na globalização politizada da atualidade, articular identidade além das fronteiras e com base na localidade e na tradição é um ato profundamente político.

A Via Campesina guardou ciosamente o seu *status* camponês e voltado para a agricultura. Todos os representantes da Via
Campesina são eles próprios agricultores ou foram selecionados,
indicados ou eleitos por organizações de agricultores. O movimento
resistiu com sucesso às persistentes intrusões de organizações não
governamentais e de instituições internacionais. Com frequência,
essas entidades ou tentaram a Via Campesina com a promessa de
fundos extremamente necessários ou tentaram redirecionar a sua
agenda. A Via Campesina restringe os seus membros a organizações autênticas de camponeses, agricultores, mulheres rurais,
trabalhadores rurais e comunidades indígenas que devem demonstrar formalmente a sua concordância com as posições e princípios
do movimento. No caso de organizações rurais que também têm
bases urbanas, a Via Campesina as encoraja fortemente a enviarem
representantes de origem rural para participarem das delegações,
encontros e conferências da Via Campesina. Organizações não
governamentais não podem ser membros.

Dessa maneira, a Via Campesina teve êxito em articular claramente e situar firmemente na arena internacional as necessidades,
interesses, demandas e visões daqueles que realmente produzem
alimentos. Ao fazê-lo, ela ajudou a focar as deliberações internacionais sobre agricultura e alimentos em torno de problemas como a
reforma agrária, os OGMs e o controle e propriedade das sementes,
as práticas agrícolas sustentáveis, os direitos humanos e a equidade
de gênero nas zonas rurais, e o papel do comércio internacional na
garantia da soberania alimentar.

A identidade camponesa da Via Campesina reflete uma profunda
ligação com uma cultura compartilhada. A produção, distribuição,
preparação, consumo e celebração dos alimentos são todos aspectos fundamentais das culturas rurais. As sementes são talvez o
recurso mais precioso dos camponeses – e em muitos aspectos
um recurso profundamente cultural e sagrado. A Via Campesina
engaja-se regularmente no ritual cultural da troca de sementes.
Em numerosos encontros internacionais, os representantes da Via
Campesina trazem sementes das suas localidades para trocarem com

os seus pares de outras partes do mundo. Na 1ª Cúpula Mundial da Alimentação em Roma, a Via Campesina distribuiu a sua declaração "O Direito de Produzir e o Acesso à Terra", com o subtítulo "Soberania Alimentar: Um Futuro Sem Fome", acompanhado por um pequeno pacote de sementes para todos os delegados presentes. Os membros da Via Campesina também trouxeram cargas de terra para cidade para formar uma pequena roça, onde camponeses, mulheres rurais, povos indígenas e agricultores juntaram-se no ato simbólico do plantio de sementes. A Via Campesina encerrou o Fórum de ONGs sobre Soberania Alimentar distribuindo sementes coletadas ao redor de todo o mundo, enquanto os delegados escutavam uma música e um poema expressando a sacralidade das sementes.

Realizando esse tipo de ações, a Via Campesina ajuda a embasar os debates. Presenteando, trocando ou plantando sementes simbolicamente – a essência da vida –, a Via Campesina toma os elementos familiares e tradicionais da realidade diária dos camponeses para imprimir sobre outros a profunda importância do relacionamento dos agricultores com as sementes e a terra. Essas ações deixam uma impressão visual de uma mensagem importante embora muito simples: nós, os camponeses do mundo, pegamos sementes, plantamo-las e as transformamos em alimentos. Esse é o nosso papel na sociedade e é uma contribuição vital. Estamos falando de pessoas reais, problemas reais e vidas reais.

Globalizando a esperança

Líderes agrícolas dizem que a Via Campesina desenvolve o sentimento de que eles integram uma comunidade muito mais ampla de pessoas, na qual compartilham uma situação semelhante e valores comuns. Fred Trait, membro do NFU, diz: "quando olho para o meu campo no fim do dia, agora sei que não estou sozinho". Rogelio Alquisiras Borgos, da Unorca, expressa uma sensação próxima:

Acho que a Via Campesina está contribuindo como um pequeno grão de areia porque não estamos mais sozinhos no mundo. Está contribuindo [...] ao mudar as relações existentes de dominação no mundo. Por exemplo, como resultado do que aconteceu em Seattle, nós, que estamos no lugar mais isolado do planeta, vimos muito claramente que as organizações como a Via Campesina [...] compartilhavam uma visão. A OMC está servindo aos interesses das transnacionais e isso é algo que devemos confrontar. Nas ruas, denunciamos essa injustiça para todo o mundo. Embora eu não estivesse em Seattle, a minha organização, que é parte da Via Campesina, estava lá e sei que estamos contribuindo com a nossa experiência local e nacional.

A meta da Via Campesina é causar mudanças nas áreas rurais – mudanças que melhorem a vida, fortaleçam a produção local para o consumo local e abram espaços democráticos; mudanças que empoderem a gente do campo com um papel, uma posição e um *status* importantes nas decisões sobre problemas que têm impacto nas suas vidas. O movimento acredita que esse tipo de mudança pode ocorrer somente quando as comunidades locais ganham maior acesso e controle sobre os recursos produtivos e ganham poder social e político.

Em reconhecimento a como as suas comunidades constituintes estão profundamente influenciadas pelas forças externas, a estratégia da Via Campesina é ajudar a fortalecer as organizações locais e nacionais pela construção de solidariedade e unidade entre uma grande diversidade de organizações, e a criação de espaços para essas organizações participarem em deliberações internacionais sobre agricultura e alimentação.

Assim a Via Campesina trabalha em um ambiente de tensão e reafirmação permanente. É um movimento transnacional de pessoas definidas pelo local. É um movimento no qual os participantes de todo o mundo buscam não apenas prover uma voz alternativa nos fóruns internacionais, mas também utilizar as conexões entre elas mesmas para construir uma fundação sólida para as suas vidas. Assim, elas são forçadas a reforçar as suas identidades por meio da utilização de uma referência constante: a rotina das suas vidas cotidianas embasada no plantio e na colheita. Esse enraizamento – em todas as suas várias conotações – está sendo utilizado para imaginar e apresentar um presente e um futuro alternativos, uma modernidade alternativa que embarca a inovação e a interação global ao tempo em que não oblitera a tradição e a importância da localidade.

A Via Campesina insiste que os camponeses e os pequenos agricultores têm um lugar singular e um papel crítico na redefinição das políticas agrícolas. Por tempo demais as políticas agrícolas e de alimentos foram desenvolvidas na ausência daqueles que eram os mais afetados. Uma vez que as políticas e as ações de forças externas têm um impacto imediato e direto sobre a vida diária da "gente do campo", essa exclusão não pode mais ser tolerada. Embora a Via Campesina tenha surgido da exclusão, isso não significa que ela esteja lutando simplesmente para ser incluída nas estruturas existentes – estruturas que buscavam excluir os camponeses e pequenos agricultores em primeiro lugar. Ao contrário, a Via Campesina insiste em definir os espaços, os termos e os processos de participação e, ao fazê-lo, mudar fundamentalmente as estruturas que afetam a agricultura, tanto local como mundialmente.

Uma dessas estruturas é o modelo dominante de "desenvolvimento", e a Via Campesina contrapôs o fracasso do desenvolvimento em resolver a persistência da pobreza e da fome oferecendo o seu novo enfoque conceitual de soberania alimentar. Mas para ajudar a prevenir a usurpação da soberania alimentar por forças externas, a Via Campesina terá de trabalhar mais sobre as suas definições dos fundamentos teóricos e das aplicações políticas práticas da abordagem. Por exemplo, como os camponeses concebem a soberania alimentar a respeito das ligações entre o direito à alimentação e a subsistência, a propriedade e o controle sobre os recursos produtivos (terra, sementes, água), o desenvolvimento, a cultura, o gênero, a etnia e o conhecimento? Como as instituições internacionais estão respondendo ao objetivo de soberania alimentar? E como a soberania alimentar contribui para as lutas dos camponeses e dos pequenos agricultores?

Além disso, o fracasso do desenvolvimento para tratar significativamente da pobreza e da fome levanta questões fundamentais sobre a conceituação do próprio desenvolvimento. Cerca de 75% dos pobres do mundo vivem nas áreas rurais e dependem da agricultura para sobreviver. Pela primeira vez, com a formação da Via Campesina, os camponeses e agricultores têm uma voz coletiva. A sua capacidade para articular visões do seu mundo deveriam impulsionar uma miríade de novas pesquisas para ajudar a explicar os fracassos do desenvolvimento e para sugerir alternativas viáveis.

Nesse ínterim, as organizações da Via Campesina ao redor do mundo estão se engajando em uma diversidade de ações coletivas não violentas abrangendo desde a participação e a colaboração até a não participação. Elas se engajam em negociações acompanhadas pela mobilização e a ação direta (Via Campesina, 2000b). No processo, a organização redefine o que é político. Assim como a declaração dos movimentos por justiça alimentar de que "comer tornou-se um ato político", a Via Campesina (1999b, p.1) afirma que "produzir produtos de qualidade para o nosso próprio povo tornou-se um ato político [...]. Isso diz respeito às nossas próprias identidades como cidadãos do mundo". A política cultural da Via Campesina redefine o que significa ser um camponês ou agricultor, redefine o que constitui conhecimento e quem pode definir e controlar o conhecimento, introduz novos conceitos e, portanto, ajuda a formatar a agenda internacional.

Então, a formação e a consolidação da Via Campesina fornecem uma prova viva que as famílias camponesas e agricultoras não foram cúmplices coniventes durante esse processo de reestruturação econômica, nem foram vítimas passivas diante da pobreza e da marginalização crescentes. Pelo contrário, elas estão resistindo ativamente à globalização de um modelo corporativo de agricultura. Com efeito, os camponeses e agricultores estão utilizando as três tradicionais armas dos pobres – organização, cooperação e comunidade – para redefinir o "desenvolvimento" e construírem um modelo alternativo de agricultura baseado nos princípios de justiça social, sustentabilidade ecológica e respeito pelas culturas e economias camponesas. Isso envolve construir alternativas viáveis que abrangem pequenas cooperativas agrícolas, bancos locais de sementes e empreendimentos de economia solidária para reafirmar práticas agrícolas tradicionais. Também significa vincular esses esforços além do local, trabalhando nacional, regional e internacionalmente.

Ao formar a Via Campesina, as organizações camponesas e agrícolas efetivamente transnacionalizaram e conquistaram um espaço na arena internacional. A Via Campesina está preenchendo aquele espaço com vozes camponesas, articulando as demandas camponesas e as alternativas em esforços para resistir à imposição de um modelo corporativo de agricultura. A solidariedade e a unidade experimentadas com a Via Campesina geram talvez a mais preciosa de todas as conquistas, a esperança. A esperança de que "outra" agricultura é possível. De fato, a Via Campesina permite-nos imaginar que a mudança é possível e que um projeto alternativo está sendo criado. Isso foi claramente capturado no lema da Via Campesina: "Globalizar a Luta – Globalizar a Esperança".

REFERÊNCIAS BIBLIOGRÁFICAS

Fontes primárias

Entrevistas conduzidas pela autora

ALEGRÍA, R. *Rafael Alegria, Vía Campesina Operational Secretariat* [10 set. 2000]. Tegucigalpa, Honduras, 2000.

ALFONSO HERRERA, R. *Ramos Alfonso Herrera, co-ordinator, arts section, Sanzekan Tinemi* [23 mar. 2000]. Chilapa de Álvarez, Guerrero, 2000.

ALQUISIRAS BORGOS, R. *Rogelio Alquisiras Borgos, co-ordinator, arts and crafts section, Sanzekan Timeni* [24 mar. 2000]. Chilapa de Álvarez, Guerrero, 2000.

ANDRADE REYES, J. *Jésus Andrade Reyes, staff-person responsible for commercialization, UNORCA* [24 fev. 2000]. Mexico City, 2000.

ARMENTA BOJORQUEZ, H.; LOYA ORNELAS, M. *Héctor Armenta Bojorquez, president, and Marcelo Loya Ornelas, Sociedad de Producción Rural* [26 abr. 2000]. Guasave, Sinaloa, 2000.

ASSADI, M. *Mustafa Assadi*, professor, Department of Political Science, University of Mysore [20 nov. 2000]. Mysore, Karnataka, 2000.

BASAVARAJ, G. V. *G. V. Basavaraj working president, krrs in Sagar Taluk* [13 nov. 2000]. Goolihalli Village, Avinahalli, 2000.

BASAVARAJ, K. B. *K. B. Basavaraj member of krrs* [13 nov. 2000]. Kerematha Village, Avinahalli, 2000.

BLOKLAND, K. *Kees Blokland, director, Agriterra* [8 dez. 2000]. Arnhem, The Netherlands, 2000.

BOEHM, T. *Terry Boehm member, national board, National Farmers Union* [21 out. 2000]. [S.l.], 2000.

BOISGONTIER, C. *Christian Boisgontier, leader, Confédération Paysanne* [5 dez. 2000]. Paris, France, 2000.

BORRAS, S. J. *Saturnino (Jun) Borras former representative, KMP, and founding member, Vía Campesina* [19 mar. 2001]. [S.l.], 2001.

CABRERA LÓPEZ, T. *Teresa Cabrera López, technical support to ARIC Independiente* [10 fev. 2000]. Ocozocoautla, Chiapas, 2000.

CABRERA ROSALES, C. *Consuelo Cabrera Rosales, former ASOCODE representative, Vía Campesina Women's Commission* [27 abr. 2001]. Guatemala City, 2001.

CARREON MUNDO, M. *M. Carreon Mundo, Organización de Ejidos de Productores Forestales de la Zona Maya* [29 fev. 2000]. Felipe Carrillo Puerto, Quintana Roo, 2000.

CARRILLO, O. *Olegario Carrillo former national board member, UNORCA, and elected representative, state legislature of Sonora* [6 maio 2000]. Chilapa, Guerrero, 2000.

CERROS NAVA, E. *Emiliano Cerros Nava, member, executive commission, UNORCA, México* [23 fev. 2000], Mexico City, 2000.

CHAUTLA RAMOS, B. *Brígida Chautla Ramos, co-ordinator, unorca's indigneous and human rights network* [17 fev. 2000]. Mexico City, 2000.

CHEMERIKA, L. *Lisa Chemerika, former participant and co-ordinator, CCAEP* [25 ago. 2002]. [S.l.], 2002.

CHOPLIN, G. *Gerard Choplin, co-ordinator, CPE* [12 dez. 2001]. Brussels, Belgium, 2001.

_____. *Gerard Choplin, co-ordinator, CPE* [11 out. 2002]. [S.l.], 2002.

EASTER, W. *Wayne Easter former president, NFU* [31 jan. 2002]. [S.l.], 2002.

ENCINO HERNÁNDEZ, P. *Porfirio Encino Hernández, member, executive commission, and national board member, UNORCA* [21 mar. 2000]. Mexico City, 2000.

FLORES CASTRO, A. *Alvaro Flores Castro, president of executive committee, Sanzekan Tinemi* [24 mar. 2000]. Chilapa, Guerrero, 2000.

GANAPATHIYAPPA, H. *H. Ganapathiyappa, president, Freedom Fighters' Association* [14 nov. 2000]. Sagar, Shimoga, 2000.

GANGADHARA, K. C. *K. C. Gangadhara, KRRS secretary, Shimoga District* [16 nov. 2000]. Kachinakatte Village, Shimoga, 2000.

GANGADHARA, K. T. *K. T. Gangadhara, state general secretary, KRRS* [13 nov. 2000]. Shimoga, 2000.

GÓMEZ FLORES, A. *Alberto Gómez Flores executive co-ordinator, UNORCA* [6 abr. 2000]. Mexico City, 2000.

GUTIÉRREZ DE HERNÁNDEZ, D. *Doris Gutiérrez de Hernández technical assistant, Operational Secretariat of the Vía Campesina.* [18 set. 2000]. Tegucigalpa, Honduras, 2000.

HERNÁNDEZ CASCANTE, J. L. *Jorge Luis Hernández Cascante, program co-ordinator, UPANACIONAL* [3 mar. 2001]. San Jose, Costa Rica, 2001.

HERNÁNDEZ JIMÉNEZ, R. *Raquel Hernández Jiménez secretary, executive committee, Sanzekan Tinemi* [23 mar. 2000]. Chilapa, Guerrero, 2000.

HERNÁNDEZ LIBREROS, J. F. *José Francisco Hernández Libreros, responsible for communications, Organizacíon de Ejidos Productores Forestales de la Zona Maya* [28 fev. 2000]. Felipe Carillo Puerto, Quintana Roo, 2000.

HERNÁNDEZ SALAZAR, E. *Edith Hernández Salazar responsible for managing supplies, Sanzekan Tinemi* [25 mar. 2000]. Chilapa, Guerrero, 2000.

HILARIO FRANCISCO, D. *Diego Hilario Francisco, regional co-ordinator, UNORCA, Vera Cruz* [18 fev. 2000]. Mexico City, 2000.

HOFF, D. *Dena Hoff national board member, National Family Farm Coalition* [22 out. 2002]. [S.l.], 2002.

JAIMES CHÁVEZ, Z. *Zohelio Jaimes Chávez leader, Coalición de Ejidos de la Costa Grande de Guerrero* [25 mar. 2000]. Atoyac de Alvarez, Guerrero, 2000.

KESTELOOT, T. *Thierry Kesteloot, program co-ordinator, Oxfam Solidarité* [26 nov. 2000]. Brussels, Belgium, 2000.

LADRÓN DE GUEVARRA, E. *Ernesto Ladrón de Guevarra former staff-person, UNORCA* [25 fev. 2000]. Mexico City, 2000.

LAPLANTE, M. *Maxime Laplante leader, Union Paysanne* [15 out. 2002]. [S.l.], 2002.

LEDESMA SANTOS, R. *Rosa Ledesma Santos, responsible for forestry improvement, Organización de Ejidos Productores Forestales de la Zona Maya* [28 fev. 2000]. Felipe Carrillo Puerto, Quintana Roo, 2000.

MAGAÑA GUERRERO, P. *Pedro Guerrero Magaña, former regional co-ordinator, UNORCA, Guanajuato* [13 mar. 2000]. Mexico City, 2000.

MEENAKSHI, G. B. *G. B. Meenakshi, KRRS president, women's wing of Sagar Taluk* [13 nov.]. Goolihalli Village, [200-?].

MENESES, L. *Luis Meneses former executive co-ordinator, UNORCA* [7 mar.; 5 abr. 2000]. Mexico City, 2000.

MUNGARRO GARIBAY, L. *Lina Mungarro Garibay, co-ordinator, Asociación Mexicana de Mujeres Organizadas en Red (AMMOR)* [13 mar. 2000]. Mexico City, 2000.

MURREL, R. *Roxanne Murrel program co-ordinator, Oxfam-Canada* [5 fev. 2002].

NANJUNDASWAMY, M. D. *M. D. Nanjundaswamy, president, KRRS, and regional co-ordinator, Vía Campesina* [8 e 9 nov. 2000]. Bangalore, Karnataka, 2000.

NICHOLSON, P. *Paul Nicholson leader, CPE, and regional co-ordinator, Campesina* [4 dez. 2000]. Lekeitio, Spain, 2000.

_____. *Paul Nicholson leader, CPE, and regional co-ordinator, Campesina* [22 fev. 2002]. [S.l.], 2002.

OLIVARRIA SAAVEDRA, S. *Servando Olivarria Saavedra, regional co--ordinator, UNORCA* [29 abr. 2000]. Culiacán, Sinaloa, 2000.

PARAMESHWARAPPA, M. M. *Parameshwarappa, member, KRRS* [18 nov. 2000]. Chinnikatte, Honnali Taluk, Davangere, 2000.

PEDERSEN, K. *Karen Pedersen women's president, NFU* [21 jun. 2002]. Cutknife, Saskatchewan, 2002.

PILAR LÓPEZ SIERRA, M. *Maria Pilar López Sierra, researcher, CEC-CAM* [7 abr. 2000]. Mexico City, 2000.

PRAKASH, T. N. *T. N. Prakash, associate professor, Department of Agricultural Economics, University of Agricultural Sciences, Bangalore, Karnataka, India* [3 nov. 2000]. Bangalore, India, 2000.

PUTTANAIAH, K. S. *K. S. Puttanaiah, president, KRRS* [2 nov. 2000]. District of Mysore, 2000.

QUALMAN, D. *Darrin Qualman, executive secretary, NFU* [5 out. 2001]. Saskatoon, Saskatchewan, 2001.

QUEVEDO CASTRO, J. L. *José Luis Quevedo Castro, secretary general, Comité Regional Campesino Autónomo de Guasave y Sinaloa de Leyva* [26 abr. 2000]. Guasave, Sinaloa, 2000.

RAJASHEKARA, T. K. *T. K. Rajashekara, general secretary, KRRS, Sagar Taluk* [14 nov. 2000]. Thavarehalli Villa, Anadaspuram, 2000.

REBOLLAR DOMÍNGUEZ, L. *Laura Rebollar Domínguez, technical team member, Asociación Mexicana de Mujeres Organizadas en Red* [8 fev. 2000]. Mexico City, 2000.

RIQUEÑO SÁNCHEZ, F. *Filipa Riqueño Sánchez, secretary, executive committee, Titakititoke Tajame Sihauame* [24 mar. 2000]. Chilapa Guerrero, 2000.

RUTHERFORD, S. *Sally Rutherford, former executive director, Canadian Federation of Agriculture* [8 fev. 2002]. [S.l.], 2002.

SANTOS JIMÉNEZ, V. J. *Victoria Juana, co-ordinator, sustainable agriculture and women's programs, Organización de Ejidos Productores Forestales de la Zona Maya* [2 mar. 2000]. Felipe Carrillo Puerto, Quintana Roo, 2000.

SENAPATHI, K. B. *K. B. Senapathi, KRRS president, Sagar Taluk* [15 nov. 2000]. Karemtha Village, Avinahalli, 2000.

SERRANO CASTRO, R. I. *Rosa Isela Serrano Castro, former president, Asociación Mexicana de Mujeres Organizadas en Red (AMMOR), and national board member, UNORCA* [2 maio 2000]. Sinaloa, 2000.

SHANMUKHAPPA, A. *Angadi Shanmukhappa, member, KRRS* [17 nov. 2000]. Shikaripura, Shimoga, 2000.

SHIVAPPA, G. *G. Shivappa, member, KRRS* [18 nov. 2000]. Shikaripura Taluk, Shimoga, 2000.

SOTO RAMÍREZ, M. *Marina Soto Ramírez, staffperson, Asociación Mexicana de Mujeres Organizadas en Red (AMMOR)* [8 fev. 2000]. Mexico City, 2000.

STOREY, S. *Shannon Storey, former NFU women's president* [6 out. 2001]. Saskatoon, Saskatchewan, 2001.

SUÁREZ, V. *Víctor Suárez, co-ordinator, ANEC* [6 abr. 2000]. Mexico City, 2000.

SUBBANNA, K.V. *K. V. Subbanna member, KRRS* [18 nov. 200-?]. Heggodu, Shimoga, [200-?].

THIESSON, S. *Stuart Thiesson, former executive secretary, NFU* [4 out. 2001]. Saskatoon, Saskatchewan, 2001.

TLACOTEMPA ZAPOTECO, A. *Albino Tlacotempa Zapoteco, general co-ordinator, reforestation and natural resources, Sanzekan Tinemi* [24 mar. 2000]. Chilapa Guerrero, 2000.

TONER, C. *Conrad Toner, former NFU national board member* [6 maio 2002]. [S.l.], 2002.

UMAPATHIYAPPA, G. *G. Umapathiyappa, KRRS president, Shimoga District* [18 nov. 200-?]. Sugoor Village, Simoga, [200-?].

VALENZUELA, A. *Alfonso Valenzuela, former national board member, UNORCA, and representative elected to the state legislature, Sonora* [6 maio 2000]. Chilapa, Guerrero, 2000.

VALENZUELA SEGURA, B. *Benjamín Valenzuela Segura, director, SEPRODAC, and national board member, UNORCA* [1 maio 2000]. Culiacán, Sinaloa, 2000.

VENEGAS, H. *Holanda Venegas, secretary, Asociación Mexicana de Mujeres Organizadas en Red* [13 mar. 2000]. Mexico City, 2000.

VERHAGEN, N. *Nico Verhagen, technical assistant, Vía Campesina Operational Secretariat* [11 dez. 2001]. Brussels, Netherlands, 2001.

_____. *Nico Verhagen, technical assistant, Vía Campesina Operational Secretariat* [27 fev. 2003]. [S.l.], 2003.

VIDALS, V. *Velaria Vidals, treasurer, Asociación Mexicana de Mujeres Organizadas en Red* [13 mar. 2000]. Mexico City, 2000.

VUARIN, P. *Pierre Vuarin, program co-ordinator, Fondation pour le Progrès de l'Homme* [5 dez. 2000]. Paris, France, 2000.

VUFFRAY, G. *Gérard Vuffray, farm leader, Uni-Terre* [24 jan. 2002]. [S.l.], 2002.

WELLS, S. *Stewart Wells, president, NFU* [22 set. 2001]. Saskatoon, Saskatchewan, 2001.

WIEBE, N. *Nettie Wiebe, former president, NFU, and regional co-ordinator, Vía Campesina* [16 nov. 1998]. Calgary, Alberta; 1998.

_____. *Nettie Wiebe, former president, NFU, and regional co-ordinator, Vía Campesina* [28 set. 2001]. Laura, Saskatchewan, 2001.

_____. *Nettie Wiebe, former president, NFU, and regional co-ordinator, Vía Campesina* [17 jun. 2002]. Saskatoon, Saskatchewan, 2002.

YAM MOO, D. *Dionicio Yam Moo, peasant* [1 mar. 2000]. Felipe Carrillo Puerto, Quintana Roo, 2000.

Entrevistas em grupo conduzidas pela autora

Coalición de Ejidos of the Costa Grande de Guerrero [25 mar. 2000]. Atoyac de Alvarez, Guerrero, 2000.

Jardiel JAIMES CHÁVEZ [membro, equipe técnica];

Zohélio JAIMES CHÁVEZ [responsável por gestão e relacionamentos];

Leonides DONJUAN CUARCA [presidente da Cooperativa el Sasanil];

Carmelo MARTÍNEZ DE JESUS [coordenador, Unorca];

Ignacio SERRANO RADILLA [responsável pela comunicação];

Irinea OCAMPO BELLA [presidente, cooperativa regional de empréstimos e poupança];

Ramón MILLAN FLORES [responsável por disseminação de informação].

Ejido Chichuahuita [25 abr. 2000]. Los Mochis, Sinaloa, 2000.

Marco Antonio QUINTERO FÉLIX [coordenador regional, Unorca];

Elizardo LEYVA ANGELO [membro e presidente do Comitê 30 de Março].

Organización de Ejidos Productores Forestales de la Zona Maya [1 mar. 2000]. Felipe Carrillo Puerto, Quintana Roo, 2000.

Olga ALGUILAR CHE [responsável pelo programa *traspatio*];

Diana Marcela ARCEO MANRIQUE [responsável por grupos de mulheres];

María Yolanda CAAMAL PACHERO [promotor].

Union de Ejidos Emiliano Zapata [27 abr. 2000]. Los Chinitos, Sinaloa, 2000.

Alejandro SÁNCHEZ DOMINGUEZ [administrador de *ejido*];

Isidro MORALES RAMIREZ [ex-presidente de *ejido*, 1990-1993];

Félix LUNA GONZÁLEZ [presidente];

Octavio SÁNCHEZ BELERRA [membro de *ejido*];

Moisés BARAJAS PÉREZ [ex-presidente de *ejido*, 1989-1992];

Juan Carlos MORENO MARTÍNEZ [membro de *ejido*].

Documentos primários

VÍA Campesina policy position papers, 1993-2003.

VÍA Campesina press releases, 1993-2003.

Atas de encontros e relatórios da Secretaria Executiva da Comissão de Coordenação Internacional da Via Campesina

21-25 fev. 1994, Lima, Peru;

1-3 abr. 1994, Cracóvia, Polônia;

1-2 out. 1994, Segóvia, Espanha;

3-4 mar. 1995, Bruxelas, Bélgica;

8-11 out. 1995, Cidade de Quebec, Quebec;

10-11 nov. 1996, Roma, Itália;

22 abr. 1996, Cidade do México, México;

9-11 ago. 1996, San Salvador, El Salvador;

8-9 nov. 1997, Brasília, Brasil;

16-20 maio 1998, Genebra, Suíça;

1-2 nov. 1998, Dakar, Senegal;

10-11 mar. 1999, Isan, Tailândia;

27 nov.-3 dez. 1999, Seattle, Estados Unidos;

24-25 maio 2000, Dresden, Alemanha;

7 out. 2000, Bangalore, Índia;

31 jan.-1 fev. 2001, Porto Alegre, Brasil;

1-2 set. 2001, Havana, Cuba;

10-12 jan. 2002 Paris, França.

Atas de encontros e reuniões da Comissão de Mulheres da Cloc/Via Campesina, realizados em

2-3 nov. 1997, Brasília, Brasil;

16-17 mar. 1998, Santo Domingo, República Dominicana;

13-17 abr. 1998, Tegucigalpa, Honduras;

7-12 set. 1998, San Salvador, El Salvador;

10-11 jun. 1999, Kingstown, São Vicente e Grenadinas;

8-12 set. 2000, Manágua, Nicarágua.

Atas de encontros da Comissão de Mulheres da Via Campesina

6-7 ago. 1996, San Salvador, El Salvador;

29 nov. e 3 dez. 1999, Seattle, Estados Unidos;

31 ago. 2001, Havana, Cuba.

Fontes primárias: documentos não publicados

ALEGRÍA, R. *Letter from Rafael Alegría, Operational Secretariat of the Vía Campesina to Silvio Mazarioli, member of Organizing Committee of the Global Peasant's Encounter.* 15 maio 2001.

ASAMBLEA LATINOAMERICANA DE MUJERES DEL CAMPO, 1, 2-3 nov. 1997, Brasília, DF. *Mujeres del Campo Cultivando un Milenio de Justicia e Igualdad*: Memoria de la Asamblea. Sao Paulo: Secretaría Operativa de la CLOC, 1997.

ASIAN PEASANT WOMEN'S WORKSHOP, 1999, Bangkok, Thailand. *Proceedings...* Bangkok, 1999.

ASOCODE. Reunión de Seguimiento de la Vía Campesina, Región Norte, Caribe y Centro América. *Informe ASOCODE*, Tegucigalpa, Honduras, 25 jan. 1994.

BLOKLAND, K. *Letter from Kees Blokland to the NFU*. Canada, 3 jun. 1994.

COALITION of Civil Society Groups in Doha. *Civil Society Groups Call on Countries to Reject Power Politics at Doha and an Expanded Agenda*. 9 nov. 2001a. Press Release. Received on-line via electronic list serve. Disponível em: <Qatar_coalition@yahoo.groups>. Acesso em: nov. 2001.

————. WTO fails again: The first time was farce, the second time is tragedy. 15 nov. 2001b. Received on-line via electronic list serve. Disponível em: <Qatar_coalition@yahoo.groups>. Acesso em: nov. 2001.

CONGRESO LATINOAMERICANO DE ORGANIZACIONES DEL CAMPO, 2, 3-7 nov. 1997, Brasília, DF. *Memoria del Congreso*. São Paulo: Secretaría Operativa de la CLOC, 1997.

CONTINENTAL WOMEN'S MEETING, 3-12 set. 2000, Managua, Nicaragua. *Proceedings...* 2000.

CPE. *Agriculture Européenne: pour un métier attractif, des campagnes vivantes, des aliments de qualité... changeons la politique agricole!* Bruselles, maio 1995. Communiqué de presse.

————. *Report of the meeting CPE-NGOs*. Brussels, 4 jun. 1997.

DESMARAIS, A. *Organizing for Change*: Peasant Women in Bolivia and Honduras. Ottawa, ON: Canadian Bureau for International Education, 1994. Unpublished research report.

————.; WIEBE, N. *Peasant Women on the Frontiers of Food Sovereignty*: First Quarterly Technical Report submitted to PROWID, 23 jan. 1998. Saskatoon, Saskatchewan: NFU, 1998.

DKMP. *Five-Year Rural Development Program, 1995-2000*. Quezon City, Philippines, 1993.

EHNE. *Informe Estancia de la C.P.E. en Managua del 23-04-92 al 30-04-92*. Bilbao, 1992.

FAO. Director-General. *Letter from Jaques Diouf (FAO Director-General) to Antonio Onorati (International Focal Point of the NGO/CSO International Planning Committee)*. Rome, 16 jan. 2003. TCD-DG/03/55.

FOOD SOVEREIGNTY PLATFORM. *Placing Food Sovereignty before Commercial Interests*. Brussels: Food Sovereignty Platform, 1999. Position paper.

GFAR. *Un Marco de Cooperación entre Vía Campesina y el Foro Global de Investigación Agropecuaria (FGIA/GFAR)*: Propuesta de cooperación mandada a la Secretaría de la Vía Campesina. Roma, 2001.

IFAP. *International Federation of Agricultural Producers*: promotional brochure. Paris, [19--?].

IFAP. *Agricultural Trade*: Concerns and Consensus among Farmers' Organizations. Paris, 1998a.

_____. *Rural Poverty and Sustainable Development*: A Policy Statement by World Farmers. Paris, 1998b. Disponível em: <www.ifap.org/about/ wfcpoverty.html>. Acesso em: 7 jan. 2003.

_____. Some Key Issues for Farmers Concerning a New Round of Multilateral Trade Negotiations: A Policy Statement by Farmers' Worldwide. In: WORLD FARMERS CONGRESS, 34, 2000, Hannover, Germany. *Results...* Hannover, 2000a. Disponível em: <http://www.ifap.org/about/ wfcreport2000.html>. Acesso em: 12 jul. 2006.

_____. World Farmers' Congress Report of the Constitution and Membership Committee. In: WORLD FARMERS CONGRESS, 34, 2000, Hannover, Germany. *Results...* Hannover, 2000b. Disponível em: <http:// www.ifap.org/about/wfcreport2000.html>. Acesso em: 12 jul. 2006.

_____. *Report of the Standing Committee on Agriculture in Developing Countries*. Hannover, Germany, 24 maio 2000c. Disponível em: <http://www. ifap.org/about/wfcagdevelop2000.html>. Acesso em: 12 jul. 2006.

_____. *The Doha Agenda for a New round of Multilateral Trade Negotiations, 15 nov. 2001*. Hannover, 2001. Press Release. Disponível em: <www.ifap. org/news/nr151101.html>. Acesso em: 12 jan. 2003.

INTERNATIONAL CONFERENCE OF THE VÍA CAMPESINA, 2; NGO PARALLEL FORUM, 1996, Tlaxcala, Mexico. *Proceedings...* Brussels: NCOS Publications, 1996.

JOINT Statement of NGOs and Social Movements. International Civil Society rejects WTO Doha Outcome and the WTO's Manipulative Process. 2002. Statement released in jan. 2002. Received on-line via electronic list serve. Disponível em: <agri-trade@yahoogroups>. Acesso em: jan. 2003.

JOINT Statement on the Mexican GM Maize Scandal. Statement prepared for the FAO and the CGIAR. 5 fev. 2002. Received on-line via electronic list serve. Disponível em: <agri-trade@yahoogroups>. Acesso em: jan. 2003.

KMP. Position of the Philippines Peasant Movement (KMP) on the GATT Agricultural Negotiations. Presented by Jaime Tadeo to the International Trade and GATT Conference, dez. 1988, Montreal, Quebec.

_____. Letter from Nati Bernardino, Deputy Secretary General of the KMP to the Vía Campesina. 19 jul. 1994.

KRRS. Bt cotton seeds set afire in Davangere. 2002. Disponível em: <http:// www.krrsbucottonsetafire.8m.com/>. Acesso em: 2 fev. 2003.

MANAGUA Declaration. The Managua Declaration. In: CONGRESS OF THE UNAG, 2, 26 abr. 1992, Managua, Nicaragua. 1992.

MARZAROLI, S. Letter and invitational package sent on behalf of the Co-ordinating Committee to the Operational Secretariat of the Vía Campesina, [19--?].

NFFC; NFU. *Farm Groups from U.S. and Canada Unite on GM Wheat Ban.* Washington, D.C.; Saskatoon; Saskatchewan: NFFC: NFU, 17 abr. 2002. Press release.

NFU. The Farm Crisis, E.U. Subsidies, and Agribusiness Market Power. Brief presented by the NFU to the Senate Standing Committee on Agriculture and Forestry, Ottawa, 17 fev. 2000a.

———. National Farmers Union Policy on Genetically Modified (GM) Foods. In: ANUAL NATIONAL CONVENTION OF THE NATIONAL FARMERS UNION, 31, 19 nov.-2 dez. 2000, Saskatoon, Saskatchewan. 2000b.

———. *Free Trade*: Is it working for farmers? Saskatoon, Saskatchewan: NFU, 2002b.

———. Ten Reasons Why We Don't Want GM Wheat. Promotional pamphlet. Saskatoon, Saskatchewan, 2003.

NFU International Program Committee. Minutes of the meeting of the NFU International Program Committee, 5-7 dez. 1996, Saskatoon, Saskatchewan.

———. NFU International Program Committee Report on Activities (1996-1997), 8 jul. 1997, Saskatoon, Saskatchewan.

NFU-UNAG Women's Linkage Committee. NFU-UNAG Women's Linkage Project: Project Proposal to Oxgam-Canada. Saskatoon, Saskatchewan, 1990.

———. Common Issues and Struggles. NFU Informational Publication, Saskatoon, Saskatchewan, [19--?].

NFU-USA. Farmers Anticipate Record Lows While Cargill Expects Record Gains. Aurora: Colorado, 17 jan. 2002. Press release.

NICHOLSON, P. Presentación de la CPE al Congreso de la UNAG, 25-26 abr. 1992, Managua, Nicaragua.

———. Address to the Third International Conference of the Vía Campesina, 3-6 out. 2000, Bangalore, Karnataka.

PAULO FREIRE STICHTING. Follow-up to the Managua Declaration: Towards an Alternative Development Model, Proposal for a Methology. Doetinchem, The Netherlands, jun. 1992a. Document 1.

PAULO FREIRE STICHTING. Follow-up to the Managua Declaration: Towards an Alternative Development Model. Preparation for discussion: Employment as a starting point. Doetinchem, The Netherlands, jun. 1992b. Document 2.

_____. Follow-up to the Managua Declaration – The Peasant Road towards development alternatives. Documents for the discussions in the Constitutive Meeting of the Preparatory Research Programme of Farmers' Organizations. Doetinchem, The Netherlands, 1993a.

_____. Letter of invitation from the PFS to peasant and farm organizations to attend the gathering in Mons. 4 abr. 1993b.

_____. Memoir: Constitutive Meeting of the Peasant Road. Mons (Belgium) 15-16 May 1993. Doetinchem, The Netherlands, 1993c.

PEOPLES' FOOD SOVEREIGNTY. WTO out of Food and Agriculture. 6 nov. 2001a. Press release. Disponível em: <www.peoplesfoodsovereignty. org/new/statements.container.htm>. Acesso em: 13 nov. 2001.

_____. Priority to Peoples' Food Sovereignty – WTO out of Food and Agriculture. 6 nov. 2001b. Statement released. Received on-line via electronic list serve. Disponível em: <agri-trade@yahoogroups>. Acesso em: nov. 2001.

ROPPEL, C. Made to Order: Lifeforms and the New Science: A discussion paper for the NFU. Saskatoon, Saskatchewan, 1996.

TADEM, E. Reflections on NGO-PO Relations. In: INTERNATIONAL CONFERENCE OF THE VÍA CAMPESINA, 2; NGO PARALLEL FORUM, 1996, Tlaxcala, Mexico. *Proceedings...* Brussels: NCOS Publications, 1996.

UNION PAYSANNE. Union Paysanne: pour une agriculture a dimension humaine et des campagnes vivantes. Montreal, Quebec, [19--?]. Organizational informational pamphlet.

UNORCA. Agricultura Sustentable en la Zona Maya (Programa Piloto): Proposal to the Governor of the state of Quintana Roo. Mexico, D.F., fev. 2000a.

VÍA CAMPESINA. Pamphlet on the Vía Campesina. Office of the Operational Secretariat, Tegucigalpa, [19--?].

_____. Mons Declaration: The Vía Campesina Follow-up to the Managua Declaration. Brussels: NCOS, 1993a. Reimpresso em: INTERNATIONAL CONFERENCE OF THE VÍA CAMPESINA, 2, 1996, Tlaxcala, Mexico. *Proceedings...* Brussels: NCOS Publications, 1996.

VÍA CAMPESINA. Rural Organisations of Vía Campesina Demand Democratisation of World Trade Talks. Brussels: CPE, 4 dez. 1993b. Press release.

_____. The Framework for Action to be developed as a follow-up to the Mons Meeting. Brussels: CPE, maio 1993c.

_____. Report of the co-ordinating commission from the meeting in Lima, Peru. Held during the First CLOC Congress, 21-25 February 1994. Brussels: CPE, 1994a. Report dated 11 abr.

_____. Vía Campesina strongly opposed to GATT Agreement to be signed in Marrakesh and proposes concrete alternatives. Brussels: CPE, 13 abr. 1994b. Press release.

_____. *Report of the Co-ordinator of the Activities Commission and 1994 Prosposals.* Report prepared by Paul Nicholson. Brussels: CPE, 1994c.

_____. *Letter from Paul Nicholson, General Co-ordinator of the Vía Campesina, to the President of the PFS.* Brussels: CPE, 5 jul. 1994d.

_____. *Summary and Conclusions of the meeting of the Co-ordination Committee Meeting of Vía Campesina, 1-2 October, Segovia, Spain.* Brussels: CPE. 1994e.

_____. *Minutes of the meeting of the Co-ordinating Commission of the Vía Campesina held in Quebec City, 18-19 October.* Saskatoon, Saskatchewan: NFU, 1995.

_____. Tlaxcala Declaration of the Vía Campesina. In: INTERNATIONAL CONFERENCE OF THE VÍA CAMPESINA, 2, 1996. *Proceedings...* Brussels: NCOS Publications, 1996a.

_____. The Right to Produce and Access to Land. Position of the Vía Campesina on Food Sovereignty. In: WORLD FOOD SUMMIT, 13-17 nov. 1996, Rome, Italy. *Proceedings...* 1996b.

_____. Comments on the Final Declaration of the NGO Forum. Statement delivered on November 16 at the NGO Forum. 1996c.

_____. Stop Agricultural Negotiations in the WTO: We Demand Food Sovereignty for all Peoples, Access to Land and the Right to Produce. Position of the Vía Campesina on the WTO Ministerial Meeting, 17 May 1998, Geneva, Switzerland. 1998a.

_____. *Vía Campesina: A Three Year Plan: Strengthening the Vía Campesina 1999-2001.* Tegucigalpa, Honduras: Operational Secretariat of Vía Campesina, 1998b.

_____. *Hoy 12 de octubre lanzamos una campaña global de reforma agraria.* Tegucigalpa, Honduras: Operational Secretariat of Vía Campesina, 12 out. 1999a. Press release.

VÍA CAMPESINA. Vía Campesina Seattle Declaration: Position of the Vía Campesina on the WTO Ministerial Meeting, 3 December, Seattle, United States. 1999b.

———. Vía Campesina press release at the GFAR, 23 May, Dresden, Germany. 2000a.

———. Draft Vía Campesina Position Paper: International Relations and Strategic Alliances. In: INTERNATIONAL CONFERENCE OF THE VÍA CAMPESINA, 3, 3-6 out. 2000, Bangalore, India. *Proceedings...* 2000b.

———. Vía Campesina Gender Position Paper. In: INTERNATIONAL CONFERENCE OF THE VÍA CAMPESINA, 3, 3-6 out. 2000, Bangalore, India. *Proceedings...* 2000c.

———. The Struggle for Agrarian Reform and Social Change in the Rural Areas. In: INTERNATIONAL CONFERENCE OF THE VÍA CAMPESINA, 3, 3-6 out. 2000, Bangalore, India. *Proceedings...* 2000d.

———. Food Sovereignty and International Trade. In: INTERNATIONAL CONFERENCE OF THE VÍA CAMPESINA, 3, 3-6 out. 2000, Bangalore, India. *Proceedings...* 2000e.

———. Bangalore Declaration of the Vía Campesina. In: INTERNATIONAL CONFERENCE OF THE VÍA CAMPESINA, 3, 3-6 out. 2000, Bangalore, India. *Proceedings...* 2000f.

———. Biodiversity, Biosafety and Genetic Resources. In: INTERNATIONAL CONFERENCE OF THE VÍA CAMPESINA, 3, 3-6 out. 2000, Bangalore, India. *Proceedings...* 2000g.

———. Important mobilisations worldwide show strengthening movements against WTO. Tegucigalpa, Honduras, 12 nov. 2001a. Press release.

———. Vía Campesina Three Year Plan 2001-2003. Tegucigalpa, Honduras, 2001b.

———. Vía Campesina will represent farmers and indigenous people's in the mobilization against the FTAA in Porto Alegre. Tegucigalpa, Honduras, 2 fev. 2002a. Press release.

———. Civil delegation and Vía Campesina meet Arafat in his besieged Head Quarters. Tegucigalpa, Honduras, 30 mar. 2002b. Press release.

———. Palestine: The international pacifist civil company imposes its presence on Ramallah. Tegucigalpa, Honduras, 31 mar. 2002c. Press release.

———. Vía Campesina calls for mobilization in front of the Israeli Embassies and offices of the UN. Tegucigalpa, Honduras, 1 abr. 2002d. Press release.

VÍA CAMPESINA. Vía Campesina demands respect for the principle of food sovereignty and the right of Palestinian farmers to produce and to remain on their land. Tegucigalpa, Honduras, 4 abr. 2002e. Press release.

_____. The 40 of Moquata strengthen their presence and have sent out today, 11h00 a delegation to give testimonies and relaunch their demands. Tegucigalpa, Honduras, 22 abr. 2002f. Press release.

_____. Report on the participation in the Week of the landless in South Africa, 24 August-1 Set. 2002. Tegucigalpa, Honduras, 2002g.

_____. Letter from Rafael Alegría to Bruce Moore, co-ordinator of the Popular Coalition to Eradicate Hunger and Poverty. Tegucigalpa, Honduras, 30 jun. 2002h.

_____. Draft Discussion Paper on Vía Campesina Strategies and Action Plan. Tegucigalpa, Honduras, 7 fev. 2003a.

_____. Draft Discussion Paper on Vía Campesina Issues. Tegucigalpa, Honduras, 26 mar. 2003b.

_____. We won in Cancún! The WTO was derailed! Tegucigalpa, Honduras. 23 set. 2003c. Press release.

_____. Fourth International Vía Campesina Conference: Themes and Issues for Discussion. Tegucigalpa, Honduras: Vía Campesina Operational Secretariat, 2004a.

_____. Vía Campesina in Geneva at Session of the Human Rights Commission of the U.N. Geneva, 4 abr. 2004b. Press release.

_____. Declaration of the Vía Campesina's Fourth International Conference, 14-19 June, Itaici, Brazil. 2004c.

_____. Borrador de la Memoria de la IV Internacional de la Vía Campesina, 14-19 June, Itaici, Brazil. Jakarta: Operational Secretariat of Vía Campesina, 2004d.

_____. Letter to the President of South Korea and the Chairman of the National Assembly of South Korea. Jakarta, 17 set. 2004e.

_____. Hong Kong Citizens Show Support for WTO Protesters, 17 dez. 2005. Press release.

_____. La Vía Campesina women occupy a farm in South Brazil. 8 mar. 2006a. Press release.

_____. Statement from La Vía Campesina in support to the women from Rio Grande do Sul (Brazil). 24 mar. 2006b. Press release.

_____. 37 people charged for the action against Aracruz, 26 abr. 2006c. Press release.

VÍA CAMPESINA. Violations of Peasants' Human Rights: A Report on Cases and Patterns of Violence 2006. Jakarta: La Vía Campesina, 2006d. Annual report. Disponível em: <www.viacampesina.org/main_en/images/stories/annual-report-HR-2006.pdf>. Acesso em: 5 jun. 2006.

VÍA CAMPESINA WOMEN'S WORKING GROUP. Report of the Vía Campesina Women's Working Group Meeting, Held 6-8 August. San Salvador, El Salvador, 1996.

_____. Peasant Women on the Frontiers of Food Sovereignty. Project proposal presented to PROWID/CEDPA, 29 August. Saskatoon, Saskatchewan: NFU, 1997.

_____. Peasant Women on the Frontiers of Food Sovereignty: The Vía Campesina Women's Working Group. Final report submitted to PROWID, June. Saskatoon, Saskatchewan: NFU, 1999.

WIEBE, N. Letter from Nettie Wiebe to M.D. Nanjundaswamy, 16 ago. 2000.

WOMEN IN AGRICULTURE STUDY TOUR. Working Paper. Study Tour working paper. Saskatoon, Saskatchewan: NFU, 1989.

WOMEN'S ASSEMBLY OF THE VÍA CAMPESINA, 1, 30 set.-1 out. 2000, Bangalore, India. *Proceedings...* 2000.

Fontes secundárias

AGENCE France Press. Unfair Trade Creates Breeding Ground for Terrorism: NGOs. 10 nov. 2001a. Received on-line via electronic list serve. Disponível em: <Qatar_coalition@yahoogroups.com>. Acesso em: jul. 2006.

_____. South Korean Farmers Stage Violent Anti-Import, Anti-WTO Protest. 13 nov. 2001b. Received on-line via electronic list serve. <Qatar_coalition@yahoogroups.com>. Acesso em: jul. 2006.

AGRICULTURE AND AGRI-FOOD CANADA. *Canada's Agriculture, Food and Beverage Industry*: Canada's Organic Industry: Suppliers and Products Fact Sheets. Disponível em: <http://ats.agri.ca/supply/3313_3.htm>. Acesso em: 15 jul. 2006.

AGRITERRA. *Agriterra Annual Report*. Arnhem, The Netherlands: Agriterra, 1999.

AHEARN, M. C.; KORB, P.; BANKER, D. Industrialization and Contracting in U.S. Agriculture. *Journal of Agriculture and Applied Economics*, v.37, n.2, p.347-364, 2005.

ALAI-AMLATINA. Congreso MST: Por un Brasil sin Latifundio. Quito, Ecuador, 10 ago. 2000. Listserve.

ALLEN, D. W.; LUECK, D. The Nature of the Farm. *Journal of Law and Economics*, v.41, n.2, p.343-386, out. 1998.

ALVAREZ, S. E.; DAGNINO, E.; ESCOBAR, A. (Ed.). *Culture of Politics*: Politics of Culture: Re-visioning Latin American Social Movements. Boulder, CO: Westview Press, 1998.

AMOORE, L. et al. Overturning Globalization: Resisting Teleology, Reclaiming Politics. In: GILLS, B. (Ed.). *Globalization and the Politics of Resistance*. London; New York: Macmillan and St. Martin's Press, 2002.

ANDHRA PRADESH. Government. *Report of the Commission on Farmers' Welfare*. Hyderabad: Government of Andhra Pradesh, 2004. Disponível em: <www.macroscan.com/pol/apr05/pol070405Andhra_Pradesh. htm>. Acesso em: 2 jul. 2006.

APFFEL-MARGLIN, F.; MARGLIN, S. A. (Ed.). *Dominating Knowledge*: Development, Culture and Resistance. Oxford: Clarendon Press, 1990.

_____. *Decolonizing Knowledge*: From Development to Dialogue. Oxford: Clarendon Press, 1996.

ARAGHI, F. Global Depeasantization 1945-1990. *Sociological Quarterly*, v.36, n.2, p.337-368, 1995.

ARCELLANA, N. P. Rural Women's Workshop Highlights: From the Fields of Home to the City of Rome. In: RURAL WOMEN'S WORKSHOP, THE NGO FORUM, AND WORLD FOOD SUMMIT ACTIVITIES HELD IN ROME, 6-16 nov. 1996, Italy. *Proceedings...* Manila: ISIS International, 1996.

ASSADI, M. H. Dunkelism and Peasant Protest in Karnataka: A View from Within. *Social Action*, v.45, n.2, p.191-204, abr./jun. 1995.

ASTON, T.; PHILPIN, C. (Ed.). *The Brenner Debate*: Agrarian Class Structure and Economic Development in Pre-Industrial Europe. Cambridge: Cambridge University Press, 1985.

BADEN, J. A.; NOONAN, D. S. *Managing the Commons*. 2.ed. Bloomington and Indianapolis: Indiana University Press, 1998.

BARRACLOUGH, S.; GHIMIRE, K.; MELICZEK, H. *Rural Development and the Environment*: Towards Ecologically and Socially Sustainable Development in Rural Areas. Geneva: United Nations Research Institute for Social Development and United Nations Development Programme, 1997.

BARRY, T. *Zapata's Revenge*: Free Trade and the Farm Crisis in Mexico. Boston, MA: South End Press, 1995.

BARTRA, R. *The Cage of Melancholy*. Translated by Christopher J. Hall. New Brunswick, NJ: Rutgers University Press, 1992.

BBC News. *India PM pledge over suicide farmers*. 1 jul. 2004. Disponível em: <http://news.bbc.co.uk/2/hi/south_asia/3855517.stm>. Acesso em: 19 jun. 2006.

BEBBINGTON, A. NGOs: Mediators of Sustainability/Intermediaries in Transition? In: BLAUERT, J.; ZADEK, S. (Ed.). *Mediating Sustainability*: Growing Policy from the Grassroots. West Hartford, CT: Kumarian Press, 1998.

BECKIE, M. A. *Zero Tillage and Organic Farming in Saskatchewan*: An Interdisciplinary Study of the Development of Sustainable Agriculture. 2000. Dissertation (Ph.D.) – Division of Extension, University of Saskatchewan, 2000.

BELL, B. *Social Movements and Economic Integration in the Americas*: Citizen Action in the Americas Discussion Paper. Austin: Centre for Economic Justice, 2002. Disponível em: <http://www.americaspolicy.org/reports/2002/0211soc-mov_body.html>. Acesso em: fev. 2003.

BELLO, W. Reform of the WTO is the Wrong Agenda. *Food First*, 8 jul. 2000. Backgrounder, v.6, n.3. Disponível em: <http://www.foodfirst.org/fr/node/44>. Acesso em: fev. 2003.

_____. Snapshots from Doha. *Focus on the Global South*, n.70, nov. 2001a. Disponível em: <http://focusweb.org/publications/2001/SNAPSHOTS-FROM-DOHA.html>. Acesso em: fev. 2003.

_____. Learning from Doha. In: OUR WORLD IS NOT FOR SALE COALITION MEETING, 7-9 dez. 2001, Brussels. *Proceedings...* 2001b. Disponível em: <http://www.focusweb.org/publications/2001/learning-from-doha.html>. Acesso em: 15 jan. 2002.

_____. *The Road to Cancun:* Towards a Movement Strategy for the WTO Ministerial in Cancun. 2003. Disponível em: <http://www.focusweb.org/popups/articleswindow.php?id+308>. Acesso em: 20 jan. 2005.

BERKES, F.; FARVAR, M. T. Introduction and Overview. In: BERKES, F. (Ed.). *Common Property Resources*: Ecology and Community-based Sustainable Development. London: Belhaven, 1989.

BERNSTEIN, H.; BYRES, T. J. From Peasant Studies to Agrarian Change. *Journal of Agrarian Change*, v.1, n.1, p.1-56, 2001.

BERNSTEIN, W. J. *The Birth of Plenty*: How the Prosperity of the Modern World Was Created. New York: McGraw-Hill, 2004.

BERTHELOT, J. Why NGOs/CSOs should reject the development box. Paper for discussion at the NGO/CSO Forum for Food Sovereignty, 10-13 June, 2002, Rome.

BERTHOUD, G. Market. In: SACHS, W. (Ed.). *The Development Dictionary*: A Guide to Knowledge as Power. London; New Jersey: Zed Books, 1992.

BEUS, C. E. Competing Paradigms: An Overview and Analysis of the Alternative-Conventional Agriculture Debate. *Research in Rural Sociology and Development*, v.6, p.23-50, 1995.

BIEKART, K.; JELSMA, M. *Peasants Beyond Protest in Central America*: Challenges for ASOCODE Strategies towards Europe. Amsterdam: Transnational Institute, 1994.

BLOKLAND, K. Concerted peasant alliances and concertation with society. In: CONFERENCE ON CENTRAL AMERICAN PEASANT ORGANISATION: STRATEGIES TOWARDS EUROPE, 1993. *Proceedings...* Wageningen, the Netherlands, 1993.

_____. Peasant Alliances and Concertation with Society. *Bulletin of Latin American Research*, v.14, n.2, p.159-170, 1995.

BLUSTEIN, P. Protest Group Softens Tone at WTO Talks. *Washington Post Foreign Service,* 12 nov. 2001a.

_____. WTO Leader Cautions Against Protectionism. *Washington Post,* 9 nov. 2001b.

BONANNO, A. et al. Introduction. In: BONANNO, A. et al. (Ed.). *From Columbus to ConAgra*: The Globalization of Agriculture and Food. Lawrence, KA: University Press of Kansas, 1994.

BOVÉ, J. Report from French Farmers. *Synthesis/Regeneration,* n.16, Summer 1998. Disponível em: <http://www.wtowatch.org/library/admin/uploadedfiles/Report_from_French-Farmers_2.htm>. Acesso em: 24 jan. 2003.

BOVÉ, J.; DUFOUR, F. *The World Is Not for Sale.* Interviews by Gilles Luneau and translation by Anna de Casparis. London; New York: Verso, 2001.

BOYD, W.; WATTS, W. The Chicken Industry and U.S. Capitalism. In: GOODMAN, D.; WATTS, M. (Ed.). *Globalising Food*: Agrarian Questions and Global Restructuring. London; New York: Routledge, 1997.

BRASS, T. *New Farmers' Movements in India.* London; Portland, OR: Frank Cass, 1995.

_____. Moral Economists, Subalterns, New Social Movements, and the (Re-) Emergence of a (Post-) Modernized (Middle) Peasant. In: CHATURVEDI, V. (Ed.). *Mapping Subaltern Studies and the Postcolonial.* London: Verso, 2000a.

BRASS, T. *Peasants, Populism and Postmodernism*: The Return of the Agrarian Myth. London; Portland: Frank Cass, 2000b. (The Library of Peasant Studies, 17).

_____. The Journal of Peasant Studies: The Third Decade. *The Journal of Peasant Studies*, v.32, n.1, 2005.

BRUSH, S. B. Whose Knowledge, Whose Genes, Whose Rights? In: BRUSH, S. B.; STABINSKY, D. (Ed.). *Valuing Knowledge*: Indigenous People and Intellectual Property Rights. Washington, DC: Island Press, 1996a.

_____. Is Common Heritage Outmoded? In: BRUSH, S. B.; STABINSKY, D. (Ed.). *Valuing Knowledge*: Indigenous People and Intellectual Property Rights. Washington, D. C.: Island Press, 1996b.

BRYCESON, D.; KAY, C.; MOOIJ, J. (Ed.). *Disappearing Peasantries?* Rural Labour in Africa, Asia and Latin America. London: Intermediate Technology Publications, 2000.

BURDICK, J. Transnational Peasant Politics in Central America. *Latin American Research Review*, v.33, n.3, p.49-86, 1998.

COMISIÓN DE AGRICULTURA et al. *Cuánta Liberalización Aguanta la Agricultura?* Impacto del TLCAN en el Sector Agroalimentario. México, D.F.: Camara de Diputados: LVII Legislatura: Universidad Autónoma de Chapingo: CIESTAAM: CECCAM, 2000. Disponível em: <http://www.pa.gob.mx/publica/rev_15/liberalizaci%C3%B3n.pdf>. Acesso em: jun. 2006.

CAMPOS, W. We Don't Need All Those NGOs: Interview with Wilson Campos. In: BIEKART, K.; JELSMA, M. (Ed.). *Peasant Beyond Protest in Central America*: Challenges for ASOCODE Strategies Towards Europe. Amsterdam: Transnational Institute, 1994.

CAPDEVILA, G. NGOs Speak Out on Behalf of Poor Farmers at WTO. *Inter Press Service*, 25 jun. 2002.

CHAYANOV, A. *The Theory of Peasant Economy*. Edited by Daniel Thorner, Basile Kerblay, R. E. F. Smith. Homewood, IL: Richard D. Irwin, 1966.

AID, C. *Master or Servant?* How Global Trade Can Work to the Benefit of Poor People. Media report, November. London: Christian Aid, 2001.

DANDEKAR, A. et al. Causes of Farmer Suicides in Maharashtra: An Enquiry. Tuljapur: Tata Institute of Social Sciences, Rural Campus, 2005. Final Report Submitted to the Mumbai High Court. Disponível em: <http://www.vnss-mission.gov.in/htmldocs/Farmers_suicide_TISS_report.pdf>.

DE ITA RUBIO, A. *El Futuro del Campo*: Hacia una Vía de Desarrollo Campesino. México D.F.: CECCAM, 1994.

DESMARAIS, A. A. Mexican conference marks start of ongoing alliance of farmers. *Union Farmer*, dez. 1991.

_____. The Vía Campesina: Consolidating an International Peasant and Farm Movement. *Journal of Peasant Studies*, v.29, n.2, p.91-124, jan. 2002.

_____. *The WTO Will Meet Somewhere, Sometime*: And We Will Be There. Ottawa, ON: The North-South Institute, 2003. Part of a series of papers prepared for the project Voices. Disponível em: <http://www.nsi-ins.ca/english/pdf/Voices_wto_Desmarais.pdf>. Acesso em: 20 jul. 2006.

_____. The Vía Campesina: Women on the Frontiers of Food Sovereignty. *Canadian Woman Studies/les cahiers de la femme*, v.23, n.1, 2004.

DOVE, M. Center, Periphery and Biodiversity: A Paradox of Governance and a Developmental Challenge. In: BRUSH, S. B.; STABINSKY, D. (Ed.). *Valuing Knowledge*: Indigenous People and Intellectual Property Rights. Washington DC: Island Press, 1996.

DUCKWORTH, B. Alberta's ILO policy gets mixed reviews. *Western Producer*, 12 jul. 2001.

ECOLOGIST. Whose Common Future? A Special Issue. v.22, n.4, jul.-ago. 1992.

ECONOMIC TIMES. Anything which is protected gets stifled. 11 jul. 2000.

ECONOMIST, The. After Seattle: A global disaster. 11 dez. 1999a. p.17-18.

_____. The non-governmental order. 11 dez. 1999b. p.18-19.

_____. Sins of the secular missionaries. 29 jan. 2000a. p.25-27.

_____. Survey: Agriculture and Technology. 25 mar. 2000b. p.1-16.

_____. Seeds sown for future growth. 17 nov. 2001. p.65-66.

ECONOMIST, The (US). From anarchy to apathy: Anti-globalisation. n.371, 2004. p.14.

EDELMAN, M. Transnational Peasant Politics in Central America. *Latin American Research Review*, v.33, n.3, p.49-86, 1998a.

_____. Organizing Across Borders: The Rise of a Transnational Peasant Movement in Central America. In: BLAUERT, J.; ZADEK, S. (Ed.). *Mediating Sustainability*: Growing Policy from the Grassroots. West Hartford, CT: Kumarian Press, 1998b.

_____. *Peasants Against Globalization*: Rural Social Movements in Costa Rica. Stanford: Stanford University Press, 1999.

_____. Toward an Anthropology of some New Internationalisms: Small Farmers in Global Resistance Movements. In: AMERICAN ETHNOLOGICAL SOCIETY AND THE CANADIAN ANTHROPOLOGY SOCIETY, 2-6 maio 2001, Montreal, Québec. *Proceedings...* 2001a.

EDELMAN, M. Social Movements: Changing Paradigms and Forums of Politics. *Annual Review of Anthropology*, v.30, p.285-317, 2001b.

_____. Transnational Peasant and Farmer Movements and Networks. In: GLASIUS, H. M.; KALDOR, M. (Ed.). *Global Civil Society Yearbook 2003*. London: Oxford University Press, 2003.

EL FINANCIERO. México Globalizado. v.7, n.5443, 2 abr. 2000.

ERVIN, A. et al. *Beyond Factory Farming*: Corporate Hog Barns and the Threat to Public Health, the Environment, and Rural Communities. Ottawa: Canadian Centre for Policy Alternatives, 2003.

ESCHLE, C. *Global Democracy, Social Movements, and Feminism*. Boulder, CO: Westview Press, 2001a.

_____. Globalizing Civil Society? Social Movements and the Challenge of Global Politics from Below. In: HAMEL, P. et al. (Ed.). *Globalization and Social Movements*. Houndmills, Basingstoke; New York: Palgrave, 2001b.

ETC Group. Globalization, Inc: Concentration in Corporate Power: The Unmentioned Agenda. *ETC Group Communiqué*, n.71, 2001.

_____. Oligopoly, Inc. 2005: Concentration in Corporate Power. *ETC Group Communiqué*, n.91, 2005.

EUROPEAN UNION. New WTO Round slap in the face for Isolationism. E.U. Brussels, 14 nov. 2001. Press release.

EWINS, A. Special Report on the Saskatchewan Wheat Pool. *Western Producer*, 9 maio 2002.

FAO. *United Nations*: Program of Action of the World Food Conference. Rome: FAO, 22 nov. 1974. Reproduced from United Nations, Document E/5587.

_____. Rome Declaration on World Food Security and World Food Summit Plan of Action. In: WORLD FOOD CONFERENCE, 13-17 nov. 1996. *Proceedings...* Rome: FAO, 1996.

_____. *Universal Declaration of Human Rights*: 50th Anniversary, Informational Pamphlet on the Right to Food. Rome: FAO, 1998.

_____. *Synopsis*: The Multiple Roles of Agriculture and Land. Report of the Cultivating our Futures: FAO/Netherlands Conference on the Multifunctional Character of Agriculture and Land. Scoping phase. Rome: Sustainable Development Division of the FAO, 1999.

_____. *Agriculture, Trade and Food Security*: Issues and Options in the WTO Negotiations from the Perspective of Developing Countries: Volume II, Country Case Studies. Rome: Commodities and Trade Division of the FAO, 2000. Disponível em: <http://www.fao.org/DOCREP/033/x8731e/x8931e01a.htm>. Acesso em: 14 jan. 2003.

FAO. States Have an Obligation to Ensure that Nobody Dies of Hunger, FAO Director-General Jacques Diouf. Rome: FAO, 17 set. 2001a. Press release.

_____. UN Food and Agriculture Organization (FAO) Warns: Further Slowdown in Hunger Reduction, in Most Developing Countries the Number of Hunger Even Increased. Stockholm: FAO, 15 out. 2001b. Press release.

_____. Declaration of the World Food Summit: Five Years Later. Rome, 2002. Conference held 10-13 jun. 2002. Disponível em: <http://www.fao.org/DOCREP/MEETING/004/Y6948E.HTM>. Acesso em: 15 jan. 2003.

_____. *State of Food Insecurity in the World 2004*. Rome: FAO, 2004.

FEDER, E. The peasant. *Latin American Research Review*, v.13, n.3, p.193-204, 1978.

FLITNER, M. Biodiversity: of Local Commons and Global Commodities. In: GOLDMAN, M. (Ed.). *Privatizing Nature*: Political Struggles for the Global Commons. London: Pluto Press: TNI, 1998.

FLORINI, A. M. *The Third Force:* The Rise of Transnational Civil Society. Tokyo; Washington DC: Japan Center for International Exchange: Carnegie Endowment for International Peace, 2000.

FOCUS ON TRADE. Doha Special. Bangkok: Focus on the Global South, n.70, nov. 2002. Disponível em: <http://focusweb.org>. Acesso em: 11 dez. 2002.

FOOD FIRST. Genetic Pollution in Mexico's Center of Maize Diversity. *Food First Backgrounder*, v.8, n.2, Spring 2002.

FRIEDMANN, J. *Empowerment*: The Politics of Alternative Development. Cambridge, MA; Oxford: Blackwell: 1992.

FRONTLINE. Trade rounds and bounced cheques. Interview with V. P. Singh. *Frontline: India's National Magazine*, v.18, n.24, 24 nov.-7 dez. 2001.

FRONTLINE/WORLD. *Rough Cut*: Seeds of Suicide: India's Desperate Farmers. Arlington: PBS, 2005. Disponível em: <http://www.pbs.org/frontlineworld/rough/2005/07/seeds_of_suicidlink>. Acesso em: 19 jun. 2006.

FSPI. *Report on National Peasant Day in Indonesia, 24 set. 2004*. Jakarta: FSPI, 2004.

GIBBS, C.; BROMLEY, D. Institutional Arrangements for Management of Rural Resources: Common-Property Regimes. In: BERKES, F. (Ed.). *Common Property Resources*: Ecology and Community-based Sustainable Development. London: Belhaven, 1989.

GILLS, B. K. *Globalization and the Politics of Resistance.* Houndmills; New York: MacMillan Press: St. Martin's Press, 2000.

GOLDMAN, M. Introduction: The Political Resurgence of the Commons. In: GOLDMAN, M. (Ed.). *Privatizing Nature:* Political Struggles for the Global Commons. London: Pluto Press and TNI, 1998.

GONZÁLEZ, G. Globalization's Impact: Rural Poverty on the Rise. *Inter--Press Service,* 29 nov. 2000.

GOODMAN, D. Some Recent Tendencies in the Industrial Reorganization of the Agri-food System. In: FRIEDLAND, W. et al. (Ed.). *Towards a new Political Economy of Agriculture.* Boulder, CO: Westview Press, 1991.

GOODMAN, D.; REDCLIFT, M. *Refashioning Nature:* Food, Ecology and Culture. London; New York: Routledge, 1991.

GOODMAN, D.; WATTS, M. J. (Ed.). *Globalising Food:* Agrarian Questions and Global Restructuring. London; New York: Routledge, 1997.

GREEN, D. *The Rough Guide to the WTO.* London: Catholic Agency for Overseas Development, 2001. Disponível em: <http://www.cafod.org.uk/policy/wto-roughguide.html>. Acesso em: 14 jan. 2003.

HANDY, J. *Revolution in the Countryside:* Rural Conflict and Agrarian Reform 1944-54. Chapel Hill: University of North Carolina Press, 1994.

HARDIN, G. The Tragedy of the Commons. *Science,* v.162, p.1243-1248, 1968.

_____. The Tragedy of the Unmanaged Commons: Population and the Disguises of Providence. In: ANDELSON, R. V. (Ed.). *Commons without Tragedy:* Protecting the Environment from Overpopulation, A New Approach. Lanham, MD: Rowman and Littlefield, 1991.

_____. Extensions of The Tragedy of the Commons. *Science,* v.280, n.5364, p.682-683, 1998.

HARVEY, N. *The New Agrarian Movement in Mexico, 1979-1990.* London: Institute of Latin American Studies, University of London, 1990. Research paper.

HEFFERNAN, W. Agriculture and Monopoly Capital. *Monthly Review,* v.50, n.3, jul.-ago. 1998.

HEFFERNAN, W.; HENDRICKSON, M.; GRONSKI, R. *Consolidation in the Food and Agriculture System.* Columbia, Missouri: National Farmers Union in the United States, 1999. Disponível em: <www.foodcircles.missouri.edu/whstudy.pdf>. Acesso em: 5 jan. 2003.

HENDRICKSON, M.; HEFFERNAN, W. D. *Concentration of Agricultural Markets.* Food Circles Networking Project, 2005. Disponível em: <http://www.foodcircles.missouri.edu/CRJanuary05.pdf>. Acesso em: 21 jun. 2006.

HINDU. KRRS activists destroy Bt cotton crop. (Shimoga Edition). 3 jan. 2001. Received on-line via electronic list serve. Disponível em: <viacam17april@yahoogroups.com>. Acesso em: jun. 2006.

HOLT-GIMÉNEZ, E. *Campesino a Campesino*: Voices from Latin America's Farmer to Farmer Movement for Sustainable Agriculture. Oakland: Food First Institute for Food and Development Policy, 2006.

ICRW; CEDPA. *Food Sovereignty in Latin America and the Caribbean*: Strengthening the Role of Peasant Women. Washington, DC: ICRW: CEDPA, 1999.

IFAD. *Rural Poverty Report 2001*: The Challenge of Ending Rural Poverty. Oxford: Oxford University Press, 2001.

INSTITUTE FOR AGRICULTURE AND TRADE POLICY. Asian and US Farmers Oppose WTO Ag Reforms. *WTO News*, v.1, n.3, 3 mar. 1998.

INTERCAMBIO. Conferencia de la fipa en Guadalajara. *Paulo Freire Stichting*, v.1, p.19-20, 1993a.

_____. Peasant Road Block? *Paulo Freire Stichting*, v.2, p.4, 1993b.

JAZAIRY, I.; ALAMGIR, M.; PANUCCIO, T. *The State of World Rural Poverty*: An Inquiry into Its Causes and Consequences. New York: New York University Press, 1992.

JELIN, E. Toward a Culture of Participation and Citizenship: Challenges for a More Equitable World. In: ALVAREZ, S. E. et al. (Ed.). *Cultures of Politics*: Politics of Cultures. Boulder, CO: Westview Press, 1998.

KARL, M. (Ed.). *Partners for Food Security*: The Role of Trade Union, Rural Workers' Organizations, Agricultural Producers' and Farmers' Association, Co-operatives, and Development/Advocacy Organizations in Contributing to the World Food Summit and its Follow-up. Rome: FAO, 1996.

KAY, C. Rural Latin America: Exclusionary and Uneven Agricultural Development. In: HALEBSKY, S.; HARRIS, R. (Ed.). *Capital, Power and Inequality in Latin America*. Boulder, CO: Westview Press. 1995.

KEARNEY, M. *Reconceptualizing the Peasantry*: Anthropology in Global Perspective. Boulder, CO: Westview Press, 1996.

KNEEN, B. *Invisible Giant*: Cargill and Its Transnational Strategies. Halifax: Fernwood Publishing, 1995.

KORTEN, D. *When Corporations Rule the World*. West Hartford: Kumarian Press, 1995.

KOTHARI, R. *Poverty: Human Consciousness and the Amnesia of Development*. London; New Jersey: Zed Books, 1995.

KOTHARI, S.; PARAJULI, P. No Nature without Social Justice: A Plea for Ecological and Cultural Pluralism in India. In: SACHS, W. (Ed.). *Global Ecology*: A New Arena of Political Conflict. London: Zed Books, 1993.

KWA, A. *Power Politics in the WTO*. Bangkok: Focus on the Global South, 2002.

LANG, M. Sask. Loses 26,000 ag Workers. *Saskatoon Star Phoenix*, v.23, n.3. fev. 2002.

LAPPÉ, F. M. et al. *World Hunger*: Twelve Myths. 2.ed. New York: Grove Press, 1998.

LENIN, V. I. *The Agrarian Question and the Critics of Marx*. Moscow: Progress Publishers, 1954.

LEON, I. I Asamblea Latinoamericana de Mujeres del Campo: Participación y Igualdad. *América Latina en Movimiento* [online], n.263, 26 nov. 1997. Disponível em: <http://alainet.org/active/165&lang=es>.

LEWONTIN, R. C. The Maturing of Capitalist Agriculture: Farmer as Proletarian. *Monthly Review*, v.50, n.3, jul.-ago. 1998.

LYONS, M. Weed out GM wheat: NFU. *Saskatoon Star Phoenix*, C5, C8. 25 fev. 2003.

MADELEY, J. Trade and Hunger: An Overview of Case Studies on the Impact of Trade Liberalization of Food Security. Stockholm: Forum Syd, 2000.

MANDER, J. Facing the Rising Tide. In: MANDER, J.; GOLDSMITH, E. (Ed.). *The Case Against the Global Economy*: And For a Turn Toward the Local. San Francisco: Sierra Club, 1996.

MARGLIN, S. Farmers, Seedsmen, and Scientists: Systems of Agriculture and Systems of Knowledge. In: APFFEL-MARGLIN, F.; MARGLIN, S. (Ed.). *Decolonizing Knowledge*: From Development to Dialogue. New York; Oxford: Clarendon Press and Oxford University Press, 1996.

MCBRIDE, L. Farmers Union Active in International Debate. *National Farmers Union News*, v.45, n.1, 1998.

MCMICHAEL, P. Global development and the corporate food regime. In: WORLD CONGRESS OF RURAL SOCIOLOGY, 11; SYMPOSIUM ON NEW DIRECTIONS IN THE SOCIOLOGY OF GLOBAL DEVELOPMENT, Trondheim, Norway, 2004. *Proceedings...* Washington, D.C.: Institute for Agriculture and Trade Policy, 2004. Disponível em: <http://www.iatp.org/files/451_2_37834.pdf>.

MIES, M.; BENNHOLDT-THOMSEN, V. *The Subsistence Perspective*: Beyond the Globalized Economy. London: Zed Books, 2000.

MILNER, H. V. *Resisting Protectionism*: Global Industries and the Politics of International Trade. Princeton: Princeton University Press, 1988.

MITTAL, A.; KAWAAI, M. Freedom to Trade? Trading Away American Family Farms. *Food First Backgrounder*, v.7, n.4, 18 out. 2001.

MOHAN, G. et al. *Structural Adjustment*: Theory, Practice and Impacts. London; New York: Routledge, 2000.

MOHAN RAO, R. M. *Suicides Among Farmers*: A Study of Cotton Growers. New Delhi: Concept Publishing Company, 2004.

MOHANTY, B. B. We are Like the Living Dead: Farmer Suicide in Maharashtra, Western India. *Journal of Peasant Studies,* v.32, n.2, p.243-276, 2005.

MOLINA, T. De la lucha campesina a la cosecha de votos. *La Jornada,* n.8, 2000. Supplement.

MONKS, V.; FERRIS, R. M.; CAMPBELL, D. *Amber Waves of Gain.* Washington, DC: Defenders of Wildlife, 2000.

MOONEY, P. R. *The ETC Century*: Erosion, Technological Transformation and Corporate Concentration in the 21st Century. Uppsala: Dag Hammarskjöld Foundation, 2001. (Development Dialogue: A Journal of International Development Co-operation; 1999, 1/2).

MOORE, B. *Social Origins of Dictatorship and Democracy.* Boston: Beacon, 1966.

MORTON, P. Trade Talks hold Hope for Poor. *National Post* (with files from *Reuters*), 15 nov. 2001. Received on-line via electronic list serve. Disponível em: <ag-impact@iatp.org>. Acesso em: jun. 2006.

MOYO, S.; YEROS, P. (Ed.). *Reclaiming the Land*: The Resurgence of Rural Movements in Africa, Asia and Latin America. London: Zed Books, 2006.

MURPHY, S. *Trade and Food Security*: An Assessment of the Uruguay Round Agreement on Agriculture. London: Catholic Institute for International Relations, 1999.

_____. *Managing the Invisible Hand*: Markets, Farmers and International Trade. Minneapolis: Institute for Agriculture and Trade Policy, 2002.

MYHRE, D. The Politics of Globalization in Rural Mexico: Campesino Initiatives to restructure the Agricultural Credit System. In: MCMICHAEL, P. (Ed.). *The Global Restructuring of Agro-food Systems.* Ithaca; London: Cornell University Press, 1994.

NADAL, A. *The Environmental and Social Impacts of Economic Liberalisation on Corn Production in Mexico.* Oxford: Oxfam GB; Gland, Switzerland: WWF International, 2000.

NETTING, R. *Smallholders, Householders*: Farm Families and the Ecology of Intensive, Sustainable Agriculture. Stanford: Stanford University Press, 1993.

NEW INDIAN EXPRESS. Quit India, farmers tell MNCs. 27 set. 2000.

NFU. NFU supports S.O.D. *NFU Newsletter*, set. 2002a.

O'BRIEN, R. et al. *Contesting Global Governance*: Multilateral economic Institutions and Global Social Movements. Cambridge, UK: Cambridge University Press, 2000.

O'NEILL, M. Grain farmers already feeling WTO squeeze. *South China Morning Post*, 29 jan. 2002.

OECD. Organic Agriculture: Sustainability, Markets and Policies. In: OECD Workshop. *Proceedings...* Washington, DC: set. 2002. Disponível em: <www.oecd.org>. Acesso em: 15 jul. 2006.

OLOKA-ONYANGO, J.; UDAGAMA, D. *The Realization of Economic, Social and Cultural Rights*: Globalization and Its Impact on the Full Enjoyment of Human Rights. [S.l.]: Sub-Commission on the Promotion and Protection of Human Rights, 2000. Document #E/CN.4/Sub.2/2000/13. Disponível em: <http://www1.umn.edu/humanrts/demo/Globalization_Oloka-Onyango,Udagama.pdf>.

OSAVA, M. Farmers Protest Transgenic Grain Shipment. *Inter Press Service*, 25 jul. 2000.

OTERO, G. *Farewell to the Peasantry?* Political Class Formation in Rural Mexico. Boulder, CO: Westview Press, 1998.

OXFAM INTERNATIONAL. *Rigged Rules and Double Standards*: Trade, Globalization and the Fight Against Poverty. Oxford: Oxfam GB, 2002. Disponível em: <http://www.maketradefair.com/en/index.php?file=03042002121618.htm>. Acesso em: 20 jan. 2007.

PAGE, B. Restructuring Pork Production, Remaking Rural Iowa. In: GOODMAN, D.; WATTS, M. J. (Ed.). *Globalising Food*: Agrarian Questions and Global Restructuring. London; New York: Routledge, 1997.

PAIGE, J. *Agrarian Revolution*: Social Movements and Export Agriculture in the Underdeveloped World. New York: Free Press, 1975.

PAN AMERICAN HEALTH ORGANIZATION. *The Faces of Poverty*: Malnourished, Hungry and Obese? Washington, DC., 01 ago. 2002. Press information. Disponível em: <www.paho.org/English/DPI/100/100feature30.htm>. Acesso em: 17 jan. 2003.

PARAJULI, P. Ecological Ethnicity in the Making: Developmentalist Hegemonies and Emergent Identities in India. *Identities*, v.3, n.1-2, p.15-59, 1996.

PETRAS, J.; VELTMEYER, H. *Globalization Unmasked*: Imperialism in the 21st Century. Halifax; New York: Fernwood Publishing: Zed Books, 2001.

PICARD, A. Growing obesity likely to strain health systems. *Globe and Mail*, 18 fev. 2002.

POLLACK, A. Cross-Border, Cross-Movement Alliances in the Late 1990s. In: P. HAMEL, H. et al. (Ed.). *Globalization and Social Movements*. Basingstoke; Hampshire; New York: Palgrave, 2001.

PRUZIN, D. NGOs Welcome, Moore Says. *International Trade Reporter*, v.19, n.1, 3 jan. 2002.

PUBLIC CITIZEN'S GLOBAL TRADE WATCH. *Down on the Farm:* NAFTA'S Seven-Years War on Farmers and Ranchers in the U.S., Canada and Mexico. Washington, DC: Public Citizen, 2001.

PUGH, T. Life on Canadian farm a new experience for youth. *Union Farmer*, out. 1990.

————. Reversing the rural exodus through community development. *Union Farmer*, dez. 1994.

QUALMAN, D. Corporate Hog Farming. In: EPP, R.; WHITSON, D. (Ed.). *Writing Off the Rural West*. Edmonton, AB: University of Alberta Press; Parkland Institute, 2001.

————. Farmers' Opposition to Corporate Globalization and Trade Agreements. In: CONFERENCE FROM DOHA TO KANANASKIS: THE FUTURE OF THE WORLD TRADING SYSTEM AND THE CRISIS IN GOVERNANCE, 2002, Toronto.

QUALMAN, D.; WIEBE, N. *The Structural Adjustment of Canadian Agriculture*. Ottawa, ON: Canadian Centre for Policy Alternatives, 2000. Pertence Canadian Centre for Policy Alternatives and SAPRI/CASA Project.

RACINE, J.-L. (Ed.). *Peasant Moorings*: Village ties and mobility rationales in South India. New Delhi: Sage Publications, 1997.

RANCE, L. Building farmers' knowledge key to farming's future. *Farmers' Independent Weekly*, 5 set. 2002.

RANDALL, L. (Ed.). *Reformando la Reforma Agraria Mexicana*. México D.F.: Universidad Autonoma Metropolitana y El Atajo Ediciones, 1999.

REINHARDT, N.; BARLETT, P. The Persistence of Family Farms in U.S. Agriculture. *Sociologia Ruralis*, v.29, n.3-4, p.204-225, 1989.

REUTERS. ConAgra profit jumps 48 percent. *Western Producer*, 4 abr. 2002.

RIST, G. *The History of Development*: From Western Origins to Global Faith. London; New York: Zed Books, 1997.

ROBERT, J. Production. In: SACHS, W. (Ed.). *The Development Dictionary*: A Guide to Knowledge as Power. London; New Jersey: Zed Books, 1992.

ROCAMORA, J. The Crisis in the National Democratic Movement and the Transformation of the Philippine Left. *Debate 6*, p.3-60, mar. 1993.

_____. *Breaking Through*: The Struggle within the Communist Party of the Philippines. Manila: Anvil Publishing, 1994.

ROPPEL, C.; DESMARAIS, A. A.; MARTZ, D. *Farm Women and Canadian Agricultural Policy*. Ottawa: Status of Women Canada, 2006.

ROSSET, P. The Multiple Functions and Benefits of Small Farm Agriculture. Oakland: Food First Institute for Food and Development Policy, 1999. (Policy Brief, 4).

RUCHT, D. The Transnationalization of Social Movements: Trends, Causes, Problems. In: DELLA PORTA, D.; KRIESI, H.; RUCHT, D. (Ed.). *Social Movements in a Globalizing World*. Basingstoke; Hampshire: Macmillan Press: St. Martin's Press, 1999.

SABEAN, D. W. *Power in the Blood*: Popular Culture and Village Discourse in Early Modern Germany. Cambridge: Cambridge University Press, 1984.

SCHOLTE, J. A. *Civil Society and Democracy in Global Governance*. Coventry: Centre for the Study of Globalisation and Regionalisation, University of Warwick, 2001. (Working Paper, n.65/01).

SCHOLTE, J. A.; O'BRIEN, R.; WILLIAMS, M. *The WTO and Civil Society*. Coventry: Centre for the Study of Globalisation and Regionalisation, University of Warwick, 1998. (Working Paper, n.14/98).

SCIALABBA, N. Organic Agriculture Perspectives. In: CONFERENCE ON SUPPORTING THE DIVERSIFICATION OF EXPORTS IN LATIN AMERICA AND CARIBBEAN REGION THROUGH THE DEVELOPMENT OF ORGANIC AGRICULTURE, 2001, Port-of-Spain, Trinidad and Tobago. *Proceedings...* Roma: FAO, 2001.

SCOTT, J. *The Moral Economy of the Peasant*: Rebellion and Subsistence in Southeast Asia. New Haven; London: Yale University Press, 1976.

_____. *Weapons of the Weak:* Everyday Forms of Peasant Resistance. New Haven and London: Yale University Press, 1985.

_____. *Seeing like a State*. New Haven; London: Yale University Press, 1998.

SHAMEEM, G. P. Suicides of Cotton Farmers in Andhra Pradesh: An Exploratory Study. *Economic and Political Weekly*, v.33, n.13, p.720-726, 26 mar./3 abr. 1998.

SHIVA, V. GATT, Agriculture and Third World Women. In: MIES, M.; SHIVA, V. *Ecofeminism*. London; New Jersey; Halifax: Fernwood Publishing: Zed Books, 1993a.

SHIVA, V. GATT, Homeless in a Global Village. In: MIES, M.; SHIVA, V. *Ecofeminism*. London; New Jersey; Halifax: Fernwood Publishing: Zed Books, 1993b.

_____. The Impoverishment of the Environment: Women and Children Last. In: MIES, M.; SHIVA, V. *Ecofeminism*. London; New Jersey; Halifax: Fernwood Publishing: Zed Books, 1993c.

_____. Economic Globalization, Ecological Feminism and Sustainable Development. *Canadian Women Studies: Les Cahiers de la Femme*, v.17, n.2, p.22-27, Spring 1997a.

_____. The Enclosure of the Commons. *Third World Resurgence*, v.84, 5-10 ago. 1997b.

SHUKLA, S. P. The Doha debacle. *Frontline, India's National Magazine*, v.18, n.24, 24 nov./7 dez. 2001. Disponível em: <http://www.flonnet.com/fl1824/18240170.htm>. Acesso em: 24 jan. 2003.

SINHA, S.; GURURANI, S.; GREENBERG, B. The New Traditionalist Discourse of Indian Environmentalism. *The Journal of Peasant Studies*, v.24, n.3, 1997.

SMITH, J. Transnational Political Processes and the Human Rights Movement. *Research in Social Movements, Conflict and Change*, v.18, p.187-221, 1995.

STAMMERS, N. Social Movements and the Challenge to Power. In: SHAW, M. (Ed.). *Politics and Globalisation*: Knowledge, Ethics and Agency. London; New York: Routledge, 1999.

STARN, O. I Dreamed of Foxes and Hawks: Reflections on Peasant Protest, New Social Movements and the Rondas Campesinas of Northern Peru. In: ESCOBAR, A.; ALVAREZ, S. (Ed.). *The Making of Social Movements in Latin America*. Boulder, CO: Westview Press, 1992.

_____. *Nightwatch*: The Politics of Protest in the Andes. Durham: Duke University Press, 1999.

STARR, A. *Naming the Enemy*: Anti-corporate Movements Confront Globalization. Annandale; London; New York: Pluto Press: Zed Books, 2000.

STATISTICS CANADA. Canadian farm operations in the 21st Century: Farm numbers decline in all provinces. *2001 Census of Agriculture*. Disponível em: <http://www.statcan.ca/english/agcensus2001/first/farmop/01front.htm#top>. Acesso em: 20 jun. 2006.

STEDILE, J. P. Landless Battalions: The Sem Terra Movement of Brazil. *New Left Review*, 15 maio-jun. 2002. p.77-104.

STEVENS, C. et al. *The WTO Agreement on Agriculture and Food Security*. London: Commonwealth Secretariat, 2000. (Economic Series, 42).

STIRLING, R. Family Farming and the Politics of Sustainability. In: NATIO-
NAL FARMERS UNION. Annual Convention, 1999, Saskatoon,
Saskatchewan. *Proceedings...* Saskatoon, Saskatchewan: NFU, 1999.

STOREY, S. Organizing for Socioeconomic Change: Developing a Handbook
for National Farmers Union Women in Saskatchewan. 1997. Thesis (MA
Continuing Education) – University of Saskatchewan, 1997.

THIRD WORLD RESURGENCE. Food Security: The New Threats, n.67,
1996a.

_____. Globalisation of Agriculture and Rising Food Insecurity, n.72-73,
1996b.

TIMES OF INDIA NEWS SERVICE. KRRS destroys Monsanto Cotton
Crop in Raichur dist. *The times of India*, 29 nov. 1998.

TORRES, F. et al. *Agriculture in the Early XXI Century: Agrodiversity and Pluralism as a Contribution to Ameliorate Problems of Food Security, Poverty and
Natural Resource Conservation*: Reflections on Issues and Their Implication
for Global Research. Rome: GFAR, 2000.

UNITED NATIONS CONFERENCE ON TRADE AND DEVELOP-
MENT. Secretariat. *Tracking the Trend Towards Market Concentration*:
The Case of the Agricultural Input Industry. Geneva, 2006. (UNCTAD/
CITC/COM/2005/16). Disponível em: <http://www.unctad.org/en/
docs/ditccom200516_en.pdf>. Acesso em: 3 jul. 2006.

UNIVERSITY OF GUELPH. *Guelph Transgenic Pig Research Program*.
Disponível em: <http://www.uoguelph.ca/enviropig/>. Acesso em: 20
jun. 2006.

UNITED STATES. Department of Agriculture. A Time to Act: a Report
of the USDA National Commission on Small Farms, January 1998. Miscellaneous Publications #MP-1545. Washington, DC: USDA, 1998.
(Miscellaneous Publications, MP-1545). Disponível em: <www.csrees.
usda.gov/nea/ag_systems/pdfs/time_to_act_1998.pdf>. Acesso em: fev.
2003.

_____. Office of the Press Secretary. *President Supportive of New Round
of Global Trade Negotiations*: Statement by the President of the USA.
14 nov. 2001. Disponível em: <http://www.whitehouse.gov/news/
releases/2001/11/200111148.html>. Acesso em: 14 jan. 2003.

URREA, L. A. *By the Lake of Sleeping Children*: The Secret Life of the Mexican Border. New York: Anchor Books Doubleday, 1996.

VASAVI, A. R. Agrarian Distress in Bidar: Market, State and Suicides. *Economic and Political Weekly*, v.34, n.32, p.2263-2268, 7 ago. 1999.

VELTMEYER, H. New Social Movements in Latin America: The Dynamics of Class and Identity. *Journal of Peasant Studies,* v.25, n.1, p.139-169, 1997.

_____. The Dynamics of Social Change in Mexico and the EZLN. *Latin American Perspectives,* v.27, n.5, p.88-100, 2000.

VIVIAN, J. Foundations for Sustainable Development: Participation, Empowerment and Local Resource Management. In: GHAI, D.; VIVIAN, J. (Ed.). *Grassroots Environmental Action.* London; New York: Routledge, 1992.

WATTS, M. (Ed.). *Geographies of Global Change*: Remapping the World in the Late Twentieth Century. Oxford: Blackwell Publishers, 1995.

WELCH, C. Peasants and Globalization in Latin America: A Survey of Recent Literature. In: LATIN AMERICAN STUDIES ASSOCIATION. International Congress, 23, 2001, Washington, DC. *Proceedings...* Washington, DC: LASA, 2001.

WHATMORE, S. From Farming to Agribusiness: The Global Agro--food System. In: JOHNSON, R. J.; TAYLOR, P.; WHATMORE, S.; THORNE, L. Nourishing Networks: Alternative Geographies of Food. In: GOODMAN, D.; WATTS, M. (Ed.). *Globalising Food:* Agrarian Questions and Global Restructuring. London; New York: Routledge, 1997.

WHITE, E. N. D. Farmers Renew Assault on cwb. *The Western Producer,* 19 set. 2002.

WIEBE, N. Women Reversing Desertification: Via Campesina Takes on Aracruz Corporation in Brazil. *Canadian Woman Studies: les cahiers de la femme,* v.25, n.3-4, p.167-172, 2006.

WILLIAM, H.; CONSTANCE, D. H. Transnational Corporations and the Globalization of the Food System. In: BONANNO, A. et al. (Ed.). *From Columbus to ConAgra:* The Globalization of Agriculture and Food. Lawrence, KA: University Press of Kansas, 1994.

WILSON, B. Farmers Take Loans on their Futures. *Western Producer,* 5 jul. 2001.

_____. Is Bigger Better? *Western Producer,* 23 maio 2002a.

_____. Farmers Borrow to Expand, Says Farm Lender. *Western Producer,* 27 jun. 2002b.

_____. Wilkinson Ready to Take World Stage. *Western Producer,* 29 ago. 2002c.

_____. Gov't Advised to Compromise on Supply Management. *Western Producer,* 26 set. 2002d.

WOLF, E. *Peasants*. Englewood Cliffs, NJ: Prentice-Hall, 1966.

_____. *Peasant Wars in the Twentieth Century*. New York: Harper and Row, 1969.

WRIGHT, A. L.; WOLFORD, W. *To Inherit the Earth:* The Landless Movement and the Struggle for a New Brazil. Oakland: Food First Institute for Food and Development Policy, 2003.

YAKABUSKI, K. High on the Hog. *Report on Business Magazine*, set. 2002.

YAPA, L. Improved Seeds and Constructed Scarcity. In: PEET, R.; WATTS, M. (Ed.). *Liberation Ecologies*: Environment, Development and Social Movements. London; New York: Routledge, 1996.

ZIEGLER, J. Report by the Special Rapporteur on the Right to Food: Mission to Brazil. In: UNITED NATIONS. Commission on Human Rights, 59th session, 3 jan. 2003. [*Report*]. 2003. Document # E/CN.4/2003/54/Add.1.

_____. Report submitted by the Special Rapporteur on the Right to Food, Jean Ziegler, in Accordance with Commission on Human Rights Resolution 2003/25. In: UNITED NATIONS. Commission on Human Rights, 60th session, 9 fev. 2004. [*Report*]. 2004. Document # C/CN.4/2004/10.

SOBRE O LIVRO

Formato: 14 x 21 cm
Mancha: 23,7 x 42,5 paicas
Tipologia: Horley Old Style 10,5/14
Papel: Off-white 75 g/m² (miolo)
Cartão Supremo 250 g/m² (capa)
1ª *edição*: 2013

EQUIPE DE REALIZAÇÃO

Capa
Estúdio Bogari

Foto de Capa
João Zinclair († 2013)

Edição de Texto
Joana Tavares (Preparação de Original)
Maria Mello e Camilla Bazzoni de Medeiros (Revisão)

Editoração Eletrônica
Sergio Gzeschnik

Assistência Editorial
Alberto Bononi